O PODER
DO MENOS

SCOTT SONENSHEIN

TRADUÇÃO: LIZANDRA M. ALMEIDA

O PODER DO MENOS

O SEGREDO DA ALTA PRODUTIVIDADE

você pode fazer
muito mais
com os recursos
disponíveis

O poder do menos: o segredo da alta produtividade
© 2017 Casa Educação Soluções Educacionais Ltda.
STRETCH. Copyright © 2017 by Scott Sonenshein. Published by arrangement with Harper Collins Publishers. All rights reserved.

Publisher: Lindsay Gois
Tradução: Lizandra M. Almeida (Pólen Editorial)
Preparação de texto: Ana Luisa Astiz
Revisão: Fernanda Marão (Crayon Editorial) e Fernanda Guarnieri
Diagramação: Carlos Borges Jr.
Capa: Bear's Shop Design

Todos os direitos reservados. Nenhum trecho desta obra pode ser reproduzido — por qualquer forma ou meio, mecânico ou eletrônico, fotocópia, gravação etc. —, nem estocado ou apropriado em sistema de imagens sem a expressa autorização da HSM do Brasil.

1ª edição

Dados Internacionais de Catalogação na Publicação (CIP)
Andreia de Almeida CRB-8/7889

    Sonenshein, Scott
      O poder do menos : o segredo da alta produtividade / Scott Sonenshein ; tradução de Lizandra M. Almeida. — São Paulo : HSM, 2017.
        288 p.

    Bibliografia
    ISBN: 978-85-9598-000-6
    Título original: Stretch: unlock the power of less...

    1. Sucesso nos negócios 2. Criatividade – Aspectos psicológicos 3. Adaptabilidade (Psicologia) I. Título II. Almeida, Lizandra M.

17-1042   CDD 650.1
Índices para catálogo sistemático:

1. Criatividade nos negócios

Alameda Tocantins, 125 – 34º andar
Barueri-SP. 06455-020
Vendas Corporativas: (11) 3039-5605
ou atendimento@revistahsm.com.br

Para Randi

PREFÁCIO ESPECIAL
PARA A EDIÇÃO BRASILEIRA

Neste brilhante livro, Scott Sonenshein convida aqueles que desejam empoderar-se e alcançar resultados positivos e sustentáveis em longo prazo para uma viagem por meio de vários cases cujos ensinamentos são valiosos e essenciais.

Em sua essência, empoderamento é a liberdade de decidir e controlar o próprio destino, com responsabilidade e respeito ao outro. Muitas vezes, quando alguém consegue exercer essa prerrogativa e deseja ter essa sensação de liberdade, opta por se tornar empresário.

Ser empresário não quer dizer estar apto a empreender. Na prática, há grande diferença entre esses dois perfis: o primeiro é profissão, enquanto que empreender está muito mais ligado a posicionamento, a uma forma diferente de ver o mundo.

Em minha trajetória como empreendedor, iniciada em 2008, após uma carreira extensa e bem-sucedida como executivo, percebi o real ensinamento da expressão "aprendemos pelo amor ou pela dor".

Ser empreendedor é como saltar de bungee jump de olhos vendados, sem o equipamento de segurança, confiando em pessoas que você acabou de conhecer. Parece loucura? Muitas vezes é assim mesmo!

Segundo Sonenshein, precisamos ter uma "mentalidade elástica" para nos empoderarmos. Scott nos mostra como crescer e prosperar, principalmente diante dos restritos recursos que temos atualmente e das mudanças de comportamento da sociedade, gerando alta complexidade para os negócios.

Outro grande ensinamento que obtemos como empreendedores é manter a mente aberta para inovações e, muitas vezes, mesclá-las a modelos tradicionais, visando evitar a miopia corporativa diante das rápidas e constantes mudanças que têm ocorrido.

Esse equilíbrio é muito bem-retratado no livro, com exemplos que nos fazem refletir. Como empreendedores, vivemos em uma corda frágil e bamba, sobretudo no Brasil. Um erro em nossas escolhas e toda uma economia de vida e reputação vão pelo ralo.

Vivemos um momento único na humanidade, em que presenciamos a expansão e a descentralização do conhecimento, da economia, da maneira como nos relacionamos, do modo como fazemos negócios, de nosso estilo de vida.

Nesse cenário, mais do que nunca, a elasticidade apresentada em *O poder do menos* será uma habilidade essencial para quem deseja se destacar nos negócios, principalmente porque, nos próximos 20 anos, o mundo vai mudar exponencialmente.

A semelhança entre o que Sonenshein relata e minha vida pessoal e profissional foi muito grande, pois, quando decidi desligar uma chave e ligar outra, em 2008, já sabia que teríamos escassos recursos para transformar inúmeras ideias em realidade, e o maior desafio foi fazer muito com pouco e em curto prazo.

Cada parágrafo me fez voltar no tempo e rever os acertos e os erros em minha vida pessoal, corporativa e de empreendedor. Realmente foi um prazer analisar cada case e perceber como eles se harmonizam com o que já vivenciei. Mesmo sendo casos retratados fora do Brasil, existe uma sinergia forte com nossa realidade tropical.

O autor nos faz refletir, de maneira exemplar, sobre a necessidade de ponderar e saber utilizar recursos, e, para demonstrar essa indubitabilidade, trabalha com dois perfis: "perseguidor" e "esticador".

PREFÁCIO ESPECIAL PARA A EDIÇÃO BRASILEIRA

Os perseguidores se envolvem em um custoso jogo de correr constantemente atrás de mais recursos, o que, ao longo do tempo, diminui sua capacidade de ser criativos, de perceber objetivos de vida e encontrar soluções e realizações. Já os esticadores, que a "mentalidade elástica", encontram beleza e riqueza em campos nos quais outras pessoas têm dificuldade para enxergar valor, atingindo, assim, um potencial extraordinário com os recursos de que já dispõem.

Um dos maiores problemas é que costumamos superestimar a importância de adquirir recursos – bens, patrimônios, fortuna, dons, aptidões, talentos etc. – e subestimar nossa capacidade de fazer mais com o que temos.

Devemos deixar de pensar compulsivamente em conseguir mais e agir com as possibilidades que temos à mão, identificando o que elas podem nos proporcionar. Portanto, precisamos sair da zona de conforto se realmente desejamos superar nossos objetivos.

Se olharmos para nossos recursos com atenção, identificaremos algo que pode nos diferenciar de nossos concorrentes e ser um elo fundamental para chamar a atenção dos clientes, tanto os atuais como os potenciais.

Sonenshein também consegue nos mostrar como estamos acostumados à lógica do desperdício. Quando um projeto precisa ser concluído mais rapidamente, logo pensamos em aumentar a equipe, por exemplo. Essa abordagem é intuitivamente reconfortante, contudo, falha em produzir os melhores resultados, já que não prestamos atenção ao potencial dos recursos que já temos.

Engajado nessa afirmação, o autor nos traz vários exemplos sobre como estamos cercados de pessoas que tentam nos convencer o tempo todo de que mais é melhor em todos os aspectos da vida.

Quando iniciei como empreendedor, sabia da vontade dos demais sócios de adquirir recursos em bancos e segurei o máximo, pois acredito que um bom negócio precisa se bancar com o que arrecada.

Se somos bem-sucedidos e realizados, nossa tendência é obedecer ao instinto natural de não desviar do caminho, seguindo rotinas sobre como usar recursos com base nos resultados de sucesso do passado. Em momentos de crise, em que recursos ficam mais escassos, perseguir as metas se torna mais difícil; porém é aí que podem surgir os projetos mais criativos e os melhores resultados.

Destaco aqui alguns pontos importantes do livro quer podem ser usados em tomadas de decisão, seja num projeto em andamento, seja em novos desafios:

- A maior parte de nosso tempo e energia é gasta procurando por ferramentas, e não batendo os pregos na parede. Devemos, portanto, tomar cuidado, pois sem a ferramenta certa podemos ficar perdidos! O maior desafio é nos libertarmos das armadilhas mentais que nos forçam a querer usar sempre um martelo, mesmo quando não temos um à mão.

- Precisamos ter prudência ao avaliar nossos recursos em relação aos dos outros. É essa avaliação que frequentemente nos impele a buscar mais recursos, desvalorizando e desmerecendo o valor dos recursos que já temos.

- Quando temos recursos de sobra, muitas vezes nossos pensamentos sobre o que podemos fazer com eles ficam ofuscados, impedindo-nos de nos dedicar com afinco a conseguir mais.

- Sobre o acúmulo inconsequente, se estamos com uma mentalidade perseguidora (ou seja, quando a grama do vizinho é sempre mais verde), acabamos coletando tantos recursos quanto possível, não porque temos uma meta específica em mente, mas apenas pela acumulação em si. Essas atitudes podem nos custar muito caro no futuro!

- Os indivíduos que estabelecem aspirações altas sentem-se, em geral, perpetuamente frustrados, sobretudo em comparação com o sucesso dos outros, pois se dão conta de que trabalharam duro pelos motivos errados.

- Quando as pessoas têm alta responsabilidade pessoal por um projeto, aumentam seu comprometimento investindo recursos

PREFÁCIO ESPECIAL PARA A EDIÇÃO BRASILEIRA

adicionais para tentar reverter uma situação específica, mesmo diante de opções mais promissoras. Ter muitos recursos só faz crescer a tendência a desperdiçar ainda mais. Com tanto excedente à disposição, mesmo más ideias podem parecer boas!

- Motivados pelo que os outros têm e impulsionados pela falta de apreço pelo que de fato temos, a mentalidade perseguidora nos leva a trabalhar e viver na dependência de um fluxo constante de recursos, fechando a possibilidade de usar melhor o que já está à disposição.

Sonenshein descreve, também, os elementos essenciais para desenvolvermos a mentalidade elástica, tornando-nos esticadores, que apreciam e veem potencial em recursos, transformando lixo em tesouros.

Contudo, Scott alerta: "por mais sucesso e satisfação que tenhamos conquistado e por mais prosperidade que tenhamos obtido para nós e nossas organizações, o excesso de elasticidade também pode ser ruim". Esse excesso pode culminar em: resultados muito ínfimos em relação à expectativa, combinações inadequadas, e, até mesmo, em avareza. Então, fica o lembrete: tudo na vida precisa de equilíbrio!

Por fim, apresento alguns pontos que, por minha experiência, considero essenciais para quem deseja empreender:

- Quando estiver abrindo um negócio, pondere sobre convidar mais sócios. Muitas vezes caímos na armadilha de achar que não podemos tocar um negócio sozinhos. No entanto, lembre-se de que cada sócio a mais trabalhando em tempo integral na empresa pode aumentar a chance de descontinuidade da startup. Os interesses pessoais e profissionais dos sócios podem não convergir.

- Utilize recursos suficientes para manter e pagar os custos iniciais de seu empreendimento. Investir muitos recursos na startup antes de ela começar a faturar diminui a possibilidade de sucesso. Isso é fundamental, pois tira você da zona de conforto.

- Comece pequeno pensando grande e saiba preservar seus recursos com criatividade. Muitas vezes vale a pena iniciar suas atividades em uma aceleradora, incubadora ou parque, onde a chance de descontinuidade da empresa é menor do que a de startups instaladas em escritório próprio.

- Conheça suas limitações e seu mercado. Saiba qual o investimento necessário para o negócio, qual o capital de giro para mantê-lo, como atrair investidores, quem são seus concorrentes e a melhor localização; obtenha informações sobre fornecedores, aspectos legais do negócio e qualificação da mão de obra; defina estratégias para evitar desperdícios; determine o valor do lucro pretendido; calcule o nível de vendas para cobrir custos e gerar o lucro pretendido – ou seja, faça um plano de negócios.

Como diria Chris Zook e James Allen, "a complexidade é o assassino silencioso do crescimento lucrativo". Empresas bem-sucedidas mantêm a simplicidade como base de seu core business e sabem fazer mais com os recursos que têm. Lembre-se: não se pode gerenciar o que não se pode medir, e não se pode medir o que não se pode descrever.

Ricardo Cancela
CVO, empreendedor, palestrante,
colunista e entusiasta por inovação

SUMÁRIO

Introdução: Minha elasticidade   03

1. A história de duas cervejarias: 07
Trabalhe com o que você tem

2. A grama do vizinho é sempre mais verde: 25
Causas e consequências da mentalidade perseguidora

3. Tudo o que é vivo e belo: 47
Fundamentos e benefícios da mentalidade elástica

4. Já pra fora: 69
O valor de saber um pouco sobre muita coisa

5. Hora de agir: 93
Porque às vezes atuamos melhor sem um roteiro
(e sem todo tempo e dinheiro do mundo)

6. Somos o que pensamos ser: 117
Como as crenças nos fazem melhor (ou pior)

7. Tudo junto e misturado: 137
O poder das combinações improváveis

8. Evite prejuízos: 159
Como chegar à mentalidade elástica certa

9. Treino: 183
Exercícios para fortalecer a mentalidade elástica

Conclusão: Sua elasticidade   205

Agradecimentos   209

Notas   213

Referências   219

Índice remissivo   255

INTRODUÇÃO
MINHA ELASTICIDADE

Em um dia do segundo semestre de 2000, atendi o telefonema de uma recrutadora de uma startup do Vale do Silício. Ela estava tentando preencher uma vaga havia meses e estava convencida de que eu era a pessoa certa para ela. Na época, eu trabalhava há menos de um ano em meu primeiro emprego como consultor de estratégia, em Washington. Nunca ouvira falar da empresa, Vividence, e não conhecia ninguém que morasse na Califórnia, mas sabia que a região era "quente" e não quis perder a chance de olhar de perto a oportunidade.

Na noite anterior ao meu voo para conhecer a empresa, comprei um exemplar do livro de Michael Lewis sobre o Vale do Silício intitulado *The new new thing: a Silicon Valley story* [*A nova novidade: uma história do Vale do Silício*] para saber mais sobre a região, que parecia ser divertida e também inquietante.

Assim que cheguei, a companhia fez de tudo para me convencer a aceitar o convite. A Vividence tinha os melhores financiadores de capital de risco e muito dinheiro – como poderia não ser um sucesso? Era uma empresa estimulante e em crescimento, com novos contratados chegando a cada semana. Havia guloseimas à vontade e toda noite poderia jantar gratuitamente na empresa. Eu teria meu próprio time, um cargo mais importante e poderia ficar rico do dia para a noite.

Como negar?

Um mês depois, comecei no novo trabalho, longe de família e amigos. Foi fácil me envolver pelo crescimento espantoso e pela criatividade vibrante do Vale. Havia festas incríveis e vontade de transformar tudo – como compramos, namoramos, aprendemos e interagimos –, com o forte apoio de um surto de capital de risco e uma enxurrada de pessoas ansiosas, como eu, em fazer parte da mais recente corrida do ouro da Califórnia. Logo fiz minha opção por ações, certo de que a questão não era *se* eu acharia uma mina, mas *quando*.

A Vividence ajudava websites a operar melhor por meio de pesquisas. Em tese, queríamos ser uma empresa de software com maior valor de mercado. Na prática, torramos dezenas de milhões de dólares – assim como muitos de nossos clientes ponto.com – para construir algo insustentável, que só aguentou até o momento que o trem pagador chegou guinchando à última estação. O capital de risco secou e tentamos, desesperadamente, mas sem sucesso, sobreviver sem ele.

Em questão de meses, deixamos de ser uma startup em ascensão ancorada por mais de US$ 50 milhões de capital de risco das empresas investidoras e viramos um negócio em colapso cujos funcionários foram demitidos tão rápido quanto haviam sido contratados. Vi algumas das pessoas mais inteligentes e legais que conheci de coração partido por ter de deixar para trás o que tinham se dedicado tanto para desenvolver.

Preocupado com a longevidade da empresa e a falta de segurança do emprego, eu visitava regularmente o site FuckedCompany.com, que apontava negócios que estavam a ponto de fracassar e especulava sobre a gestão descuidada que os levara à ruína. Ele logo previu nosso destino, e foi reconfortante perceber que não éramos os únicos com problemas.

O colapso econômico que se espalhava pelo Vale do Silício ocorria em paralelo à tragédia de 11 de setembro de 2001, quando terroristas atacaram os Estados Unidos, matando cerca de 3 mil pessoas e mudando a psique da nação para sempre. Jeremy Glick, um colega da Vividence, estava no voo 93 da United Airlines. Vendo-se naquela angustiante circunstância, ele e vários outros passageiros resistiram aos terroristas. Sem tempo nem recursos, lutaram bravamente com o pouco

INTRODUÇÃO

que tinham e salvaram muitas vidas ao forçar o avião a aterrissar no interior da Pensilvânia, longe de uma região mais populosa.

Na esteira dessa tragédia, muitas pessoas repensaram suas vidas – e comigo não foi diferente. Questionei a maneira como investia o tempo e o que realmente queria conquistar. Estava pronto para uma mudança e sabia que logo ficaria desempregado.

Comecei um PhD em comportamento organizacional na University of Michigan. Quando cheguei, o corpo docente encontrava-se em meio a uma crise de consciência pós-11 de setembro. Os professores lideravam um movimento acadêmico que ficou conhecido como Positive Organizations, que enfatizava a ideia de fazer emergir o melhor do potencial de pessoas e empresas por meio do engajamento do indivíduo e do sentido de propósito maior da organização. Sucesso na carreira e lucros são cruciais – mas igualmente o são ter uma vida satisfatória e significativa e construir empreendimentos sustentáveis que fazem a diferença. Aquele era o lugar para investigar as grandes questões que me fiz nos dois anos anteriores:

> Por que algumas pessoas e organizações, com tão pouco, são um sucesso, enquanto outras fracassam com tanto?
>
> Por que nos prendemos à armadilha de perseguir o que não temos?
>
> Como é possível conquistar organizações mais prósperas, carreiras mais gratificantes e vidas mais satisfatórias com o que temos em mãos?

Quinze anos depois de minha experiência na Vividence, pessoas e organizações continuam caindo nas mesmas armadilhas que presenciei durante a era ponto.com.

A recessão norte-americana mais recente, cuja causa foram os consumidores e as empresas que se endividaram excessivamente para financiar estilos de vida e operações acima de suas posses, resultou em muitos danos: destruição de US$ 19,2 trilhões de riqueza interna, desapareci-mento de quase 8,8 milhões de empregos e erosão da confiança nas prin-cipais instituições do país, entre elas bancos, empresas e governo.

Hoje, ainda pensamos que precisamos de mais para fazer mais e con-tinuamos ignorando a abundância à nossa frente. Da crise do petróleo até o mais recente avanço tecnológico do Vale do Silício, a história se repetiu – e vai continuar se repetindo – a menos que façamos uma intervenção.

Nos capítulos a seguir, baseio-me em uma década de pesquisa pró-pria na ciência da criatividade para ensinar a você como desenvolver uma mentalidade elástica. Vou explicar uma abordagem poderosa e um conjunto de habilidades que permite trabalhar com os recursos dis-poníveis para se tornar mais bem-sucedido e satisfeito na vida e nos negócios. Quando você aprender a aceitar e explorar o potencial escon-dido no que está disponível, acionará possibilidades estimulantes para conquistar mais do que jamais imaginou.

UM

A HISTÓRIA DE DUAS CERVEJARIAS

TRABALHE COM O QUE VOCÊ TEM

No final de 1961, um adolescente obstinado chamado Dick deixou o interior da Pensilvânia para cursar o ensino médio em uma escola militar a cerca de 240 quilômetros de sua casa. O cronograma rígido e as regras estritas exigiam que os alunos se levantassem cedo, vestissem uniformes de marinheiro e batessem continência para os instrutores. O contraste com a vida em sua cidade natal era enorme. Em casa, seus amigos o chamavam de "Baladeiro" – apelido adequado para o filho do dono de uma cervejaria local que começara a trabalhar no negócio da família empilhando caixas de cerveja durante as férias escolares.

Quando seus pais o visitaram, um mês depois do início das aulas, Dick implorou que o levassem de volta para casa, para que pudesse aprender sobre o negócio da família. Eles negaram. Diante das dificuldades do setor, esperavam que o ambiente para o qual haviam mandado o filho o estimulasse a buscar um futuro mais promissor, bem longe de cerveja.

Dick tinha outros planos. Depois de convencer o funcionário da manutenção a lhe conseguir roupas civis, subiu em uma árvore e pulou o muro para fugir do campus de 160 mil metros quadrados. Tomou um ônibus para a Filadélfia e de lá pediu carona até chegar em casa, pois era incapaz de ficar longe da cervejaria que adorava. Sua volta, com pouco mais do que a roupa do corpo, prenunciou a maneira engenhosa pela qual ele iria transformar o empreendimento familiar em dificuldades em uma das mais bem-sucedidas cervejarias do país, tornando-se bilionário, enquanto seu principal rival desperdiçava o que poderia ter se tornado uma empresa de US$ 9 bilhões.

Fundada em 1829 como Eagle Brewery por seus ancestrais alemães, o negócio já era mais longevo que muitas outras cervejarias quando, em 1985, Dick assumiu a administração do negócio no lugar do pai, que adoecera. Os três maiores players – Anheuser-Busch, Miller e Stroh – controlavam 70% do mercado de cerveja nos Estados Unidos. A cervejaria de Dick produzia modestos 137 mil barris por ano, uma gota no tonel de quase 200 milhões de barris produzidos em todo o país. Diante da concorrência dessas megaempresas, produtores menores seguiam um de dois caminhos: alguns desistiam de ser independentes e se vendiam aos concorrentes; outros tentavam crescer rapidamente por meio de aquisições.

Dick rejeitou as duas opções – não venderia nem compraria. Ele encontraria maneiras melhores de trabalhar com o que tinha para construir um negócio próspero que administraria com prazer.

Apesar de as vendas de cerveja serem impulsionadas por grandes investimentos de marketing, Dick descobriu formas de fazer mais com o orçamento modesto de publicidade. Ganhou atenção ao explorar a rica, mas subutilizada, história da empresa. A cervejaria mais antiga dos Estados Unidos tinha um apelo que diferenciava seus produtos dos três maiores produtores.

Em vez de entrar na maior quantidade possível de mercados, Dick limitava as vendas a apenas algumas regiões, criando uma sensação de escassez que gerava mais demanda. Um grupo cult de fãs cruzava a fronteira do estado para comprar a cerveja difícil de conseguir, o que gerou uma mística para a marca. Vários entusiastas se tornaram os melhores anunciantes – gratuitos – da cerveja, e até começaram a fazer campanha para a empresa atender outras regiões do país.

Conforme o negócio crescia, Dick comprou tanques, engarrafadoras e rotuladoras usadas, dando a esses equipamentos uma segunda vida.

Em 1996, seus esforços para obter o máximo da fábrica de mais de 150 anos foram tão bem-sucedidos que a produção chegou a 500 mil barris, produzidos em instalações que tinham sido projetadas para produzir a metade disso.

Antes de investir em outra fábrica, ele consultou seus sócios mais importantes – as quatro filhas. Como apenas 3% das empresas familiares duram até a quarta geração ou além, ele queria avaliar se elas tinham paixão para se tornar as proprietárias de sexta geração. Somente depois de elas expressarem com entusiasmo seu interesse é que Dick viu um propósito para continuar a expandir o negócio.

A empresa D. G. Yuengling & Son cresceu até se tornar a maior produtora familiar de cerveja dos Estados Unidos, mas essa nunca foi a meta de Dick. "Não estávamos em nenhuma corrida para ser a maior cervejaria familiar", ele reflete. "Nosso jogo é a longevidade... Minhas filhas... estão no negócio agora e queremos que os filhos delas sejam capazes de administrá-lo um dia. É isso o que nos dá satisfação."

A revista *Forbes* estima que a empresa comandada por esse líder de jeans e tênis tenha uma receita de cerca de US\$ 2 bilhões. Mesmo rico, ele dirige um carro modesto e apaga as luzes deixadas acesas no escritório. "Tenho fama de pão-duro", Dick me disse, "mas sou econômico".

Seu lema – trabalhar com o que tem e aproveitar o máximo disso – o ajudou a conquistar a meta de criar um negócio próspero e sustentável que gosta de administrar ao lado das filhas.

O que tornou Dick tão bem-sucedido e satisfeito quando tantos outros fabricantes de cerveja fracassaram, levando a si mesmos e a suas empresas ao fundo do poço?

Como cientista social e professor da Rice University, passei mais de uma década estudando o que torna as organizações mais prósperas e as pessoas que trabalham nelas, indivíduos melhores. Pesquisei, prestei consultoria e trabalhei em empresas de setores tão diversos quanto tecnologia, indústria, bancos, varejo, energia, saúde e organizações sem fins lucrativos. Passei horas com executivos do alto escalão de algumas empresas escolhidas pela *Fortune 500*, com empreendedores lançando seus negócios, funcionários da linha de frente tentando fazer a diferença e todos os outros tipos de pessoa entre um extremo e outro. Tive o privilégio de ensinar milhares de indivíduos de todas as partes do mundo – executivos, engenheiros, professores, médicos, pais que trabalham e jovens que tinham acabado de começar suas vidas profissionais.

O que encontrei em minha pesquisa, e o que um corpo cada vez maior de evidências científicas corrobora, é que a forma como pensamos e usamos nossos recursos tem uma influência tremenda no sucesso profissional, na satisfação pessoal e no desempenho organizacional. O problema é que *costumamos superestimar a importância de adquirir recursos, mas subestimamos nossa capacidade de fazer mais com o que temos.*

Minha pesquisa explica como pessoas e organizações podem expandir seus recursos para obter grandes conquistas e sentirem-se realizadas – como podem tornar-se elásticas –, seja adaptando-se a mudanças importantes, realizando rotinas diárias ou construindo carreiras e vidas significativas. A mentalidade elástica é um conjunto de atitudes e habilidades que se aprende e sua origem está em uma mudança simples, mas poderosa: deixar de querer mais recursos e agir de acordo com as possibilidades proporcionadas pelos recursos já disponíveis.

Precisamos nos libertar de atitudes e hábitos que conduzem a um caminho perigoso. Quando mergulhamos de cabeça em esforços importantes, como construir negócios, cultivar carreiras, criar uma família e encontrar a felicidade, nossos instintos costumam seguir uma regra básica:

MAIS RECURSOS = MELHORES RESULTADOS

De acordo com esta lógica, quando um projeto precisa ser concluído mais rápido, você aumenta a equipe. Se a ideia for causar mais impacto no setor profissional, arrume um cargo mais chamativo e instale-se em um escritório maior. Para amparar um produto em declínio, gaste mais dólares em marketing. Para tornar escolas mais eficientes, contrate mais professores. Para o governo funcionar melhor, aumente o orçamento. Se quer melhorar seu relacionamento, compre um presente caro.

Essa abordagem é intuitivamente reconfortante. A relação parece natural: quanto mais você tem, mais pode fazer e melhor vai se sentir. Porém, por mais que esse sentimento seja sedutor, ele falha em produzir melhores resultados porque nos leva a procurar recursos de que não precisamos e a não prestar atenção ao potencial dos recursos que já temos.

———

Enquanto Dick Yuengling expandia sua cervejaria, seu principal concorrente seguiu o pensamento convencional de quanto mais recursos, melhores os resultados. Fundada em 1849 pelo imigrante alemão Bernhard Stroh, a empresa de Detroit, Michigan, havia se tornado uma das maiores e mais prestigiadas cervejarias do país. Em seu ápice, chegou a produzir 31 milhões de barris por ano, chegando ao terceiro lugar do ranking nacional.

Peter Stroh, bisneto do fundador e formado em Princeton, tornou-se presidente da empresa em 1967. A família Stroh contava muito com os resultados de Peter. Apesar de muitos membros não trabalharem na empresa, cada um recebia até US$ 400 mil em dividendos anuais (equivalentes a cerca de US$ 1 milhão atualmente). Como Frances Stroh conta em sua autobiografia *Beer money: a memoir of privilege and loss*: "Por décadas, o dinheiro fluiu, e os Strohs viviam como reis".

A filosofia de Peter nos negócios – "crescer ou fechar" – não poderia ser mais oposta à abordagem trabalhe-com-o-que-você-tem de Dick. Peter disse a seus sócios que precisavam ser "os maiores possível. *Temos* que continuar adquirindo outras marcas", e, para isso, a empresa tomou emprestados centenas de milhões de dólares pelo caminho.

Os membros da família continuavam a drenar os lucros, apesar de a cervejaria já estar na UTI. Massacrada pelas dívidas e incapaz de utilizar completamente os recursos existentes, especialmente seus produtos e marcas, a empresa começou a perder participação de mercado rapidamente. Greg Stroh, ex-funcionário e membro da quinta geração, declarou: "Era como entrar em um tiroteio com uma faca".

A empresa fechou a cervejaria de quase 93 mil metros quadrados em Detroit. Peter não conseguia ver uma maneira de torná-la viável.

"Nenhuma combinação de concessões, civis e profissionais, mesmo coordenada com investimento de capital, poderia tornar a antiquada fábrica de Detroit rentável", disse.

Em 1989, sem obter sucesso suficiente com sua estratégia para recuperar o negócio, Stroh preparou a empresa para a venda à Coors. Pouco depois de redigir um acordo, porém, o potencial salvador recuou. Uma década depois, a Stroh faliu, desperdiçando uma fortuna que talvez estivesse em torno de US$ 9 bilhões. Dick explicou: "Eles tinham crescido tanto e tão rápido que foram esmagados".

Com uma parte tão expressiva do setor sob pressão, poucos concorrentes tinham meios de se beneficiar das desventuras da Stroh. Exceto um.

Dick Yuengling comprou uma antiga fábrica da Stroh, em Tampa, Flórida, pagando muito abaixo do valor de mercado. As novas instalações permitiram que continuasse a crescer, ao passo que seu ex-concorrente, superdimensionado, colapsava sob o peso da expansão exagerada. Ele modernizou os equipamentos e colocou-os em operação em apenas três meses – a uma fração do custo de uma fábrica nova. Sob a liderança de Dick, a unidade de Tampa passou a funcionar com uma equipe bem menor que a geralmente recomendada para plantas semelhantes. Funcionários do tempo da Stroh, antes receosos e apáticos, se tornaram solucionadores de problemas que implementavam as próprias ideias de como tornar a fábrica ainda mais produtiva.

Sendo um dos três maiores players do setor, Stroh teve acesso a recursos enormes. Em princípio, deveria ter se saído melhor no turbulento setor da cerveja do que a operação de Yuengling, menor e mais vulnerável. No entanto, Stroh fracassou porque seus gestores não conseguiram entender como usar o que já tinham em condições adversas. O instinto de acumular mais por meio de aquisições, marcas e funcionários transformou as ambições de rápida expansão em rápida contração.

Não há dúvida de que ter recursos é importante. Sem uma equipe talentosa, habilidades, conhecimento, equipamento e afins, torna-se difícil operar, quanto mais operar bem. Ao mesmo tempo, é difícil ser produtivo com o que se tem quando nos distraímos à procura de algo em poder de terceiros. Pior ainda: pensar que estamos de mãos vazias é um sentimento ruim.

A abordagem seguida por Stroh exemplifica o que chamo de "mentalidade perseguidora". As pessoas que agem assim, os *perseguidores*, se orientam no sentido de adquirir recursos, sem prestar atenção em como expandir o que já têm. Suas decisões e ações podem parecer muito razoáveis, mas vou expor as consequências danosas que os espreitam e que, no fim, subvertem o sucesso e tornam as pessoas infelizes.

Uma dificuldade real para superar a mentalidade perseguidora é encontrar uma abordagem alternativa. Estamos cercados de pessoas que tentam nos convencer de que mais é melhor em todos os aspectos da vida. Isso me leva ao primeiro objetivo que quero alcançar com este livro: convencer você de que pessoas como Dick Yuengling e empresas como dele são bem-sucedidas e se sentem satisfeitas com uma mentalidade elástica. Em vez de focar em conseguir mais, pessoas e organizações desse tipo constroem mais com o que já têm. Pessoas como Dick Yuengling abordam os recursos de maneira muito diferente dos perseguidores:

MELHOR USO DOS RECURSOS = MELHORES RESULTADOS

Para convencer você dos benefícios da mentalidade elástica, vou apresentar estudos e histórias que explicam como obter o sucesso e a satisfação que a mentalidade perseguidora não proporciona. Pessoas que esticam os recursos rotineiramente, e que chamo de *esticadores*, exploram o que mais podem fazer com o que têm, em vez de perguntar o que está faltando.

A NECESSIDADE DE SER ENGENHOSO

Em 1978, na Sibéria, geólogos encontraram uma família que desaparecera 42 anos antes. Os seis Lykov tinham fugido de uma perseguição religiosa que ameaçara suas vidas e se estabeleceram em um lote de 46 hectares em uma área quase desabitada e perigosa nos montes Sayan. A vida que levavam antes de sumir não tinha nada de opulenta, mas exilar-se a 250 quilômetros de qualquer lugar que lembrasse a civilização ultrapassava qualquer desafio que já tinham enfrentado. A Segunda Guerra Mundial começou e terminou sem que tomassem conhecimento. As temperaturas médias ficavam perto dos 30°C negativos e as condições da habitação improvisada rivalizava com os desafios psicológicos da vida no isolamento. No verão, chegar até a família Lykov teria exigido uma viagem de uma semana em canoa. No inverno, as condições adversas tornavam impossível o acesso sem um helicóptero.

Os pais, Karp e Akulina, criaram quatro filhos naquelas condições: dois meninos, Savin e Dmitry, e duas meninas, Natalia e Agafia. Os mais novos, Dmitry e Agafia, nasceram quando a família já vivia isolada, sem jamais encontrar qualquer outra pessoa além de seus pais e irmãos, até serem achados pelos geólogos.

Afastados da civilização por décadas, sem as conveniências contemporâneas e sem interações sociais além do círculo de seus parentes imediatos, os Lykov tinham poucas opções além de fazer render o que tinham. Sem dispor do que a maioria de nós considera normal, o grupo construiu uma casa com assoalho feito de pinhões e casca de batata. Faziam roupas de semente de cânhamo e galochas de casca de bétula. Sem equipamentos de caça adequados, Dmitry perseguia animais descalço, às vezes por dias, até que suas presas sucumbiam à exaustão.

A família Lykov aprendera a se adaptar às restrições e descobriu uma forma de transformar o pouco que tinham em elementos essenciais para a manutenção da vida. Mas não tinham escolha. Sua sobrevivência dependia disso. Apesar de nos maravilharmos diante de tal engenhosidade e sentir gratidão por nossas circunstâncias serem muito melhores, o exílio extremo dos Lykov prova que as pessoas podem realizar feitos incríveis, nunca imaginados, quando são engenhosas diante da necessidade.

Quase todos nós já enfrentamos algum tipo de restrição ou limitação. As metas das pessoas variam – objetivos de longo prazo podem ser ter sucesso na carreira, abrir um negócio, encontrar um trabalho desafiador, equilibrar prioridades do trabalho e da família e criar filhos bons; os de curto prazo podem ser concluir um projeto, aprender algo novo, coordenar uma reunião ou ajudar uma criança com a lição de casa.

As pessoas também diferem quanto aos recursos de que dispõem para realizar esses desejos: pode ser tempo, dinheiro, conhecimento, habilidades, conexões e objetos tangíveis.

É comum encontrarmos lacunas entre o que queremos conquistar e o que temos de fato. Para alguns, restrições se reduzem a limitações financeiras; para outros, podem ser falta de contatos profissionais, informação, habilidades ou equipe. As pessoas engenhosas agem apesar dessas desvantagens, perguntando-se: como uso o que tenho e faço o que é necessário?

Há muito a se aprender com as pessoas que superam restrições. Elas podem nos motivar a ser engenhosos, agir de maneiras mais criativas e a resolver melhor os problemas. Igualmente importante é que podemos colher os mesmos benefícios *todas as vezes* que esticarmos os recursos: decidindo abordar nossas organizações, empregos, famílias e vida enxergando possibilidades no que temos e construindo com criatividade a partir daí.

ESCOLHER ESTICAR OS RECURSOS

O antropólogo francês Claude Lévi-Strauss observou duas abordagens diferentes de como as pessoas podem agir para fazer o que precisa ser feito – uma que chamou de "engenharia", e outra que chamou de "bricolagem".

A abordagem da engenharia que ele descreveu envolve usar a ferramenta específica. Os perseguidores endossam esse método porque assumem uma visão estreita da utilidade dos recursos. Então, se precisam fixar um prego na parede, vão comprar um martelo. Na falta de um martelo do tamanho, forma e peso certos, a abordagem da engenharia começa a ruir. Para enfrentar desafios, os perseguidores tentam ter o máximo de peças possível em sua caixa de ferramentas, mesmo quando esses recursos não atendem a uma necessidade imediata. Com

O PODER DO MENOS

o tempo, a caixa de ferramentas fica cada vez maior; por fim, torna-se difícil lembrar o que há dentro dela.

A abordagem da bricolagem, preferida pelos esticadores, faz bom uso das ferramentas disponíveis, experimentando e testando as limitações convencionais do que está à mão. Se uma pedra é a única coisa por perto, um esticador pode usá-la para bater o prego na parede – pode também ser um tijolo, uma lata de conserva, um salto de sapato ou uma lanterna pesada.

As pessoas podem usar a engenharia ou a bricolagem para fixar um prego em uma parede com competência, mas com consequências diferentes. Para a engenharia, a solução parece elegante e segura porque condiz com o modo típico de fixar um prego na parede. Você pode achar bizarro se um carpinteiro aparecer com um rolo de abrir massa para fazer seu trabalho. Mas o que acontece quando estendemos o raciocínio a muitas das decisões que tomamos? Haverá muito esforço envolvido em sempre garantir a ferramenta correta para cada trabalho. A maior parte de nosso tempo e energia é gasta procurando por ferramentas, e não batendo os pregos na parede. Sem a ferramenta certa, ficamos perdidos. Quando os outros têm ferramentas melhores, não só nos sentimos mal como também concluímos que não conseguimos fazer o que é preciso com uma caixa de ferramentas mal-equipada.

No caso da bricolagem, o desafio depende de libertar-se das armadilhas mentais que nos forçam a querer usar sempre um martelo, mesmo quando não temos um à mão. Pode haver um certo nível de desconforto psicológico em empregar as coisas de modos diferentes; por isso, o primeiro instinto é comprar um martelo e só recorrer à bricolagem em último caso – por exemplo, quando a loja de ferragens está fechada. Mas o que ocorreria se evitássemos a loja de ferragens e nos forçássemos a fazer o máximo com o que temos? Acabaríamos vivendo uma vida muito diferente – e defendo que muito mais agradável – porque ficaríamos menos ansiosos com o que já temos e usaríamos os recursos de maneiras melhores. É por isso que a mentalidade elástica é muito mais do que ser engenhoso para superar limitações. É uma visão que influencia não só como solucionamos problemas, mas também como obtemos sucesso e vivemos melhor de modo recorrente.

O Cara da Kombi, como alguns o chamam afetuosamente, mora em uma kombi detonada, ano 1978, apelidada de Salsicha em homenagem ao personagem do desenho animado *Scooby-Doo*. Quando o motor do veículo falha, ele tenta consertá-lo com fita adesiva para evitar incômodos e o custo de ir ao mecânico. O fogão portátil o ajuda a preparar refeições frescas e saudáveis.

Em 2015, a kombi passou parte do ano estacionada atrás das lixeiras de um Walmart em Dunedin, Flórida. Durante o dia, garantia a ginástica graças à barra de exercício dos carrinhos de compras, mantendo-se em ótima forma. Apesar de Salsicha não ser uma van grande, há espaço suficiente para guardar a única calça jeans, o saco de dormir e os cadernos nos quais ele escreve à noite, quando não está lendo algum livro. O Cara da Kombi gosta de seu estilo de vida peculiar porque ele lhe permite apreciar o que possui sem distrações em relação ao que os outros possuem e também o aproxima da vida ao ar livre de que tanto gosta. Compradores curiosos às vezes param para olhar seu carro no estacionamento do Walmart, perguntando-se sobre a pessoa aparentemente estranha que mora no veículo. Alguns são empáticos com a situação de aperto que o homem aparentemente enfrenta e oferecem comida ou dinheiro. Ele recusa todas essas ofertas educadamente. Quando conversam com ele, ficam sabendo de uma informação surpreendente.

O Cara da Kombi é multimilionário. Ele poderia com facilidade bancar uma das casas espaçosas da vizinhança. Escolheu a vaga no estacionamento do Walmart não por ser um errante, mas porque ela o coloca no espaço mental correto para esticar os recursos e, desse modo, conquistar seus sonhos de vida. "Quando você vive em uma kombi", ele diz, "tem de apreciar o que tem". Sua filosofia pessoal: "A vida é como um oceano para mim. Ela vai mandar ondas boas e ruins, mas no fim do dia você vai surfar na que aparecer à sua frente".

O estacionamento do Walmart também oferece a conveniência de estar a apenas 4,8 quilômetros do trabalho, onde ele orgulhosamente estaciona sua kombi perto dos carros esportivos luxuosos e das SUVs paramentadas de seus colegas. Depois de desfrutar um café coado feito em seu fogão, ele trabalha em um emprego que muitas crianças adorariam ter quando crescessem.

O Cara da Kombi é Daniel Norris – jogador da liga principal de beisebol.

Em 2011, Norris era o principal candidato a ocupar a vaga de arremessador do Toronto Blue Jays. Depois de receber US\$ 2 milhões de bônus ao entrar no time, fez o que as pessoas fazem quando estão com dinheiro. Foi às compras. Um de seus novos colegas, que tinha acabado de descontar seu próprio bônus, organizou uma orgia de três horas no shopping center local. Os colegas de Norris gastaram dezenas de milhares de dólares em apetrechos e equipamentos. A única aquisição de Norris: uma camiseta Converse que comprou em oferta por US\$ 14. "Só porque o dinheiro está lá não significa que você tem que ter coisas mais legais do que antes", ele diz.

Depois de assinar um novo contrato com um salário maior, Norris pensou que ter tanto dinheiro arruinaria seu estilo de vida e o distrairia de seu trabalho e paixão: jogar beisebol. Ele pediu a seus conselheiros financeiros que depositassem apenas US\$ 800 por mês em sua conta-corrente para cobrir as despesas básicas, enquanto investia de maneira conservadora o restante de seu contracheque. O estipêndio mensal representa uma renda equivalente a cerca de metade do valor de alguém que trabalha em tempo integral ganhando salário mínimo.

Em sua família, o dinheiro era curto. Quando criança, Norris via seus amigos ganharem novas luvas e tacos a cada temporada, enquanto continuava usando equipamentos velhos. Ele não se ressentia com seus pais por não comprarem itens novos. Ele reflete: "Nunca em minha vida faltou o que precisava. Quando criança, você sempre tem desejos. De modo lento, mas seguro, aprendi a apreciar as coisas que conseguia. Sou muito grato por ter sido criado assim".

Mesmo quando já tinha milhões de dólares, Norris fez o que poucos colegas jogadores sequer considerariam: arrumou um segundo emprego. Ele trabalhou durante as férias da temporada por 40 horas semanais na Mahoney's, uma loja de equipamentos esportivos em sua cidade natal, Johnson, Tennessee. Ele não precisava do dinheiro para viver, apenas gostava do trabalho. Também passou parte das férias viajando pela Nicarágua, hospedando-se em albergues da juventude e caminhando na mata.

No início, isso intrigava os agentes de Norris, que se perguntavam por que uma estrela em ascensão não acompanhava as práticas de seus colegas nas férias, com viagens de luxo ou baladas na pomposa South Beach, na Flórida. O time acabou reconhecendo que seu modo de vida o mantinha focado naquilo que realmente importava: jogar beisebol.

Para Daniel Norris, o sonho de sua vida é ser um excelente arremessador de beisebol e vivenciar as maravilhas da vida ao ar livre – e nada disso depende de gastar milhões de dólares. Ao abrigar-se na kombi, ele foge da mentalidade que deixa muitas estrelas do esporte falidas ou deprimidas.

No verão de 2015, os Blue Jays venderam Norris para o Detroit Tigers. Semanas depois, Norris doou a camisa número 44 de sua estreia como rebatedor das ligas principais. Aproximando-se da base no segundo *inning* como rebatedor pela primeira vez desde o ensino médio, ele jogou a bola para fora do estádio, tornando-se o primeiro rebatedor da história da Liga Americana a fazer um *home run* no Wrigley Field de Chicago e apenas o 19º arremessador da história do beisebol a conseguir um *homer* em sua primeira tacada.

Quando você começou a ler sobre Daniel Norris, provavelmente não imaginou que ele fosse um multimilionário ou uma estrela do esporte. Provavelmente também não achou que o império de cerveja de Dick Yuengling ultrapassasse US$ 1 bilhão. As estrelas do esporte deveriam dirigir carros modernos. As empresas deveriam crescer o mais rápido possível. Multimilionários deveriam viver em casas espaçosas. Muitos dólares investidos em marketing deveriam corresponder a vendas maiores. As pessoas que têm dinheiro para gastar deveriam comprar coisas. As soluções improvisadas no trabalho e na vida são o que esperamos daqueles que têm pouco, mas o que Dick Yuengling e Daniel Norris aprenderam e podem ensinar é que a mentalidade elástica ajuda a conquistar ótimos resultados o tempo todo – independentemente de quão pouco ou muito temos.

Fazer o máximo com o que possuímos é o que poderíamos fazer quando nos vemos contra a parede, mas quero convencer você a *escolher* esticar os recursos nas épocas boas tanto quanto nas ruins. Meu segundo objetivo neste livro é ensiná-lo a evitar a mentalidade perseguidora e abraçar a mentalidade elástica o tempo todo – e nem precisa morar em uma van! É uma abordagem que vai muito além de sair de situações difíceis – é uma forma totalmente diferente de viver e trabalhar para obter sucesso e realização.

EVITANDO A COMPLACÊNCIA

Quando somos bem-sucedidos e realizados, o instinto natural manda permanecer nesse curso. Seguimos rotinas sobre como usar recursos porque isso funcionou no passado. Porém, conforme permanecemos em curso, o mundo à nossa volta muda constantemente: os empregos evoluem, o gosto dos clientes avança, os concorrentes crescem ou se encolhem, as famílias envelhecem e a tecnologia muda. Nessas situações, recursos antes valiosos e apreciados perdem valor. Foi o que aprendeu uma empresa sediada na Suécia chamada Facit. Ela cresceu como um grande e lucrativo fabricante de máquinas e móveis de escritório. Tinha grande variedade de produtos, mas seus executivos consideravam as calculadoras a maior promessa.

Estavam certos.

A Facit logo dominou o mercado, de modo que seus diretores rejeitaram as sugestões de buscar outras oportunidades. Em vez disso, a empresa focou em melhorar a qualidade e baixar o custo das calculadoras. Para acelerar os resultados, a empresa contraiu uma grande dívida e expandiu a capacidade. Tornou-se tão boa na fabricação de calculadoras que raramente havia produtos defeituosos.

Os clientes estavam felizes. Os gestores estavam felizes. Os funcionários estavam felizes.

Em um período de oito anos, a força de trabalho da Facit aumentou 70% e os lucros mais que dobraram. Em seu ápice, empregou 14 mil

A HISTÓRIA DE DUAS CERVEJARIAS

pessoas em 20 fábricas espalhadas em cinco países, com escritórios de vendas em 15 nações.

Então, quase sem ser percebida, a crise chegou. Os lucros diminuíram substancialmente, a equipe de gestão, antes estável, foi substituída, e houve demissões. A qualidade dos produtos continuava alta – era considerada a melhor do setor –, mas ninguém queria uma calculadora Facit. As pessoas queriam calculadoras de outras empresas.

Em poucos anos, a Facit deixou de ser uma estrela em destaque para quase ir à falência, forçando seus gestores a vender os bens remanescentes para um concorrente.

Acontece que, por mais que a Facit continuasse a produzir calculadoras de ótima qualidade, elas eram *mecânicas*. Nos anos 1960, os tempos eram bons para fabricantes desses produtos. As grandes realizações da empresa convenceram seus gestores de que estavam no caminho certo e sabiam o que estavam fazendo. Mas, nos anos 1970, fabricantes japoneses começaram a produzir calculadoras eletrônicas em massa. Os diretores da Facit descartaram começar a produzir as próprias calculadoras eletrônicas, pois consideraram a tecnologia como uma distração para o negócio de calculadoras mecânicas. Porém, apesar da alta qualidade, seus recursos não se comparavam aos das eletrônicas.

O sucesso nos blinda e reforça o que nos tornou bem-sucedidos. Apegamo-nos ao que sabemos e fazemos bem, ecoando o clichê: "Se não está quebrado, não conserte". De fato, pesquisas econômicas e psicológicas mostram de maneira recorrente que as pessoas preferem o *status quo*. Permanecer no mesmo emprego, colocar a equipe em piloto automático ou explorar um mercado bem-sucedido pode dar certo no curto prazo. Quando tudo isso funciona muito bem, como aconteceu com a Facit, é ainda mais difícil abrir mão.

O problema, como essa empresa sueca infelizmente aprendeu, é que o mundo sempre se move, mesmo quando estamos parados, complacentes. Recursos antes valiosos – uma habilidade requisitada, uma equipe de alta performance, um produto único e a melhor calculadora mecânica – podem se tornar inúteis muito rapidamente.

Fazer nada enquanto as mudanças ocorrem nos torna vítimas inevitáveis de forças externas. Isso me leva ao terceiro objetivo deste livro. Quando as incertezas em relação a nossos negócios, trabalhos, vidas e o mundo aumentam, o argumento a favor da mentalidade elástica se fortalece. Mostrarei como essa abordagem nos equipa com habilidades de adaptação e mudança diante de um conjunto menos previsível de circunstâncias.

O CAMINHO PARA A MENTALIDADE ELÁSTICA

Quando corremos atrás do que realmente importa para nós, raramente dispomos de tudo que precisamos. Quer empreendendo quer trabalhando em organizações, sustentando famílias ou servindo a comunidades, pessoas de todos os estilos de vida podem se tornar bem-sucedidas e realizadas ao adotar a mentalidade elástica e explorar as possibilidades que proporciona. Vou contar como chegamos até isso.

Na primeira seção do livro, focarei na mudança de mentalidade perseguidora para mentalidade elástica. Precisaremos nos libertar das atitudes e crenças típicas em relação a recursos antes de prosseguir rumo a um caminho melhor. Vou apresentá-lo a pessoas de todos os estilos de vida que chegaram à mentalidade elástica – desde quem cresceu com muito pouco até quem tinha demais. Aprenderemos com suas realizações marcantes tanto quanto com as atividades cotidianas, para encontrar padrões comuns acerca de como esticar os recursos. Revisaremos a evidência científica sobre como os perseguidores se envolvem em um jogo custoso de correr constantemente atrás de mais, o que, ao longo do tempo, diminui a capacidade de ser engenhoso, perceber objetivos de vida e encontrar realização. Ao adotar uma mentalidade elástica, podemos apreciar melhor o que temos – reconhecer seu valor inerente e torná-lo ainda mais precioso.

A seção intermediária do livro apresentará um conjunto de habilidades que ativa o potencial que todos temos para esticar os recursos, mas que talvez não reconheçamos ou não nos sintamos autorizados a usar. Conheceremos o valor que as pessoas dotadas de mentalidade elástica têm por saberem menos do que os outros e aprenderemos por que às vezes é inteligente construir equipes contando com quem sabe o mínimo para fazer o máximo. Em seguida, descobriremos quando o planejamento torna difícil conquistar as metas, e como a mentalidade elástica, em vez disso, age espontaneamente, sem roteiro. Também explicarei como melhorar o talento com muito pouco, ao pedir que as pessoas aumentem ainda mais as expectativas. A última parte da seção examinará como a mentalidade elástica combina aspectos que à primeira vista não têm nada a ver – misturando concorrência com amizade, prioridades do trabalho com as da família e desenvolvimento econômico com responsabilidade ambiental.

Como em qualquer abordagem baseada na ciência, a mentalidade elástica tem limitações importantes. Por isso, na seção final do livro, consideraremos os pontos fracos de esticar demais – momentos em que somos excessivamente mesquinhos e perdemos o foco, agimos rápido demais, somos atormentados por altas expectativas e responsáveis por más combinações de recursos. Concluo o livro com alguns exercícios simples, mas poderosos para fortalecer a mentalidade elástica.

Os benefícios de abrir mão da mentalidade perseguidora e aprender a mentalidade elástica estão a seu alcance. Você provavelmente já agiu de maneira engenhosa em alguns aspectos de sua vida. Já abriu um pacote com uma chave em vez de usar tesoura? Já trabalhou além de suas atribuições formais para gerar um impacto maior? Já concluiu um projeto quando ninguém mais pensava ser possível apenas com o que dispunha? Isso, e muito mais que você já deve ter feito, são exemplos de como agir com engenhosidade.

Quero aumentar a frequência e a potência dessas experiências e mostrar a você que a mentalidade elástica é um estilo de trabalho e de vida que se escolhe para atingir metas, buscar oportunidades e viver melhor, usando e desenvolvendo o que está bem à sua frente

DOIS

A GRAMA DO VIZINHO É SEMPRE MAIS VERDE

CAUSAS E CONSEQUÊNCIAS DA MENTALIDADE PERSEGUIDORA

Woodside é uma cidade sofisticada e charmosa escondida no Vale do Silício. Tem pouco mais de 5 mil habitantes e fica rodeada por sequoias e trilhas para cavalgar. O comércio local concentra-se no minúsculo centro e a ambientação rural não lembra em nada os megacomplexos do entorno que abrigam algumas das maiores e mais bem-sucedidas empresas de tecnologia dos Estados Unidos. Gente como Steve Jobs, Larry Ellison e Neil Young chamaram esse lugar privilegiado de lar. Suas mansões espaçosas situam-se no alto de terrenos cuidados com esmero e enfeitados com piscinas reluzentes – são propriedades do tipo que enchem as páginas da revista *Architectural Digest*. A renda familiar média, próxima dos US$ 200 mil por mês, faz da região uma das mais prósperas do país, mas a opulência da vizinhança mascara uma grande ironia.

É um lugar rico, mas falta um recurso natural fundamental – água. A pior seca da Califórnia na era moderna não foi o suficiente para convencer alguns moradores a mudar de comportamento e milhares de litros do precioso líquido são utilizados para manter os gramados dessas residências em épocas de seca grave. Trezentas residências sofisticadas da comunidade consomem mais de 280 mil litros de água por mês. Em East Palo Alto, cidade localizada na mesma região, mas bem menos exuberante, as casas gastam cerca de 5,6 mil litros por mês. Algumas famílias de Woodside ignoraram totalmente a crise hídrica, mas outras se adaptaram de maneira engenhosa, canalizando a água usada das máquinas de lavar roupas para a limpeza dos quintais ou contratando profissionais para pintar a grama de verde.

Essa não é a primeira vez que parte dos endinheirados californianos ignora o problema. Na última grande seca do estado, cujo auge foi em 1990, o bilionário Harold Simmons (que ficou famoso por financiar a campanha suja que acabou com as esperanças presidenciais do candidato John Kerry, em 2004) lutou publicamente contra a prefeitura para manter seu consumo de água. O playboy pagou US$ 25 mil em multas para consumir quase 38 milhões de litros de água por ano na propriedade que raramente visita. Esse consumo assustador poderia abastecer uma família de quatro pessoas por quase três décadas. Depois que a companhia municipal de água restringiu seu abastecimento, ele contratou carros-pipa para manter os irrigadores funcionando.

A Califórnia pode ser o epicentro da atual crise hídrica, mas proprietários de imóveis em todo o país costumam se exceder para manter a grama verde. Por quê?

Pesquisadores da Vanderbilt University entrevistaram um grupo demograficamente representativo de moradores da Grande Nashville, Tennessee, sobre suas práticas de jardinagem. O desejo de estar à altura dos vizinhos motivou-os a canalizar enormes recursos para manter um jardim mais verde, resultados que se sustentaram ainda mais depois de contabilizados idade, educação e valores das propriedades. A moradia é o maior símbolo de sucesso dos indivíduos: além da alta visibilidade para ostentar sua prosperidade, a exuberância do gramado reflete a riqueza de quem vive ali.

Os meios utilizados para mantermos nossos gramados diz muito sobre nós e nossas escolhas. Quando estamos em modo de perseguição (mentalidade perseguidora), é fácil correr atrás do que os outros têm ou querem ter. Conforme os recursos ficam mais escassos, perseguir se torna mais difícil, caro, estressante e até impraticável.

No fim, o poço seca (nesse caso, literalmente) e o fluxo constante de recursos termina.

Neste capítulo, examinaremos as bases psicológicas da mentalidade perseguidora. Ela não só está presente na busca da grama mais verde, como em muitas áreas que dão contorno ao bem-estar e às perspectivas de sucesso. Vamos começar com as comparações sociais que nos orientam a querer o que os outros têm e a subvalorizar o que já possuímos. Depois, olharemos para um fenômeno psicológico chamado fixação funcional, que nos impede de ver mais utilidades para o que temos. A consequência disso é tentarmos acumular tantos recursos quanto possível para atender aos desafios ou aproveitar oportunidades que acabamos nos esquecendo de fazer o que tem de ser feito. Então, nos dedicaremos a compreender a tendência a acumular sem pensar e concluiremos examinando que ter recursos demais pode levar ao desperdício. Entender como a mentalidade perseguidora ativa nosso modo de agir e buscar satisfação é o primeiro passo para abraçar a mentalidade elástica.

TUDO É RELATIVO

A cada quatro anos, os melhores atletas do mundo se reúnem em uma cidade para disputar os Jogos Olímpicos. Ao observar as fotografias que tiraram dos medalhistas olímpicos durante os jogos de 2012, em Londres, a equipe do jornal inglês *Daily Mail* observou um padrão surpreendente entre alguns vencedores. Os nadadores norte-americanos Nathan Adrian, Michael Phelps, Cullen Jones e Ryan Lochte exibiam melancolicamente suas medalhas no pódio do nado crawl 4x100. O ciclista colombiano Rigoberto Urán Urán parecia desapontado. A ginasta norte-americana McKayla Maroney fazia caretas como se não estivesse impressionada com a medalha. O triatleta espanhol Javier Gómez parecia muito triste, e a estrela chinesa do badminton Wang Yihan lutava para conter as lágrimas de tristeza.

O que esses campeões tinham em comum, além da tristeza?

Eles haviam conquistado medalhas de prata.

Essa observação não é surpresa para Victoria Medvec e seus colegas, pesquisadores da Northwestern University, que estudaram as transmissões da rede de televisão NBC dos Jogos Olímpicos de 1992, em Barcelona, Espanha. Eles separaram trechos de reações de atletas ao concluir provas, bem como durante as cerimônias de premiação. Depois, a equipe pediu a 20 estudantes universitários, sem conhecimento do resultado final das provas, para assistir às gravações e classificar cada atleta usando uma escala de dez pontos, variando de agonia a êxtase, para o tipo de emoção que expressavam no fim de cada competição e, se relevante, no pódio ao receber a medalha.

Os medalhistas de bronze tinham uma tendência muito maior a estar perto do êxtase se comparados com os medalhistas de prata, apesar do desempenho pior dos primeiros. Para explicar esses resultados, os pesquisadores recorreram a gravações adicionais da NBC de entrevistas com os medalhistas logo depois de cada prova. Eles então pediram a dez estudantes universitários uma avaliação: em que medida os atletas expressaram pensamentos e sentimentos que se aproximassem das expressões "pelo menos eu [consegui]..." ou "eu quase...". As afirmações "pelo menos eu [consegui]..." representavam o foco no que os atletas haviam realizado; as afirmações "eu quase" enfatizavam o que tinham deixado de realizar. Os alunos também avaliaram em que medida os atletas se compararam explicitamente com os que terminaram pior, com os que terminaram melhor ou se não houve nenhuma comparação.

Em comparação com os medalhistas de bronze, os medalhistas de prata focaram mais no que não haviam realizado (ganhar o ouro). Também fizeram comparações mais invejosas em relação aos medalhistas que terminaram na frente, apontando sua relativa imperfeição. Em contraste, os medalhistas de bronze focaram no que conseguiram realizar (ganhar uma medalha).

As raízes dessa insistência em perseguir a grama mais verde e a surpreendente mágoa dos medalhistas de prata das Olimpíadas de Londres em 2012 remontam ao trabalho de um dos psicólogos de maior destaque no mundo, Leon Festinger. Em 1954, ele propôs que todas as pessoas querem saber em que ponto se situam na escala social e afirmou que é difícil nos autoavaliar de maneira isolada. Sendo assim, precisamos voltar nossa atenção para os outros, a fim de obter uma noção melhor sobre nós, em aspectos como riqueza, inteligência e status. Alguns aspectos que são marcadores visíveis e imediatos de nossa posição – o preço de um carro, o tamanho de sua sala na empresa, o montante de um orçamento, o verde de um gramado ou mesmo a cor de uma medalha olímpica. Uma sala de 15 metros quadrados será grande se a maioria das salas tiver 10 metros quadrados, mas minúsculo se a maioria for de 20 metros quadrados. Quanto mais mensurável o recurso, mais fácil é compará-lo com outros. Esse ideal de "estar à altura" é chamado de comparação social ascendente.

Admirar as realizações dos outros às vezes pode ser motivador, porém comparações sociais ascendentes são perigosas quando focam nos recursos alheios, enfatizando o que eles têm e deixando-nos frustrados. Podemos ficar muito satisfeitos com o orçamento de nossa equipe até sabermos que o de outro departamento é maior. Um aumento de salário de 6% é comemorado até descobrirmos que um colega recebeu um aumento de 8%. Ao nos comparar o tempo todo com quem tem mais, deixamos de apreciar e reconhecer o muito que podemos realizar sendo desprendidos.[1]

O fascinante sobre as comparações sociais ascendentes é que elas ajudam a responder questões básicas sobre o nosso desempenho na vida. Por isso, é difícil evitá-las e prescindir delas. Mesmo assim, elas atrelam a noção que temos de nós mesmos ao sucesso das pessoas em volta. E fazem com que deixemos de questionar o que podemos fazer para ter vidas construtivas e mais felizes com o que temos.

Gary Kremen, fundador do site Match.com, declarou de maneira melancólica: "Você não é ninguém no Vale do Silício com US$ 10 milhões", referindo-se à situação da sua empresa. Quando fazem comparações sociais ascendentes em relação a recursos, mesmo pessoas como Gary Kremen inevitavelmente se mostram decepcionadas com o que têm. Psicólogos usam a metáfora da esteira ergométrica para descrever essas experiências – quando se consegue mais recursos, a mente aumenta a velocidade da esteira. Ou seja, para continuar em cima dela, temos de correr mais rápido, mesmo não indo mais longe. E assim vamos fazendo novas comparações, sempre com alguém que tem mais, o que nos deixa desapontados o tempo todo. Medalhistas de prata comparam-se com os medalhistas de ouro; medalhistas de ouro comparam-se com medalhistas de ouro com várias medalhas; milionários comparam-se com bilionários; e os moradores de Woodside, Califórnia, não conseguem ignorar os vizinhos ainda mais ricos para saber quem está no topo. Seja a grama mais verde, sejam medalhas de ouro, comparações sociais ascendentes deixam as pessoas insatisfeitas com o que têm e as motiva a buscar *mais*. Se conseguem mais, o conjunto de comparações ascendente aumenta e elas correm mais rápido na esteira para tentar ficar no mesmo lugar.

Apesar de poucas pessoas viverem em casas luxuosas, a maioria está cercada de indivíduos que, pelo menos em certas dimensões, têm algo que elas não têm. A disseminação das mídias sociais também levou a fluxos de atualização 24 horas por dia que tornam as comparações sociais ascendentes parte do cotidiano. Ficamos sabendo pelo Facebook de amigos que escalam montanhas e compram roupas e eletrônicos caros, mas raramente vemos posts sobre detalhes como o tempo gasto na espera de uma consulta médica, no pagamento de contas, na digitação de um relatório de trabalho ou na troca do óleo do carro. Nos círculos profissionais, o LinkedIn fornece uma lista semelhante de atualizações sobre trocas de emprego, promoções e novas credenciais profissionais. Empresas de todos os tamanhos usam as mídias sociais para se gabar de suas realizações. Essas imagens cuidadosamente construídas e pensadas para consumo público costumam ter consequências não intencionais (ou, em alguns casos, intencionais) de disparar comparações que fazem as pessoas se sentirem mal.

Para entender como as mídias sociais influenciam a mentalidade perseguidora, um grupo de pesquisadores enviou mensagens de texto a 82 respondentes de diversas origens culturais cinco vezes por dia por duas semanas. As mensagens de texto chegavam aleatoriamente entre 10 horas da manhã e meia-noite. Cada mensagem continha um link para uma pesquisa com perguntas como: "Como você se sente neste momento?", "Quantas vezes você entrou no Facebook desde a última vez que perguntamos?" e "O quanto você interagiu diretamente com outras pessoas desde a última vez que perguntamos?".

Os psicólogos mediram o bem-estar dos participantes e a satisfação e descobriram que quanto mais tempo eles passavam usando o Facebook, pior se sentiam, sugerindo que a redução da felicidade se dava por causa das comparações sociais ascendentes.

Por que as mídias sociais disparam o tipo de comparação social que nos torna menos felizes? Eis o motivo: 78% dos participantes usaram o Facebook para compartilhar boas novas, enquanto apenas 36% o utilizaram para compartilhar más notícias. As pessoas postam seus desempenhos medalha de ouro, não as chegadas em último lugar.

A perseguição faz mais do que nos tornar infelizes. Também degrada nossa capacidade de esticar recursos, impedindo-nos de vê-los além de sua camada superficial. Em contraste, a mentalidade elástica permite trabalhar com o potencial não aproveitado, como fazia um de meus heróis da infância.

QUANDO O BARÔMETRO VIRA RÉGUA

Quando eu era criança, sempre assistia ao seriado *MacGyver*. O programa de TV dos anos 1980 contava as aventuras de Angus MacGyver, um agente secreto que conseguia resolver praticamente qualquer problema (e salvar vidas) com pouco mais do que canivete, fita adesiva ou objetos domésticos comuns que encontrava à mão. Apesar da falta de recursos especializados, Mac, como seus amigos o chamavam, sempre achava um jeito de usar o que estivesse disponível, criando soluções inteligentes para dilemas aparentemente insolúveis. De evitar a detonação de uma bomba com clipes de papel a usar óleo de carro para ver através de um vidro jateado, Mac

O PODER DO MENOS

deixava de lado as táticas comuns aos heróis de ação e usava ciência para transformar objetos cotidianos em um conjunto versátil de ferramentas com as quais enfrentava pilantras e criminosos.

Lembro de Mac pelo canivete suíço e pelas habilidades de desarmamento, mas sua engenhosidade se transferia para outros aspectos da vida. Em um episódio, tornou-se técnico de uma equipe escolar de hóquei no gelo e entrou em ação quando as incríveis habilidades físicas de um dos principais jogadores não foram suficientes para compensar sua imaturidade emocional. Brigas frequentes costumavam tirar o jogador de campo e mandar adversários para o hospital. Um caça-talentos inescrupuloso tinha procurado o prodígio do hóquei para jogar por um time em dificuldade, com a esperança de que o garoto de cabeça quente infernizasse os oponentes e usasse o comportamento bruto para ganhar a qualquer custo. O episódio culmina com Mac acolhendo o adolescente como muito mais do que um jovem problemático. Ao ajudá-lo a repensar o sentido do sucesso, Mac o transforma em uma pessoa melhor, dentro e fora do rinque.

Quer estivesse trabalhando com o que muitos consideram uma situação difícil quer estivesse com um adolescente problemático, Mac focava em expandir o valor do que tinha. A abordagem escolhida pelos perseguidores é muito diferente. Aprisionados pela crença de que mais é melhor, pensam que os recursos têm uso limitado e são compelidos a acumular tanto quanto conseguirem. Quando obstáculos os impedem de adquirir mais – pode ser inviável mudar para uma sala maior, conquistar um cargo melhor ou contratar uma pessoa para realizar um trabalho –, seus projetos e metas ficam em suspenso.

A dificuldade que as pessoas de mentalidade perseguidora têm de agir como Mac se dá por causa da visão convencional dos recursos como destinados a usos específicos: um clipe de papel serve para segurar papéis, um concorrente é uma ameaça ao negócio, um mapa é algo que oferece instruções precisas. Para pessoas de mentalidade elástica, como Mac, os recursos podem ter muitos usos não convencionais: um clipe de papel pode ser usado para suturar um corte, os insights de um concorrente podem melhorar as características

A GRAMA DO VIZINHO É SEMPRE MAIS VERDE

de um produto da empresa e até um mapa errado pode servir para chegar ao destino correto.

Para ilustrar o bloqueio psicológico dos perseguidores que estreita a visão que têm dos recursos, imagine-se como o protagonista da seguinte história, contada pelo cientista e professor Alexander Calandra: Você é um estudante de física interagindo com seu mentor. Você estudou com afinco e aprendeu muito sobre essa matéria e seu professor o chama à sala dele para pedir que demonstre seu conhecimento do assunto. O professor o desafia a explicar como é possível medir a altura de um edifício usando um barômetro. Ele pensou muito sobre esse problema e acredita que há apenas uma resposta certa: examinar as leituras do barômetro no alto do edifício em relação às leituras no térreo.

Quando ele propõe o desafio, você oferece várias respostas: amarre uma corda ao barômetro, abaixe até o nível da rua e meça o comprimento da corda; suba as escadas com o barômetro, usando-o como régua; pergunte ao zelador do prédio a altura do edifício e dê em troca o barômetro.

Esses usos não convencionais do barômetro refletem a mente de alguém que expande o pensamento de maneiras inesperadas. O professor, impregnado das convenções da física, não se dá conta das maneiras diferentes que barômetros podem resolver o desafio. De modo muito parecido, perseguidores tendem a tratar barômetros, ou qualquer recurso, por seu valor de face.

Psicólogos chamam a rigidez demonstrada pelo professor de física de fixação funcional – a incapacidade de usar um recurso além da abordagem tradicional. Isso ocorre porque, conforme envelhecemos, nos tornamos mais ligados a convenções sociais, o que torna muito mais difícil vislumbrar o que temos em mãos além dos usos tradicionais.

Há um grupo que pouco se preocupa com convenções: crianças que ainda não estão totalmente "treinadas" sobre como usar as coisas "do jeito certo". Os pesquisadores Tim German e Greta Defeyter apresentaram a crianças blocos de construção, um lápis, uma borracha, uma bola, um ímã, um carrinho de brinquedo e uma caixa de madeira. Disseram a elas que Bobo, o Urso, não conseguia pular porque tinha pernas curtas, mas queria o leão de brinquedo que estava em uma prateleira longe de seu alcance. Será que elas conseguiriam ajudar Bobo usando apenas as ferramentas oferecidas?

Claro que, à medida que crescem, as habilidades cognitivas das crianças avançam de tal forma que fica mais fácil para elas resolver problemas difíceis, como este de encontrar um jeito de ajudar Bobo a pegar seu brinquedo. Realmente, as crianças mais velhas do estudo (de 6 e 7 anos) foram capazes de encontrar uma solução correta (ou seja, usar a caixa de madeira como base para os blocos de construção) mais rápido, em média, do que os participantes mais novos (de 5 anos).

Porém, em uma condição experimental, as crianças menores foram além de seus colegas mais velhos. Será que as crianças do experimento eram especialmente precoces e talentosas? Talvez mais artísticas?

Nenhum desses fatores importou. O que fez a diferença foi o modo como os pesquisadores apresentaram os recursos aos mais velhos. Em vez de espalhar todos eles na mesa, usaram a caixa de madeira como recipiente para os demais objetos, como o ímã e o lápis. Isso levou essas crianças a ver a caixa apenas como um recipiente. Porém, para as crianças mais novas, a caixa permaneceu como um recurso flexível.

Conforme crescemos e ganhamos experiência com o uso de recursos sempre do mesmo modo, torna-se mais difícil libertar-se da fixação funcional. No trabalho, na escola e no bairro, normas fortes condicionam os indivíduos a usar recursos de maneiras familiares, fazendo com que descartemos rapidamente o que está em volta e busquemos mais. Ao adotar uma mentalidade elástica, tema que vamos abordar no próximo capítulo, podemos quebrar esse padrão.

———

Organizações também se tornam presas da fixação funcional. Um ano antes de minha esposa, Randi, começar a trabalhar para a livraria Borders, em 2002, a empresa assinou um acordo para terceirizar seu site de modo que pudesse focar em aumentar as vendas nas lojas físicas. A esperança era roubar participação de mercado do principal concorrente, a Barnes and Noble, abrindo novas lojas.

A grande rede tinha uma visão muito estreita acerca de seu posicionamento. Equipe, produtos, processos e lojas enfatizavam a venda física de livros. Para os gestores, o comprador de livros era apenas alguém que entra em uma loja e sai dela com páginas encadernadas – essas eram as "caixas de madeira" da empresa limitadas a usos convencionais.

Na época da terceirização do site, o CEO da Borders, Greg Josefowicz, declarou: "Enquanto as necessidades on-line de nossos clientes são atendidas por quem faz isso melhor que ninguém, nós ofereceremos a eles os livros, a música e os filmes que amam em uma experiência de compra envolvente em nossas lojas".

Acontece que as necessidades dos clientes da Borders foram tão bem-atendidas on-line que eles pararam de comprar nas lojas. Quem era o parceiro on-line?

A Amazon.com.

Jeff Bezos, CEO da Amazon, recebeu os clientes da Borders de braços abertos, coletando uma imensa quantidade de dados sobre hábitos de compra. As informações permitiram que a empresa expandisse a gama de produtos e conquistasse esses consumidores. Bezos ficou tão animado com o negócio que até mandou entregar uma caixa de champanhe para os executivos da Borders.

Cinco anos depois da assinatura do contrato que, para muitos, condenou a empresa, veio outro baque. Randi era responsável pela exploração de formatos não físicos de livros na Borders. Apesar de a Amazon ter começado dominando a venda on-line de livros físicos, a tecnologia mudou tão rápido que Randi viu a oportunidade de dar um salto na distribuição de livros físicos migrando para o mundo digital. Ela e sua equipe tinham trabalhado para garantir a venda exclusiva do Sony Reader, que prometia ser o primeiro equipamento comercialmente viável de leitura digital do mundo – à frente tanto do Kindle, da Amazon, como do iPad, da Apple.

Randi foi à sala de George Jones, que se tornara CEO há pouco tempo, para demonstrar o aparelho. Ele ficou impressionado, mas, resoluto, manteve-se apegado ao negócio tradicional dos livros físicos vendidos em lojas. No fim de 2006, a Borders divulgou seu último lucro anual. Randi deixou a companhia logo depois, frustrada com a visão limitada sobre a comercialização de livros. Cinco anos depois, a empresa faliu.

POR QUE TRABALHAMOS DEMAIS?

Até agora consideramos as duas principais bases da mentalidade perseguidora – comparações sociais e fixação funcional. A primeira nada mais é que avaliar nossos recursos em relação aos dos outros, o que frequentemente nos desaponta e nos impele a buscar mais recursos, passando batido pelo valor dos recursos que temos. A segunda enquadra a visão que temos dos recursos, limitando o que pensamos ser possível fazer com o que temos e nos predispondo a correr atrás de mais. Vamos agora examinar uma terceira base da mentalidade perseguidora – o acúmulo inconsequente. Quando estamos em modo perseguição, coletamos tantos recursos quanto possível, não porque temos uma meta específica em mente, mas só para acumular mais.

Em um estudo inteligente, Christopher Hsee e seus colegas da University of Chicago queriam entender se as pessoas acumulavam mais recursos do que precisavam, mesmo que o custo disso fosse sua felicidade. Ele pediu aos participantes que ouvissem uma música – uma atividade de lazer que as pessoas apreciam. Além disso, se quisessem ganhar chocolates, bastava cumprir uma pequena tarefa: pressionar um botão. Porém, pressionar o botão também interrompia a música agradável e a trocava pelo som incômodo de uma serra cortando madeira.

Os pesquisadores determinaram aleatoriamente que alguns participantes seriam os "grandes ganhadores", ou seja, o trabalho de pressionar o botão lhes garantiria mais chocolate em comparação com os "pequenos ganhadores". Os grandes ganhadores precisavam apertar o botão 20 vezes para ganhar uma barra de chocolate, enquanto os pequenos precisariam fazê-lo 120 vezes para obter a mesma recompensa. Havia uma regra importante, informada no início do estudo: os participantes não poderiam levar consigo nenhum chocolate, ou seja, teriam de consumir o que ganhassem ao final do experimento.

Como era de se esperar, os grandes ganhadores obtiveram em média 10,7 chocolates, contra 2,5 chocolates entre os pequenos.

Depois de ganhar, os participantes consumiram o chocolate. Os grandes ganhadores comeram em média 4,3 unidades, em comparação com 1,7 unidade entre os pequenos. Os dois grupos obtiveram mais chocolate do que conseguiam comer, mas os grandes ganhadores amealharam muito mais do que poderiam comer. Eles focaram em acumular o máximo, e não raciocinaram se queriam, ou até se seriam capazes, de comer toda a guloseima.

Hsee então quis saber se seria possível minimizar a tendência dos participantes de acumular chocolate inconsequentemente. No estudo seguinte, ele disse a alguns participantes escolhidos aleatoriamente que eles poderiam ganhar um máximo de 12 barras de chocolate. Os integrantes desse grupo trabalharam para ganhar 8,8 chocolates, em comparação com os 14,6 angariados pelo grupo não limitado pelo teto. Ao estabelecer restrições ao máximo que se poderia ganhar, os pesquisadores tiveram sucesso em fazer com que alguns participantes ajustassem melhor o foco entre o que precisavam e o desejo de comer chocolate. De fato, depois da primeira fase, os participantes de ambos os grupos consumiram, em média, 6,7 unidades, aproximando-se da quantidade obtida no nível real de consumo.

Para os perseguidores, a quantidade de recursos que adquirem serve como parâmetro inicial, então ter mais chocolate = obter melhores resultados. Assim, apesar de a acumulação inconsequente levar o grupo sem limites a obter mais chocolate, os níveis de satisfação foram menores, tanto ao ganhar os chocolates como ao comê-los.

Na condição limitada os participantes apresentaram os níveis mais altos de satisfação. Perseguir pode, às vezes, levar a obter mais, mas com frequência conseguimos coisas de que não precisamos para chegar a nossos objetivos, mediante grande desgaste.

A pergunta mais importante que deveríamos fazer é: o que realmente queremos realizar?

O PODER DO MENOS

Por muito tempo, Joshua Millburn, à época com 27 anos, não se fez essa pergunta. Ele ascendeu até se tornar o mais jovem diretor da Cincinnati Bell, empresa de fornecimento regional de telefonia avaliada em US$ 1 bilhão, saindo da posição de vendedor no balcão de varejo a diretor de operações, cargo no qual supervisionava 150 lojas – tudo isso sem diploma universitário. Conforme o aparente sucesso profissional e pessoal de Millburn aumentava, seu grupo de comparação social mudava rapidamente. Ele deixou de sair com outros vendedores e começou a passar mais tempo com executivos, cercando-se de colegas com cargos mais importantes e com muito mais dinheiro.

Quando existe uma grande lacuna entre o que se tem e o que não se tem, a mentalidade perseguidora se instala com mais intensidade, já que a distância entre quem somos e o que vemos nos outros se amplia. Millburn ganhava um bom dinheiro, mas outros tinham ainda mais, o que o estimulou a redobrar os esforços.

Os tempos pareciam bons, e o salário de seis dígitos, vários carros de luxo e a casa espaçosa repleta de bens materiais mostravam que ele tinha chegado "lá". Almejando ocupar as salas do C-level*, Millburn achava que estava vivendo o sonho americano. O humorista George Carlin fez uma piada sobre essa ideia: "O sonho americano chama-se assim porque você tem de estar dormindo para acreditar". Uma pesquisa de 2014 com 1.821 norte-americanos mostra que a frase de Carlin não é brincadeira. Cerca de 80% respondeu acreditar que o sonho americano tinha sido mais fácil de atingir uma década antes, o que tornava as realizações de Millburn muito mais impressionantes.

Enquanto colecionou aumentos e prêmios, ele nunca refletiu sobre o que realmente queria da vida, as razões de sempre querer mais ou o que significava o sonho americano, até ser abatido por duas tragédias. Em um período de poucas semanas, sua mãe morreu e sua esposa quis se separar. A tristeza resultante desses eventos fez com

---

* *N. E.: Chief executive officer, chief marketing officer, chief information officer etc.: os executivos seniores de uma empresa.

que interrompesse a trajetória de perseguição. Ele trocou a perspectiva de uma vida angustiante de perseguidor pela busca de satisfação de longo prazo por meio de uma mentalidade elástica.

Millburn refletiu sobre seu percurso pela primeira vez em anos. Até então, sua vida havia tido como base as comparações sociais e a acumulação inconsequente. O que ele entendeu foi que o caminho para o bem-estar idealizado pelo sonho americano é construído com um esforço enorme e se revela muito estreito. Cria expectativas e molda comportamentos que convencem as pessoas a perseguir coisas que podem não precisar ou não querer, enquanto ignora os custos desse processo.

A mentalidade perseguidora forçava Joshua Millburn a querer mais, só que, ao final, ele ficou com menos. Ele possuía todos os benefícios materiais de uma vida pessoal e profissional bem-sucedida, mas sofria de ansiedade e infelicidade e tentava se aliviar avançando cada vez mais na carreira a fim de bancar compras que supostamente o fariam se sentir melhor. O consumo como "medicação" tornou tudo pior. Endividou-se porque gastava mais rápido do que ganhava. Ao tentar se manter à altura dos colegas do escritório, trabalhou além da conta, sacrificando relações pessoais e roubando de si mesmo a saúde física, a vitalidade e o prazer de viver. "Eu realmente não focava no que era mais importante. Trabalhava de 70 a 80 horas por semana, 362 dias por ano. Não estava presente nem no casamento nem nas demais áreas de minha vida. Não odiava o trabalho, mas tudo o mais parecia menor", ele conta.

Os insights de Millburn são corroborados por um estudo que acompanhou profissionais europeus ao longo de vários anos depois de terminar um mestrado. Um total de 825 mulheres e 1.105 homens responderam a uma pesquisa sobre tendências de mentalidade perseguidora, como "Quero ganhar muito dinheiro" e "Quero conquistar uma alta reputação profissional". Os pesquisadores reencontraram os participantes depois de três e sete anos da conclusão do curso para medir quanto dinheiro tinham ganho. Apesar de a mentalidade perseguidora ter levado muitos deles a conquistar salários maiores em curto prazo, ela falhou nesse quesito depois de sete anos. Mais impressionante: a mentalidade perseguidora foi associada à ausência de satisfação. Os pesquisadores concluíram que ela estabelece aspirações tão altas que os indivíduos se sentem perpetuamente frustrados, em especial quando se comparam com o sucesso dos outros. As pessoas trabalham duro pelos motivos errados – e se sentem mal por isso.

Empresas também entram nessa ciranda incontrolável de perseguição, e talvez isso seja mais evidente na história de uma das maiores destruições de fortunas que se tem notícia.

RECURSOS DEMAIS PODEM TRANSFORMAR BOOM EM BOLHA

Na virada do século 21, o Vale do Silício representava a mais recente corrida do ouro da Califórnia. O boom das ponto.com criou perspectivas notáveis de riqueza e trabalho recompensador. Semana após semana, novas empresas concluíam ofertas públicas de ações (IPOs, sigla para o termo em inglês *initial public offerings*), recompensando seus fundadores, investidores e funcionários com dividendos grandiosos. Startups baseadas em pouco mais que uma ideia e sem lucro algum viravam gigantes negociadas em bolsa que valiam centenas de milhões de dólares.

A Pets.com era o modelo da era ponto.com. Durante o primeiro ano de operação, a empresa gastou quase US$ 12 milhões em publicidade para gerar "colossais" US$ 619 mil em vendas. No segundo (e último ano inteiro) de existência, gastou mais de US$ 1 milhão em um comercial de 30 segundos exibido durante o Super Bowl para atrair consumidores para seu site, que vendia produtos abaixo do custo. Os fundadores e os primeiros funcionários valiam milhões – pelo menos no papel, mas isso não durou muito. A empresa acabou com sua fonte de financiamento de US$ 300 milhões. Em apenas 268 dias, foi de um IPO a US$ 11 por ação na Nasdaq para um preço final de encerramento de US$ 0,22 antes da liquidação final dos poucos bens que restaram.

A GRAMA DO VIZINHO É SEMPRE MAIS VERDE

As empresas ponto.com tinham um apetite insaciável por recursos, sobretudo por capital e especialistas. O modo de operação seguia o princípio da mentalidade perseguidora de que ter mais recursos seria o equivalente a obter melhores resultados, o que as levava a obter o máximo possível, gastar tudo, e pedir mais.

Usando como combustível um suprimento aparentemente ilimitado de recursos, o modelo de negócio das startups durante o boom era crescer tão rápido quanto possível a qualquer custo e recompensar funcionários exaustos com mimos como massagens e mesas de pebolim, junto com a promessa de grandes recompensas no futuro. Dinheiro novo reabasteceria o caixa do mesmo modo que benefícios inovadores, e opções de ações revigorariam os espíritos. Enquanto os recursos fluíam, a vida no Vale do Silício era próspera tanto para as empresas quanto para seus funcionários. Até que, um dia, a torneira secou. Viciadas no fluxo livre de recursos, essas companhias passaram a lutar para se adaptar e sobreviver.

David Kirsch, professor da University of Maryland, queria documentar e entender esse momento histórico nos Estados Unidos e deu início ao Digital Archive of the Birth of Dot Com Era. O arquivo reuniu milhões de e-mails, memorandos, apresentações, fotos e databases sobre milhares das primeiras empresas da internet. Apesar de o fim das ponto.com ter tirado muitas delas da jogada, os dados do professor Kirsch mostraram que cerca de metade sobreviveu.

A estratégia comum às sobreviventes foi: ignorar o modelo de negócio "cresça rápido" que dominava tudo, de discussões do conselho a conversas de bar. Desde o início, evitaram a excitante busca por mais capital, mais especialistas mais anúncios e mais clientes e construíram negócios que cresceram a um ritmo modesto e ponderado. A estratégia de administrar o negócio com uma abordagem branda, sempre identificada por Kirsch nas empresas que sobreviveram à bolha ponto.com, é difícil de seguir quando persiste a mentalidade de que ter mais recursos equivale a obter melhores resultados, como acontece hoje.

O PODER DO MENOS

Se você acha que a mentalidade perseguidora da era ponto.com é coisa do passado, precisa visitar um prédio de escritórios na região de South of Market (SOMA), o antigo distrito de armazéns. Hoje o bairro está repleto de casas noturnas da moda e fica perto da famosa Union Square de São Francisco, que atrai hordas de turistas para compras de luxo. Na época do boom, o aluguel comercial no bairro que sediava empresas como a Pets.com custava cerca de US$ 650 por metro quadrado. Depois que as ponto.com quebraram, o valor caiu para cerca de US$ 215 por metro quadrado.

Quando a mentalidade perseguidora voltou a tomar conta do Vale do Silício com a ascensão da geração seguinte de startups, as empresas de mídias sociais, os aluguéis comerciais do bairro voltaram aos níveis dos picos da época das ponto.com. Jeffrey Moeller é consultor para empresas em busca de propriedades comerciais na região. Sobrevivente da explosão da bolha ponto.com, ele viu de perto os erros que as startups cheias da dinheiro cometeram, alugando espaços grandes demais por meio de contratos muitos longos. Além disso, essas empresas reformaram os espaços de maneiras extraordinárias, cada uma tentando superar a outra no que havia de mais extravagante – de estúdios de música a salas de aula para ensinar a fazer drinques. "Quando você levanta muito dinheiro", diz o empreendedor Justin Kan, "é fácil resolver os problemas gastando".

O mesmo acontece com as empresas estabelecidas no Vale do Silício que nunca perderam o hábito de confiar nos recursos ilimitados. Quando trabalhava no Google, Marissa Mayer ficou conhecida por colocar um cartaz do lado de fora de sua sala que dizia: "Receita resolve todos os problemas". Dylan Casey, executivo do Yahoo, resumiu a implicação desse slogan: "Quando você tem dinheiro jorrando, é assim: 'Problemas? E daí?'". O foco em tentar superar os outros negócios – dos benefícios mais modernos até o ambiente de trabalho mais atraente – também cria uma competição impossível de vencer. As empresas tentam ultrapassar uma à outra na busca pelos especialistas mais talentosos, escritórios mais sofisticados e benefícios mais generosos – aumentando as apostas e os custos para todos. Bill Demas, meu ex-chefe na Vividence, foi CEO da plataforma digital de anúncios Turn, que levantou mais de US$ 100 milhões de financiamento. Demas diz que sentiu uma pressão incrível para crescer, e crescer rápido. Mercados privados recompensam métricas de crescimento, como quantidade de clientes, sem se importar com indicadores mais tradicionais, como lucratividade. Os funcionários se sentem merecedores de salários altos e pacotes generosos de ações que podem ser executadas em quatro anos. Portanto, se as empresas não enriquecem nesse período, os funcionários tendem a abandonar o barco para procurar a próxima grande possibilidade. Demas observa que o foco de todos em conseguir mais – salário, clientes, financiamento – afasta a mente da atitude de engenhosidade que ajudou tantos negócios novos a se estabelecer. "Criatividade e disciplina se perdem se você quer crescer tanto e tão rapidamente", ele diz.

Talvez nenhuma empresa quisesse crescer tanto quanto a Fab.com de Jason Goldberg, fundada em 2010. O alegre CEO bradava que a empresa estava "arrasando" e que "todo investidor e suas mães" faziam fila para lhe entregar pacotes de "verdinhas". Com 11 rodadas de financiamento totalizando mais de US$ 335 milhões, Goldberg fez o que os perseguidores fazem. Ele gastou, e gastou rápido: aumentou o número de funcionários, abriu 90 centros de distribuição e, em certo ponto, queimava mais de US$ 14 milhões por mês.

Cada vez que Goldberg obtinha mais dinheiro de investidores, o valor de sua empresa crescia como que por mágica. Quanto mais gastava, mais pessoas pareciam recompensá-lo, permitindo que o valor da Fab.com chegasse a US$ 1 bilhão. O lema de Goldberg, "cresça agora, depois veja o que fazer", funcionou enquanto os recursos continuaram entrando, e investidores com bolsos cheios entregavam seu dinheiro com entusiasmo depois de ouvir seu discurso de vendas: "Veja, há quatro empresas de e-commerce no mundo que valem mais de US$ 10 bilhões. É possível haver uma quinta?".

Conforme o valor de sua empresa aumentava no papel, o empresário, orgulhoso, compartilhava com amigos do Facebook fotos em sua BMW conversível e em voos de helicóptero particular. Ele até exibiu nas mídias sociais um episódio com um passageiro da primeira classe que não aceitou sua oferta de trocar de lugar por US$

O PODER DO MENOS

100. Quem está acostumado a ter recursos ilimitados até se sente no direito de ficar com o assento quentinho de outra pessoa.

Diferentemente de Joshua Millburn, Jason Goldberg não interrompeu sua trajetória de mentalidade perseguidora até ser tarde demais. Assim que seus apoiadores pararam de alimentar a operação faminta da Fab. com, a empresa quebrou. Foi vendida a preço de banana, gerando perdas significativas para os investidores e deixando o mundo sem outra empresa de e-commerce de US$ 10 bilhões.

Como Goldberg aprendeu, adquirir recursos pode ser bem mais fácil do que usá-los de maneira produtiva. O problema é que os perseguidores se fixam demais em acumulá-los e perdem de vista o que esses recursos vão fazer por eles, levando a um quarto passo em falso decorrente da incessante mentalidade perseguidora: o desperdício.

O diretor da Harvard Business School, Nitin Nohria, e seu colega, Ranjay Gulati, estudaram empresas subsidiárias do segmento de produtos eletrônicos de duas multinacionais, uma sediada na Europa, e outra, no Japão. Os pesquisadores enviaram questionários a gestores de 256 departamentos para identificar o quanto os negócios vinham melhorando em áreas-chave, tais como procedimentos de simplificação de processos de trabalho e aperfeiçoamento de produtos. Pediram a eles que quantificassem o impacto econômico de cada melhoria, e também a economia anual que geravam. Nohria e Gulati avaliaram os recursos adicionais que as empresas tinham nos departamentos, mas de que não precisavam realmente.

Os pesquisadores descobriram que alguns recursos extras ajudaram a orientar as melhorias porque davam aos departamentos liberdade para experimentar. Podiam assumir riscos sabendo que não prejudicariam o negócio. Detectaram, porém, uma mudança importante nos dados, um ponto de inflexão no qual o contrário acontecia. Os departamentos com recursos demais melhoravam menos – tanto que os que tinham volume maior de extras obtinham resultados tão ruins quanto os que não tinham nada sobrando.

Nohria e Gulati defendem que quando os recursos – como pessoas e dinheiro – são abundantes, precisam ser usados, mesmo que não haja um bom motivo. Uma mentalidade perseguidora descuidada traz consigo projetos de baixa performance, seja contratando funcionários desnecessariamente, seja mudando para instalações maiores e mais caras. Excesso também nos torna complacentes e pouco envolvidos. Deixamos para trás projetos importantes devido à falta de urgência. Por que se preocupar quando os recursos batem à porta?

Outro motivo pelo qual desperdiçamos recursos é que já os investimos. É o que Barry Staw, professor da University of California, em Berkeley, chama de escalada do comprometimento. Em um estudo, Staw pediu a 240 estudantes de graduação em administração para desempenhar o papel de executivos e alocar fundos de pesquisa e desenvolvimento para uma empresa fictícia chamada Adams & Smith. Os lucros dessa grande empresa de tecnologia haviam caído e o conselho argumentava que a razão era o pouco investimento em pesquisa e desenvolvimento.

Staw dividiu os participantes em dois grupos. Para um foi solicitado selecionar uma divisão para receber integralmente os US$ 10 milhões de fundos fornecidos pelo conselho; para outro foi anunciado que a escolha da divisão a ser financiada fora feita externamente. Uma vez que o primeiro grupo selecionou a divisão a financiar, tornava-se diretamente responsável pela decisão. O segundo grupo apenas foi informado da decisão tomada por um terceiro, isentando-se da responsabilidade.

O experimento então salta cinco anos, quando os participantes são informados que o conselho alocará mais US$ 20 milhões para pesquisa e desenvolvimento. Desta vez, os dois grupos repartiriam o dinheiro entre as duas divisões em quaisquer proporções. Para ajudar na tomada de decisão, os pesquisadores forneceram informações sobre o desempenho de cada divisão durante os cinco anos anteriores. Os participantes de cada um dos grupos (aquele com responsabilidade direta pela primeira decisão de financiamento e o outro, sem responsabilidade direta) ou foram informados que a divisão inicialmente agraciada com os US$ 10 milhões teve melhor desempenho do que a outra, ou que a divisão não escolhida teve melhor desempenho. Se as pessoas agissem racionalmente, esperaríamos que alocassem menos recursos ao desempenho pior.

No entanto, Staw descobriu algo muito diferente. Quando os participantes tinham responsabilidade direta pelos cinco primeiros anos de financiamento, eles apostaram mais alto no mau desempenho, alocando cerca de US$ 13 milhões dos US$ 20 milhões para a divisão em declínio. Entre os participantes que não tinham responsabilidade direta sobre a escolha para financiar a divisão com mau desempenho, a alocação foi muito mais conservadora, cerca de US$ 9,5 milhões.

Quando as pessoas têm alta responsabilidade pessoal por um projeto, elas aumentam seu comprometimento investindo recursos adicionais para tentar reverter a situação, mesmo diante de opções mais promissoras. Ter muitos recursos só aumenta a tendência a escalar o comprometimento e desperdiçar ainda mais. Com tanto excedente à disposição, mesmo más ideias podem parecer boas.

O MITO DO MAIS

As pessoas e as organizações que apresentamos neste capítulo ilustram os quatro elementos da mentalidade perseguidora: comparações sociais ascendentes, fixação funcional, acumulação inconsequente e desperdício de recursos. Motivada pelo que os outros têm e impulsionada por uma falta de apreço pelo que de fato há, a perseguição leva a trabalhar e viver na dependência de um fluxo constante de recursos, fechando a possibilidade de usar melhor o que já está à disposição.

Em curto prazo, a mentalidade perseguidora pode render alguns frutos. Mas, em um período maior, gera frustração. Os perseguidores responsabilizam os obstáculos por não ter o suficiente e perdem oportunidades de fazer render o que já têm, direcionando sua energia para acumular mais. E, acumulando mais, desperdiçam, acomodando-se na boa sorte e convencendo-se de que a festa nunca terminará.

Na mentalidade perseguidora, a grama do vizinho é sempre mais verde. Ted Steinberg, professor de direito e história que estudou esse tipo de comportamento, aponta uma ironia nisso tudo. Quando namoramos o gramado do vizinho à distância, o ângulo de visão cria a ilusão de mais viço. Na verdade, nossa própria grama costuma ser tão verde quanto a do lado. Ao percebermos isso, podemos mudar o modo de pensar, passar a perseguir as metas certas e nos tornar mais engenhosos. Isso começa com uma mudança de abordagem – da mentalidade perseguidora para a mentalidade elástica –, o que estamos prontos para fazer no próximo capítulo.

TRÊS

TUDO O QUE É VIVO E BELO

FUNDAMENTOS E BENEFÍCIOS DA MENTALIDADE ELÁSTICA

Em 2010, fui a Chicago, Illinois, para pesquisar uma empresa que vou chamar de BoutiqueCo, uma rede de lojas de roupas, bijuterias e acessórios para mulheres. Três irmãs norte-americanas de origem coreana abriram a empresa em 1999 porque a fábrica da família produzia mais produtos do que conseguia vender para os varejistas.

A primeira loja alcançou ótimos resultados. Os clientes podiam escolher bijuterias, presentes e acessórios em displays com um mix atraente. A decoração com luminárias brilhantes, velas perfumadas e arranjos florais aguçava os sentidos; eram atendidas mulheres de 18 a 34 anos, com renda familiar de US$ 75 mil por ano ou mais.

Com os lucros gerados nos pontos de venda iniciais, a família abriu várias outras unidades. A loja da região de Chicago que fui observar era parte de uma ampliação que ocorreu durante a tortura da Grande Recessão de 2008. Em um momento de economia em baixa e desânimo dos consumidores, quando os maiores varejistas reduziam horários de funcionamento, fechavam lojas ou até encerravam as atividades, a BoutiqueCo despachava um caminhão de 15 metros de comprimento repleto de mercadorias para abrir uma loja nova por semana, permitindo à empresa crescer de 65 unidades, em 2007, para mais de 600 em todos os Estados Unidos, em 2015. Em cada ponto de venda a apresentação dos produtos era customizada para manter o charme de uma loja independente.

Cheguei bem cedo em uma manhã para observar os esforços de expansão da empresa em ação. Assisti à equipe de quatro funcionários de unidades próximas transformar um espaço vazio em uma bela loja em menos de cinco dias, com 13 pallets cheios de mercadorias.

Poucos minutos depois de chegar para começar minha pesquisa, o líder do time me pediu para pôr a mão na massa. Um pouco inseguro, topei. Por um lado, me animei com a nova experiência; por outro, senti-me intimidado pela falta de conhecimento e experiência em moda feminina e comércio varejista.

Comecei a mexer em um conjunto de aros prateados rígidos e ao mesmo tempo flexíveis que encontrei em uma caixa. Eu conseguia virá-los e dobrá-los das formas mais variadas. Meu primeiro impulso foi classificá-los como aliviadores de estresse (pois fizeram com que me sentisse um pouco menos ansioso por estar fora da minha zona de conforto), mas, na verdade, eu desembalara bijuterias flexíveis. Cada conjunto podia ser transformado em itens diferentes: colar, pulseira ou tiara. Criei um display com o próprio produto, usando-o para expor outras bijuterias flexíveis – mesmo sabendo que servir de display não era seu uso intencional.

Nas visitas loja a loja pelo país, observei que outros funcionários viviam experiências semelhantes à minha com aquelas bijuterias – momentos em que também descobriam novos usos para o que tinham à mão – com produtos, processos e até pessoas.

Se o foco da mentalidade perseguidora é acumular o máximo de recursos possível, a base da mentalidade elástica é focar no que já se tem. Uma mentalidade elástica nos libera da ansiedade de nunca ter o suficiente e ensina que é possível fazer mais do que o suficiente com o que está bem à nossa frente.

Neste capítulo, abordaremos quatro elementos críticos da mentalidade elástica. Começaremos com a importância da posse psicológica. Ao acreditar que controlamos nossos recursos, permitimo-nos trabalhar com eles com criatividade. Depois, aprenderemos por que acolher as restrições pode nos libertar de maneira não necessariamente lógica para usar recursos de modos diferentes. No modo perseguição, as restrições precisam ser superadas para conseguir mais recursos. No modo elástico, usamos as limitações para desencadear novos usos para o que está ao alcance. Em seguida, abordaremos a frugalidade – ausência de status e sucesso para os perseguidores, mas virtude que traz os melhores resultados para quem tem uma mentalidade elástica. Concluiremos observando como os esticadores apreciam e veem potencial em recursos que os outros deixam passar ou descartam, transformando lixo em tesouros.

QUEM TEM MENOS TEM MAIS

Depois de ajudar a preparar o mais novo ponto de venda da BoutiqueCo em Chicago, visitei uma das lojas já existentes no centro da cidade. Estava movimentada, repleta de clientes em volta das bancadas de presentes; a equipe de vendas, tranquila, permanecia fora do caminho. O clima da loja urbana era bem diferente do que observara em algumas lojas localizadas nos subúrbios naquele mesmo mês. Nelas, os vendedores ajudavam as clientes a compor looks ou telefonavam para informá-las sobre a chegada de novos produtos ou promoções. Depois de passar pelas araras de roupas, displays giratórios com bijuterias brilhantes e bancadas abastecidas com presentes inteligentes, localizei, mais ao fundo da loja, Ethan Peters, o jovem gerente de 20 e poucos anos, e nos dirigimos para uma área de estoque no porão, distante do movimento e da vibração do piso de vendas.

Sentamo-nos em banquinhos e pedi a Ethan que me contasse como gerenciava a loja que sempre obtinha o melhor desempenho da rede. Ele começou comparando seu trabalho atual com o que tinha antes, em um shopping próximo. Ethan ficara frustrado com o modelo varejista tradicional de seu antigo emprego, no qual uma equipe interna dizia a ele como fazer tudo – desde a arrumação dos produtos até a orientação sobre como os novos funcionários devem saudar os clientes. "Tudo era muito organizado e tinha de ser feito de uma maneira específica", ele relatou. Quando um antigo colega lhe contou sobre uma rede de lojas em expansão na região de Chicago, ele aproveitou a oportunidade, louco para fazer a diferença experimentando as próprias ideias.

Ethan contou que certa vez, no verão, a loja recebeu um lote de vestidos malfeitos que destoavam da qualidade típica dos produtos da rede. As peças escorregavam dos cabides e as clientes demonstravam pouco interesse por elas. As outras lojas também estavam batalhando para vender a peça – a empresa errara feio com o modelo. Na visão de Ethan, os vestidos não eram necessariamente vestidos só porque haviam sido criados assim. Ele pegou uma tesoura e cortou as alças. Enrolou o que sobrou, amarrou com uma fita e fez um cartaz anunciando "cangas de praia". Pronto: ele havia criado um produto novo e mais atraente, responsável por uma das melhores performances da seção de moda praia.

Quando o diretor de produto da empresa ligou para Ethan para saber como sua loja tinha conseguido vender todo o produto "micado", ele lhe contou, animado, sobre a ideia de transformá-lo em uma canga. Em outras empresas, alterar um produto dessa maneira poderia ter lhe custado o emprego. A BoutiqueCo, porém, divulgou a solução engenhosa de Ethan para os demais funcionários.

Minha pesquisa se concentrou em compreender o que possibilita pessoas como Ethan Peters transformar recursos de formas inesperadamente valiosas. Como as instituições – empresas, escolas, famílias – podem encorajar seus membros a "cortar as alças" de modo a liberar valores escondidos? A resposta está em uma palavra simples que muda por completo a visão que as pessoas têm sobre os recursos: posse.

"Proprietário" pode parecer uma definição incomum para um funcionário de uma rede de varejo cujo salário inicial é de menos de US$ 10 por hora e chega, no máximo, a US$ 50 por hora. O senso comum considera a posse como um fato objetivo – trata-se de um conjunto legal de direitos. Mesmo crianças de 2 anos reconhecem a noção básica do direito de propriedade.

O sociólogo Amitai Etzioni descreve outra forma de posse que frequentemente passa despercebida. Para Etzioni, a posse pode ser uma atitude. A partir de seu trabalho, psicólogos começaram a definir a posse psicológica, algo material ou imaterial que as pessoas vivenciam

TUDO O QUE É VIVO E BELO

como parte delas. Os indivíduos apresentam o sentimento de posse mesmo que não possuam, de fato, o recurso. Como no exemplo de Ethan Peters, o sentimento de posse permite transformar recursos.

As origens da posse psicológica do jovem gerente da BoutiqueCo remontam às dificuldades iniciais da empresa. Os fundadores não tinham tempo, dinheiro e habilidades para orientá-lo sobre muitos dos aspectos da operação de uma loja. Sem ter a quem recorrer, Ethan começou a fazer experiências com os produtos, o atendimento ao cliente e o treinamento de funcionários. Como imprimiu a própria visão à loja, começou a se ver cada vez mais como dono. Apesar de não ter a posse real, ele ativou o que os psicólogos chamam de processos de autopercepção. Começou a acreditar que era proprietário porque se comportava como tal – a ponto de seus clientes repararem. Ele me contou: "Tem gente que me pergunta se sou dono da loja – o tempo todo".

Conforme a BoutiqueCo cresceu e conquistou mais recursos, foi preciso lutar muito para continuar estimulando as condições e a cultura que permitiram a Ethan Peters e seus colegas agir como se fossem proprietários. A empresa evitou a tentação de centralizar o controle e exercer a autoridade que teria liquidado a posse psicológica. Seus executivos lançaram o programa "Ano do Dono" que encorajou os funcionários a se ver e agir como donos, enviando "manuais do proprietário" com dicas para adotar essa mentalidade. A equipe de gestão também segurou recursos que costumam ser fornecidos para uma operação desse tamanho. O CEO me relatou que por mais que fosse possível disponibilizar tais recursos sem dificuldade, teriam de tomar essa decisão "passando por cima de seu cadáver" já que isso roubaria dos funcionários a sensação de posse.

A BoutiqueCo tinha um bom motivo para continuar estimulando a posse psicológica. A pesquisa mostra que quando as pessoas têm essa sensação, ficam muito mais satisfeitas com o emprego. Em uma amostra de profissionais variados – de contadores a engenheiros de software –, a posse psicológica representou 16% da satisfação em relação ao trabalho. Isso as ajuda a pensar que podem controlar as circunstâncias, permite que expressem sua individualidade e oferece a sensação de pertencimento.

A posse psicológica também leva a um melhor desempenho financeiro. Em uma pesquisa com 2.755 funcionários em 33 pontos de venda de uma rede de varejo, uma equipe de pesquisadores queria testar como essa mentalidade influenciava as vendas em cada loja. Foram enviados questionários para medir a posse psicológica e os comportamentos típicos de dono, tais como querer aprender sobre lucratividade e tentar cortar custos. A seguir, a equipe examinou o desempenho das vendas das unidades com base em tamanho, plano comercial e vendas reais. Descobriram que uma marcada posse psicológica e comportamentos típicos de dono estavam associados a melhor desempenho financeiro.

Ethan Peters tinha um forte senso de posse psicológica, mas também enfrentou algumas restrições – além do vestido encalhado, a experiência limitada de seus superiores e sua pequena equipe. Quanto temos uma mentalidade perseguidora, nosso primeiro instinto é adquirir recursos para superar tais limitações. Mas há outras maneiras, em geral melhores, de lidar com essa situação.

A ARTE DA RESTRIÇÃO

Talentoso na adolescência, Phil Hansen mergulhou nas artes plásticas e não conseguia parar de desenhar. Ficou obcecado pelo pontilhismo, estilo que utiliza pequenos pontos para criar uma imagem, percebida quando o desenho é observado de longe. Depois de algum tempo fazendo milhares de pontinhos minúsculos, sua mão direita apresentou um tremor persistente quando ele estava no ensino médio. Quanto mais tentava desenhar, menos conseguia. Hansen tentou combater o problema tentando segurar a caneta com força, mas foi pior. No fim, ele não conseguia sequer desenhar uma linha reta, o que o levou a abandonar, relutante, o sonho de se tornar artista plástico.

Phil Hansen se perguntava se poderia desenhar novamente e procurou um neurologista. O diagnóstico foi devastador – dano permanente no nervo. Apesar de as notícias serem difíceis de aceitar, o médico lhe deu uma prescrição para toda a vida que no fim seria um catalisador

TUDO O QUE É VIVO E BELO

para que adotasse uma mentalidade elástica. O médico o orientou a acolher o tremor.

Ele resolveu fazer o que *podia* em vez de focar no que *não podia*. Descobriu maneiras de criar imagens com a mão instável. Se o pontilhismo envolvia pequenos pontos que, agregados, formavam figuras, por que as linhas tortas criadas pela mão errante não podiam ter o mesmo efeito?

Hansen se formou e conseguiu um trabalho que podia dar suporte a suas ambições de seguir carreira como artista plástico. Seu instinto imediato ao receber o primeiro contracheque foi igual ao de muita gente – comprar alguma coisa. Ele havia se convencido de que sua arte melhoraria muito se substituísse suas ferramentas improvisadas por um kit mais refinado de pincéis. Depois da compra, horas e dias se passaram sem que o jovem prodígio conseguisse ter uma ideia original. Os novos suprimentos destinados a revigorar sua arte o travavam muito mais do que a mão trêmula.

Para superar a crise, Hansen tirou o foco dos materiais e se voltou para dentro, para refletir sobre o que realmente queria criar. Ele se perguntava: "Você pode se tornar mais criativo buscando limitações?". Em vez de contar com suas novas ferramentas para criar, foi fazer arte usando muito pouco. Seu primeiro projeto, no qual usou 50 copos de café da Starbucks e suprimentos no valor de US$ 1, resultou em um retrato bem fiel de um garoto chamado Daudi. Ele também girou o próprio tórax sobre uma tela, criando pinturas rotativas com o corpo, que depois fotografou.

O artista em desenvolvimento continuou a encontrar maneiras novas de sobrepujar as limitações físicas. Mergulhou os pés na tinta para fazer arte. Atingiu uma parede com golpes de caratê com a mão encharcada de tinta para fazer um retrato de Bruce Lee, o que também não exigiu movimentos precisos. Phil Hansen acolheu suas limitações para melhorar seu trabalho, o que o forçou a aprender novas maneiras de criar. As restrições permitiram que esticasse os limites de sua arte, o que fez com que conseguisse participar como artista comissionado na 51ª edição do Grammy Awards.

O insight-chave de Phil Hansen foi que as limitações – a mão trêmula e o material improvisado – ativavam sua capacidade criativa,

O PODER DO MENOS

fornecendo-lhe novos recursos. Ele descreve que dar-se conta de que "uma limitação poderia orientar a criatividade" lhe deu uma nova visão de seu trabalho.

———————

Phil Hansen não foi o primeiro artista a descobrir o poder das limitações. A professora de psicologia de Columbia e artista plástica Patricia Stokes passou anos avaliando o que levou Claude Monet a produzir um fluxo constante de obras-primas. Stokes identificou que a arte de Monet, desde os primeiros anos, como aluno, até o final da sua vida tinha uma constante: as restrições.

No início, ele eliminou os contrastes claro/escuro, afastando-se da pintura figurativa e desenvolvendo o impressionismo. Nos últimos anos, ele se imporia outras restrições, colocando-se em estado de aprendizado constante. Monet sabia pintar muito bem, mas o que o diferenciava de muitos outros artistas era que sabia pintar bem de maneiras muito diferentes.

O senso comum diz que as pessoas nascem criativas, mas Stokes acredita que criatividade é tanto parte da mentalidade quanto uma capacidade inata. Para ela, acolher as limitações ajuda a separar os bons artistas dos excepcionais, um padrão que também encontrou na arquitetura de Frank Lloyd Wright e nas composições musicais de Claude Debussy.

Em ambientes profissionais nos quais o desempenho também se baseia muito na criatividade, Stokes identificou o mesmo, o que pode ser exemplificado tanto pelas criações de Coco Chanel como pelas campanhas publicitárias da Leo Burnett, que transformou os cigarros Marlboro em uma marca global. Ainda que as principais responsabilidades de muitos profissionais não dependam de trabalhos criativos, a artista chega à mesma conclusão: de crianças do ensino fundamental a ratos de laboratório, as restrições ajudam a usar os recursos com criatividade para impulsionar o desempenho.

Quando um dos experimentos de Stokes forçou roedores a apertar uma barra *apenas* com a pata direita, eles acabaram aprendendo a apertar a barra de diversas outras maneiras comparado a um grupo que não teve essa restrição. Os roedores apresentaram o que os pesquisadores chamam de "pequeno c" criativo – uma forma de criatividade que não é focada em produzir trabalhos, mas em resolver problemas práticos por meio de novos usos e aplicações de recursos. Apesar de tendermos a pensar na criatividade como algo que produz obras-primas, ela é, na verdade, parte importante de fazer o cotidiano acontecer. É o que permite a um programador concluir a primeira linha de código original, a um gestor de produto identificar um novo mercado para um produto e a um professor primário encontrar uma maneira divertida de ensinar subtração.

Por décadas, a visão dominante entre psicólogos foi a de que as restrições serviam como barreira ao uso criativo de recursos. Bastava passar algum tempo submetido a uma burocracia limitadora, trabalhando para um microgerenciador ou assistindo a aulas com foco exclusivo em ser bem-sucedido em provas, para reconhecer a razão dessa concepção. Considerava-se que restrições impediam, por exemplo, a posse psicológica que permitiu ao gerente de loja Ethan Peters e a outros funcionários da BoutiqueCo brilhar, pois impossibilitavam a satisfação de algumas necessidades psicológicas básicas, em especial sentir-se autônomo e no controle do próprio trabalho. Ainda segundo esta crença, as restrições – especialmente na forma de dinheiro limitado – levariam à sensação de que o trabalho que realizamos não é prioridade. Esse ponto de vista, lastreado pela mentalidade perseguidora, avalia os esforços com base na quantidade de recursos dedicados a buscá-los. Ou seja, quanto menos recursos, menor a importância do esforço. Apesar desse raciocínio ter sua lógica quanto ao dano proporcionado pelas restrições, pesquisas recentes começaram a lançar dúvidas a respeito, afirmando que as restrições servem a um propósito importante.

Ravi Mehta, da University of Illinois, e Meng Zhu, da Johns Hopkins University, examinaram a questão de como pensar sobre a escassez ou a abundância influencia o uso criativo de recursos pelos indivíduos. Os pesquisadores imaginaram que tornar a escassez mais evidente colocaria as pessoas no mesmo tipo de espaço mental que instigou Phil Hansen e Claude Monet a produzir obras de arte, reduzindo a tendência natural a usar os recursos de modo convencional. Em oposição, se a abundância fosse aparente, a tendência é que os recursos seriam usados de maneiras mais tradicionais.

Para testar essas hipóteses, eles fizeram cinco experimentos. Começaram dividindo aleatoriamente 60 alunos de graduação em dois grupos. Mehta e Zhu instruíram o primeiro grupo a escrever um breve ensaio sobre crescer com recursos escassos e o segundo grupo deveria escrever sobre crescer tendo recursos abundantes. Depois, os pesquisadores apresentaram aos dois grupos um problema real que a universidade enfrentava.

Por conta de um upgrade no laboratório de computação, a escola dispunha de 250 folhas de plástico bolha e queria encontrar um uso para elas. Os pesquisadores forneceram uma amostra do material para assegurar que todos os participantes se familiarizassem com ele. Pediram então que os grupos elaborassem um plano para usar o plástico bolha e depois os participantes responderam a uma pesquisa para medir as diferentes abordagens para o desafio. Os professores contrataram 20 juízes para avaliar o grau de inovação dos usos sugeridos do plástico bolha. Sem saber se os participantes pertenciam ao grupo da escassez ou da abundância, os juízes classificaram as pessoas pertencentes ao grupo da escassez como as que apresentaram mais usos criativos para o material em comparação com as do grupo da abundância.

Por que pertencer ao grupo com menos recursos levou aqueles indivíduos a enxergar o desafio de maneira mais ampla? Aprofundando-se, os pesquisadores chegaram a uma explicação-chave para os resultados. Com abundância, as pessoas tratavam os recursos superficialmente, utilizando-os da forma convencional. Porém, quando enfrentam escassez, as pessoas usam os recursos com mais liberdade.

Nossos problemas, desafios ou oportunidades se tornam mais administráveis com as restrições, já que elas nos fazem extrair o melhor do que possuímos. Na ausência delas, a pesquisa descobriu que a tendência é relembrar usos já experimentados dos recursos – cadeiras são usadas para sentar, então é assim que pensamos sobre cadeiras. É a fixação funcional – ver os recursos apenas como o que aparentam ser –, que discutimos no Capítulo 2, que orienta a perseguição (mentalidade

TUDO O QUE É VIVO E BELO

perseguidora). Seguimos o modelo do "caminho da menor resistência", pois ele conserva energia mental ao recorrer ao lugar-comum para pensar.

Com as restrições, o processo é bem diferente. Dedicamos energia mental para agir de maneira mais engenhosa. A pesquisa revelou que se você pede a alguém para desenhar ou construir um produto, pode obter algumas boas ideias. Porém, se pede a alguém para fazer o mesmo mantendo-se dentro de determinado orçamento, há chances de se conseguir resultados muito melhores. Isso foi o que os pesquisadores descobriram quando examinaram como as pessoas criam novos produtos, preparam refeições ou consertam brinquedos quebrados – a restrição orçamentária melhorou muito a maneira como indivíduos engenhosos respondiam a esses desafios, levando a resultados melhores.

Ao acolher as restrições em vez de tentar superá-las indo atrás de mais recursos, nós não só as superamos como trabalhamos melhor, justamente em função delas. Isso é o que o artista Phil Hansen fez, tanto com seu corpo como com os materiais.

Mas o que acontece quando temos muito? Como desenvolver uma mentalidade elástica? É nesse ponto que precisamos ser frugais com os recursos, para transformá-los em uma fortuna ainda maior.

PROSPERAR COM FRUGALIDADE

Quando Bob Kierlin viaja pelo mundo, o faz da maneira mais barata possível. Ele vai de carro a reuniões de negócios e pernoita nos arredores das cidades, preferindo hotéis da rede Red Roof Inns a Ritz-Carltons.* Ele evita os restaurantes mais caros e aproveita os combos do McDonald's. As chances de que esteja usando um terno de segunda mão para trabalhar são grandes.

---

* N. E.: A Red Roof Inn é uma rede hoteleira econômica, e a Ritz-Carlton, uma cadeia de hotéis de luxo.

Kierlin aprendeu a ser frugal com sua família, que tinha poucos recursos. Seus pais não tinham dinheiro para comer em restaurantes e, como não podiam viajar nas férias, passeavam em parques locais. A origem humilde lhe ensinou sobre a importância de não desperdiçar – o que, segundo ele, é algo que "gruda em você para tudo na vida".

A revista *Inc.* rotulou o fundador e ex-presidente executivo da empresa de suprimentos industriais Fastenal como o CEO mais sovina dos Estados Unidos. Talvez ele também pudesse ser classificado como o indivíduo mais pão-duro da nação. De qualquer modo, Kierlin com certeza é uma das pessoas mais bem-sucedidas do país, tendo ganho centenas de milhões de dólares por desenvolver um negócio multibilionário cujo desempenho em bolsa foi melhor do que o de quase qualquer outra empresa nas últimas décadas.

Da abertura de capital, em 1987, até a aposentadoria de Bob Kierlin do conselho de administração, em 2014, a Fastenal obteve retornos impressionantes. A performance da empresa foi a segunda melhor[1] entre as mais de 84 mil ações listadas em bolsa, mais de três vezes o retorno do 12º lugar, ocupado pela Microsoft. Os 47.782% compostos de retorno nesse período significam que um investimento de US$ 2,1 mil no primeiro dia de venda teria aumentado mais de US$ 1 milhão na aposentadoria dele.

A chave para seu sucesso e a maneira como ele vive e trabalha contrastam com o estilo da maioria dos executivos da *Fortune 1000*. Sua missão, iniciada quando ainda era criança, tem sido promover a frugalidade.

Em 1946, quando tinha 7 anos e acompanhava o pai em sua recém-aberta loja de peças para automóveis, Kierlin ganhava um níquel por dia varrendo o chão. Ele gostava de ficar na loja e, aos 11 anos, foi promovido. Batalhou até se tornar balconista, localizando, vendendo e cobrando pelas porcas e parafusos que mantinham os carros dos clientes funcionando.

O garoto precoce percebeu que muitas das peças que seu pai vendia vinham embaladas em caixas do tamanho de um maço de cigarros. Então, teve uma ideia: e se essas peças pudessem ser vendidas em uma máquina automática? A ideia reduziria os custos de mão de obra ao mesmo tempo que ofereceria o benefício de levar os produtos a muitos lugares sem um investimento muito grande.

TUDO O QUE É VIVO E BELO

O sonho de infância acompanhou Kierlin durante a graduação em engenharia e administração na University of Minnesota. Depois de breves passagens pelo Peace Corps e pela IBM, ele tentou transformar a ideia em realidade. Com quatro amigos, investiu US$ 31 mil para reformar uma máquina automática, trocando os maços de cigarro por embalagens de parafusos. A equipe da empresa faria a manutenção das máquinas, mas as operações diárias prescindiriam do custo de manter funcionários em tempo integral.

Parecia uma boa ideia, mas a iniciativa fracassou. Alguns produtos muito populares não cabiam no equipamento. As perguntas dos clientes sobre as peças exigiam atendimento, minando a ideia de redução das despesas com pessoal. Era hora de voltar à prancheta.

O empreendedor reformulou a ideia de fazer chegar porcas e parafusos de maneira barata às mãos dos clientes e, em 1967, abriu um ponto de venda em Winona, Minnesota. Em vez de recorrer a vendedores tarimbados, preferiu contratar gente inexperiente (mão de obra mais barata), mas ambiciosa, que estava começando a trabalhar. Ele transformou esses novatos dinâmicos em gerentes de loja rapidamente, permitindo que criassem planos de marketing para os produtos e minimizando, assim, a supervisão centralizada. Para comprar peças no atacado a bons preços, Kierlin tinha que arrematar lotes grandes. Porém, precisar de três anos para vender um produto adquirido desse modo em uma única loja era ineficiente e gerava problemas de caixa. Assim, em vez de ficar sentado em cima do estoque, ele expandiu o negócio para mercados atendidos por seus maiores concorrentes e abriu as lojas sem necessidade de investir em mercadoria. Esses pontos de venda foram mobiliados de modo espartano, com pouco além de uma mesa, uma cadeira e algumas prateleiras.

Em 1987, a Fastenal possuía 50 lojas em sete estados e estava pronta para fazer sua estreia pública como uma das maiores vendedoras de suprimentos industriais do mundo. Apesar do fluxo de capital no lançamento em bolsa, a empresa preservou o caráter do fundador. A filosofia sobre recursos refletia a posse psicológica e a frugalidade – gaste o dinheiro como se fosse seu, de modo que terá mais para levar para casa.

O PODER DO MENOS

Sob a liderança de Kierlin, a Fastenal não reembolsava os funcionários por refeições durante viagens porque eles precisariam comer de qualquer modo – uma política que não economizava muito dinheiro, mas era importante para instilar a cultura de evitar o desperdício. A empresa obrigava-os a viajar de carro para reuniões a até oito horas de distância. Kierlin dirigiu os 8 mil quilômetros de ida e volta da sede até uma reunião na Califórnia com seu diretor financeiro, construindo com ele uma camaradagem que seria difícil de conquistar nos breves encontros no escritório. Na modesta sede de concreto de dois andares equipada com móveis e máquinas de segunda mão, Kierlin financiava a festa de fim de ano com as vendas de refrigerante em suas máquinas automáticas – uso criativo que deu a elas.

Apesar de tais medidas serem difíceis de lidar para profissionais acostumados a benefícios e bônus, a empresa tinha ótimo desempenho – assim como os funcionários. Os salários aumentavam quando as metas de lucratividade e contenção de despesas eram atingidas. Ao economizar no que considerava despesas desnecessárias, Kierlin não só criou uma cultura que evitava gastos excessivos, ensinando os funcionários a fazer mais com menos, como também gerava recursos para investir no negócio e na equipe.

O robusto balanço patrimonial permitia que ele reforçasse o estoque com agilidade com base em picos de demanda e investisse em treinamento para que os profissionais assumissem cargos de maior responsabilidade e salário. A Fastenal School of Business oferecia aulas a milhares de funcionários em 18 locais, além de disponibilizar uma ampla oferta de cursos on-line. Bônus generosos ajudavam a manter o turnover em impressionantes 7%.

Em 2002, quando Kierlin deixou o posto de CEO e passou a presidente do conselho, ele nomeou o veterano William Oberton como sucessor. Oberton ascendera porque encarnava o tipo de frugalidade que Kierlin valorizava. Ele explica: "Não temos medo de gastar. Temos medo de gastar em algo que não vai melhorar o negócio".

Décadas depois da experiência com a primeira máquina automática, a Fastenal era uma empresa que prosperara a partir da ambição original do fundador. Em 2011, associou-se a um fabricante de máquinas de venda automática de salgadinhos e usou um software proprietário para inventar um equipamento que dá acesso rápido a produtos industriais, como luvas, óculos de proteção e brocas de furadeira, em lojas de varejo. Os funcionários das lojas pegavam os produtos no estoque passando um cartão eletrônico, garantindo maior controle de itens muito furtados internamente. Apesar de a maioria das empresas lutar para fazer os clientes comprarem mais, os equipamentos da Fastenal os ajudaram a comprar menos. As máquinas automáticas de vendas reduziram os estoques em cerca de 30%, fidelizando e satisfazendo os varejistas. Em 2014, havia 47 mil máquinas distribuídas em lojas, o que representava cerca de 40% das vendas.

A origem modesta de Bob Kierlin e o capital limitado para começar o negócio combinam com nossa visão acerca do que leva os indivíduos à frugalidade. Mas esse empresário e seu negócio enriqueceram e preservaram essa postura. Não a descartaram como uma necessidade constrangedora, mas a usaram com orgulho e alegria, como um distintivo de honra, estendendo os benefícios a funcionários, clientes e investidores.

A maioria das pessoas não tem uma opinião positiva quanto a indivíduos ou organizações frugais. São classificadas de mesquinhas ou sovinas. Bob Kierlin e sua empresa não são nada disso – são incrivelmente generosos com outras pessoas, de funcionários a causas humanitárias[2] e também muito ricos em recursos. Foi a frugalidade que ajudou a gerar essa riqueza.

Apesar de a postura de Kierlin ter originado muitos benefícios, ela levanta uma questão importante: é preciso ser como ele para ser elástico? A resposta é não – só é preciso pensar de maneira diferente.

Para entender isso, uma equipe de professores de marketing liderada por John Lastovicka usou entrevistas com consumidores frugais, um exercício escrito com estudantes de graduação e episódios dos programas de Oprah Winfrey e Montel Williams sobre esposas que também tinham essa postura. Lastovicka descobriu três padrões nesse tipo de pessoa.

Em primeiro lugar, eram pessoas que davam ênfase a objetivos de longo prazo em vez de prazeres imediatos; o tipo de paciência que Bob Kierlin usou para desenvolver seu negócio. Com o futuro em mente, ele evitava dar benefícios de curto prazo para oferecer carreiras longas (e recompensadoras) aos funcionários, estabeleceu relações de vida inteira com os clientes e criou um negócio sustentável.

Em segundo lugar, pessoas frugais reutilizam o que têm em vez de comprar mais. Em muitas esferas da sociedade – e talvez mais em conselhos de administração – gastos supérfluos são uma marca de status. De acordo com essa linha de pensamento, quanto maior o dispêndio, mais bem-sucedida a pessoa deve ser, porque apenas os abonados podem se permitir gastar. Descendo a rua onde fica minha sala na Rice University, em Houston, Texas, localizam-se os antigos escritórios do Stanford Financial Group, um esquema de pirâmide que lesou investidores em US$ 8 bilhões. As instalações – com piso de mármore verde, mobília de madeira escura e tapetes persas caros – sinalizavam aos clientes que a empresa era tão rica que podia arcar com esses luxos. O escritório de Bob Kierlin, mobiliado com peças de segunda mão, carecia da opulência do Stanford Financial Group, e ele não desejaria esse padrão de modo algum.

Em terceiro lugar, os indivíduos frugais se sentem livres de convenções, o que os torna menos suscetíveis às comparações sociais da mentalidade perseguidora. Eles não se prendem ao que não têm; em vez disso, abrem caminho usando o que têm. A frugalidade de Bob Kierlin pode ter irritado os corporativos tradicionais, mas forjou uma cultura de elasticidade na qual os funcionários aprenderam a explorar com orgulho mais possibilidades nos recursos disponíveis (o que também os tornou mais ricos).

Até agora, examinamos como a posse psicológica, o acolhimento das restrições e a frugalidade ajudam as pessoas a se tornar engenhosas. A seguir, abordaremos outra parte crítica da mentalidade elástica: encontrar potencial, o tempo todo, em recursos que outras pessoas descartam prontamente, mesmo que seja no lixo.

DE LIXO A TESOURO

O New Covent Garden Market é o maior mercado atacadista de frutas, legumes e flores do Reino Unido. O complexo de 27 hectares abriga centenas de atacadistas que fornecem boa parte dos produtos agrícolas consumidos pelos londrinos. Multidões caminham nos corredores movimentados esquivando-se de empilhadeiras que movem pallets de alimentos e flores provenientes do mundo todo.

Em uma manhã gélida de 2010, Jenny Dawson saiu às 4 horas da manhã com a roupa vestida por cima do pijama. Tinha 20 e poucos anos, era formada em matemática e economia pela University of Edinburgh e fora modelo. Agora, trabalhava para um famoso fundo de investimento sediado em Londres e ganhava um ótimo salário que garantia uma casa em Notting Hill, temporadas anuais de esqui e viagens com ricos e famosos.

Naquele dia, ela pedalou até o New Covent Garden Market para começar a pesquisar uma questão que a perturbava muito. Lera no jornal que algumas pessoas haviam sido presas por ter feito algo que ela dificilmente consideraria um crime: fuçar em lixeiras de supermercado em busca da próxima refeição.

Ela começou a estudar sobre uma das mais tristes ironias do mundo. Apesar de quase 800 milhões de pessoas não terem o que comer, montanhas de alimentos chegam aos aterros sanitários todos os dias. Na Inglaterra, são 7,2 milhões de toneladas que custam bilhões de dólares em gerenciamento de lixo orgânico e cerca de 10% das emissões de gases que causam o efeito estufa.

Ao chegar ao New Covent Garden Market, Jenny Dawson encontrou um frenesi que em nada evocava a crise alimentar global. Em meio às negociações, deparou com sinais de um problema mundial. Ela viu pacotes de ervilhas do Quênia, mangas das Filipinas e tomates da Turquia que, embora comestíveis, logo estariam a caminho do lixo, enquanto milhões de cidadãos desses países passavam fome. Ela recorda que pensou: "Como podemos bancar tamanho desperdício?".

Criada em uma fazenda na Escócia, Jenny Dawson aprendeu cedo sobre a dificuldade em equilibrar oferta e demanda. Os fazendeiros, preocupados com a possibilidade de não ter o que vender, erram para o

O PODER DO MENOS

lado da superprodução, sugando recursos naturais preciosos para cultivar produtos que ninguém irá consumir ou sequer comprar. Pior: parte do que plantam nunca chegará a uma cozinha. Os consumidores, que julgam pela casca, rejeitam frutas e vegetais saborosos e saudáveis que apresentam uma mínima mancha. Nos Estados Unidos, as mercearias descartam mais de um quarto do estoque devido a questões estéticas.

A mãe de Dawson encontrara uma solução para o excedente de produção na propriedade da família – transformá-lo em geleias e chutneys, evitando que fossem parar no lixo e aumentando o tempo de validade dos alimentos. Jenny, um gênio do fundo de investimentos, quis experimentar a receita em maior escala. Abandonou a carreira promissora em banco para começar uma empresa chamada Rubies in the Rubble [rubis nos escombros]. O nome, uma brincadeira, combina com o mantra da empresa: "Dar bom uso ao que nossa sociedade descarta sem motivo. Tudo e todos são únicos e têm valor".

Fazendeiros que não veem isso em sua produção excedente e esteticamente prejudicada vendem frutas e legumes mais barato para ela, que os usa como ingredientes essenciais de conservas premium. Os chutneys da Rubbies in the Rubble não só são deliciosos como também atingem a meta louvável de minimizar o impacto ambiental do desperdício de alimentos.

A transformação conduzida por Dawson vai além. Quando começou a empresa, ela contratou mulheres com dificuldade para encontrar trabalho por serem sem-teto ou viciadas em drogas, transformando-as em funcionárias diligentes e dedicadas. Também empregou um homem com problemas mentais para etiquetar os potes. Ela diz: "É triste que julguemos uma pessoa pela aparência, da mesma forma que rejeitamos uma cenoura torta".

O pujante negócio tem distribuição em mais de 150 pontos de venda no Reino Unido, e a primeira frase da declaração de valores de sua empresa parece um manifesto da mentalidade elástica: "Use o que você tem. Cuide de seus recursos".

Não muito longe, a nordeste do New Covent Garden Market, em uma das universidades mais prestigiadas mundialmente, encontra-se um dos pensadores mais influentes do planeta. As teorias de Anthony Giddens, professor da London School of Economics, orientam a pauta de boa parte da sociologia contemporânea e suas ideias sobre o que ele denomina teoria da estruturação também permitem explicar como pessoas como Jenny Dawson transformam lixo em tesouro.

Em termos simples, a teoria da estruturação propõe que não é possível entender o comportamento social examinando de perto só ações individuais ou só ações coletivas de empresas e sociedades.

Giddens propõe que pequenos e grandes funcionam juntos, o que significa que ações individuais produzem estruturas como normas, tradições e regulamentações. Estas, por sua vez, moldam as condutas pessoais. Nunca somos totalmente limitados pelas grandes estruturas porque nossas ações, em parte, as criam. Ao mesmo tempo, jamais nos esquivamos por completo delas porque sempre moldam tudo que fazemos, ainda que sutilmente.

Enquanto eu desenvolvia meu PhD na University of Michigan, a teórica organizacional Martha Feldman se ocupava em aplicar algumas das ideias de Giddens ao estudo dos recursos. Abordagens tradicionais costumam sempre tomá-los como objetos fixos que adquirimos. Nossa interação com eles não mudaria seu significado, pois têm um valor inato definido pelas grandes estruturas de normas, tradições e regulamentações. Se você quer conhecer as possibilidades de sucesso para algo – uma nova contratação, uma empresa, o futuro de um adolescente –, examine seu estoque de recursos. Sob este ponto de vista, lixo continua sendo lixo porque é o que é.

Feldman conceitualiza os recursos de maneira bem diferente. Em vez de focar em seu valor inato, ela enfatiza como as pessoas os usam. É claro que as coisas têm qualidades naturais – rocha é mais pesada que brita –, mas essas qualidades apenas lhes conferem potencial. Você tem de jogar uma pedra para torná-la uma arma ou colocá-la sobre um papel para transformá-la em peso.

Feldman defende que quase tudo – tangível ou intangível – tem potencial como recurso, mas que para se tornar valioso é preciso ação.

O PODER DO MENOS

Isso ajuda a perceber que os recursos não vêm de fora – não são coisas que obtemos prontas, mas algo que criamos e moldamos.

Jenny Dawson cria recursos valiosos por meio de ações que localizam, processam e preservam produtos rejeitados, e então os distribui e vende como conservas gourmet. Ao fazer isso, ela molda estruturas maiores, como as normas sobre o que fazer com a produção indesejada e outras crenças quanto ao desperdício de alimentos. Assim, administra um negócio em crescimento, ajuda pessoas a encontrar um trabalho significativo e contribui para resolver problemas sociais críticos.

Não são só indivíduos que podem agregar valor a recursos. A pesquisa de Feldman e seus colegas revelou que sistemas sociais – organizações, escolas ou famílias – também podem criar recursos valiosos em âmbitos inesperados. Meu colega Utpal Dholakia e eu queríamos examinar essas ideias sob as condições difíceis de uma mudança organizacional de peso. Durante os esforços típicos desses processos, os gestores tendem a considerar os funcionários como resistentes e não cooperativos. Será que isso sempre tem de ser assim?

Examinamos uma grande empresa varejista que vamos chamar aqui de EntertainCo. A empresa desejava combinar as divisões de lojas de shopping center e de hipermercados. No início dos anos 1990, as lojas de shopping geravam lucro constante para financiar a expansão dos hipermercados. Os dois setores funcionavam de maneira quase autônoma, sob diferentes marcas e lideranças. Na virada do século 21, a divisão de lojas de shopping, após décadas de negligência, acumulava vários anos de desempenho em declínio. A alta gestão decidiu, então, renovar a marca, reformar as lojas e redefinir o mix de produtos das lojas menores para equipará-las aos hipermercados.

Para Rebecca Rogers, funcionária da empresa, a transformação não poderia ser pior. Segundo ela, mudar o nome das lojas de shopping confundiria os clientes e destruiria a rica história da divisão de lojas de shopping. Ela se perguntava "Para que isso?" e também considerou todo o esforço "um desperdício de tempo e dinheiro". Típico exemplo de pessoa resistente à mudança, Rebecca interpretou os planos da empresa como uma experiência negativa que destruiria recursos preciosos com retornos mínimos.

Brianna Baldwin trabalhava na mesma loja nos arredores de Pittsburgh, Pensilvânia, e tinha uma origem similar à da colega Rebecca, mas avaliou os acontecimentos de maneira muito diferente. Por mais que os ajustes resultassem em um pouco mais de trabalho, para ela aumentavam o "reconhecimento pelo cliente" e resultavam "no benefício de mais marketing e promoções", o que ajudaria a empresa a conquistar mais com os recursos de publicidade e branding.

Como duas mulheres tão parecidas no papel, trabalhando na mesma empresa e na mesma loja, podiam fazer avaliações tão diferentes da iniciativa, e como essas diferenças moldariam o futuro da empresa?

Dholakia e eu recolhemos dados de 159 funcionários em 45 pontos de venda e instruímos os participantes a responder uma pesquisa que lhes pedia para escrever o que pensavam e sentiam em relação ao projeto.

A seguir, avaliamos três recursos psicológicos que pesquisadores consideram essenciais para o sucesso de esforços de mudança – compromisso com o processo, autoeficiência (a noção de que o profissional tem tudo de que precisa para implementá-lo) e posse psicológica da loja[3] onde trabalha. Medimos então os comportamentos que apoiavam o projeto, de seguir instruções a elogiar a iniciativa de outros. Ficamos surpresos ao constatar como as interpretações dos funcionários diferiam. Alguns, como Rebecca, achavam que faltavam recursos suficientes para a transformação e acreditavam que a organização precisava investir mais em marketing, ou que a mudança prejudicaria a marca. Outros, como Brianna, pensavam que a mudança melhorava os recursos existentes, aumentava a satisfação dos clientes e oferecia aos funcionários mais segurança no emprego e oportunidades de carreira. Qual realidade era a correta?

Ambas eram, mas tinham consequências diferentes para empregados e empresa.

Indivíduos que, como Rebecca, enxergavam a mudança como consumidora de recursos da organização acabaram consumindo seus próprios recursos psicológicos, tais como autoeficiência, comprometimento e posse psicológica da loja. Pessoas como Brianna, que viam a mudança como algo que explorava mais os recursos, aumentaram os próprios recursos psicológicos.

Mais importante: os profissionais desse último grupo foram mais proativos para tornar a mudança bem-sucedida. Para alguns, algo que costuma ser uma experiência difícil – uma grande mudança – se tornou um estímulo a seus recursos psicológicos e também uma maneira de contribuir para o sucesso da organização.

MUDANDO PARA UMA MENTALIDADE ELÁSTICA

Ethan Peters, Phil Hansen, Bob Kierlin e Jenny Dawson desenvolveram uma mentalidade elástica partindo de pontos diferentes, mas todos cultivaram e disseminaram suas crenças sobre fazer mais com o que já tinham. A posse psicológica de Ethan Peters permitiu que ele transformasse um produto de qualidade inferior em um item com boas vendas. Phil Hansen acolheu as restrições físicas e materiais, o que lhe permitiu trabalhar de maneira mais criativa com o corpo e os pincéis. Bob Kierlin levou a parcimônia instilada nele por seus pais a uma escala maior. Ao transferir a frugalidade de sua família para funcionários e clientes, construiu uma das empresas mais bem-sucedidas dos Estados Unidos e com melhor desempenho acionário. A caça ao tesouro de Jenny Dawson provou que até as coisas menos valiosas têm um potencial não identificado.

Os esticadores acham beleza e riqueza em campos nos quais outras pessoas têm dificuldade em enxergar valor. Com frequência, entendemos, interagimos e usamos recursos por seu valor de face, fechando-nos em convenções que limitam as possibilidades. Ao adotar uma mentalidade elástica, conseguimos atingir um potencial extraordinário com o que já temos. É questão de reconhecer o valor não explorado de nossos recursos e direcionar energia para nutrir e desenvolver o que possuímos. Uma vez que mudamos de mentalidade, é possível começar a construir algumas das habilidades da elasticidade – algo que agora estamos prontos para começar.

QUATRO

JÁ PRA FORA

O VALOR DE SABER UM POUCO SOBRE MUITA COISA

Napoleon Dynamite, filme de 2004 estrelado por Jon Heder, conta a história de um adolescente alienado que ajuda um amigo a concorrer para presidente do grêmio da escola com sucesso. Tornou-se um dos filmes mais assistidos disponíveis na Netflix e um dos que mais polarizaram o público, porque contém uma boa dose de humor irônico – do tipo que acaba virando cult por causa dos fãs ao mesmo tempo que afasta os críticos.

A Netflix coleciona um mundo de dados sobre os usuários para recomendar filmes que eles poderiam gostar de assistir. *Napoleon Dynamite* teve mais de 2 milhões de classificações, oferecendo muita informação para alimentar os complexos algoritmos que determinam as sugestões. O problema é que essas classificações caíram sobretudo na parte mais baixa (1) e mais alta (5) da escala de cinco estrelas. Mesmo amigos que com frequência classificam filmes de maneira semelhante discordaram quanto ao prazer ou decepção de ver *Napoleon Dynamite*.

Jon Sanders, diretor dos sistemas de recomendação da empresa, foi encarregado de melhorar o software proprietário, chamado Cinematch. O produto desenvolvido internamente combinava a preferência de filmes dos clientes a títulos recomendados e respondeu por 60% das locações da Netflix em 2006. Aperfeiçoar o motor de recomendação

O PODER DO MENOS

melhoraria a satisfação do usuário e aumentaria a retenção, mantendo os assinantes pagando por planos ilimitados.

Apesar dos esforços, os especialistas em matemática e computação de Sanders não conseguiam aprimorar o Cinematch. Enfrentando pressão para melhorar o software, ele desistiu de contratar mais especialistas ou os serviços de uma empresa com experiência na área. Sob a direção do CEO da Netflix, Reed Hastings, inspirou-se em um ato de um outro Napoleão.

Em 1869, o imperador Luís Napoleão III enfrentava um problema: a industrialização na França provocara uma migração em massa das áreas rurais para os centros urbanos em expansão. Como os moradores da cidade não produziam os próprios alimentos, os preços dos produtos aumentaram, inclusive o de um dos ingredientes mais importantes da dieta francesa: a manteiga. Os cidadãos estavam cansados das pressões inflacionárias, e o imperador ofereceu um prêmio a quem criasse um produto mais barato que imitasse o sabor, a textura e as propriedades nutricionais da manteiga. O concurso de inovação permitiu à mesma nação que legou ao mundo o *croissant* inventar a margarina e introduziu a ideia de um outsider[*] resolver um problema complicado.

Inspirando-se em Napoleão III, a Netflix lançou um concurso internacional de inovação chamado Netflix Prize. Oferecia um prêmio de US$ 1 milhão para a primeira equipe que melhorasse em 10% a precisão das recomendações do Cinematch. A empresa disponibilizou aos participantes sete anos de dados e 1,5 milhão de classificações de filmes. O desafio intelectual e o valor do prêmio atraíram as pessoas mais brilhantes de organizações e universidades prestigiadas, e também um sujeito chamado Gavin Potter.

Ele acabara de deixar o emprego, logo depois de a IBM adquirir a unidade em que trabalhava da PricewaterhouseCoopers, no qual atuava em pesquisa operacional e melhoria de desempenho. Gavin Potter declarou a intenção de participar do concurso em seu quase desconhe-

---

[*] N. E.:"Forasteiro", em inglês; no contexto deste livro é alguém "de fora" de determinada área ou áreas de especialização.

cido blog: "Decidido a levar o Netflix Prize a sério. Parece divertido. Não sei para onde vou, já que não sou acadêmico nem matemático". Ele batizou sua equipe de "Só um cara em uma garagem", título adequado para sua operação improvisada: um quarto de sua casa em Londres, um consultor de matemática na forma da filha adolescente, Emily, e um computador Dell antigo que ele precisava desligar toda noite para que a ventoinha barulhenta não perturbasse o sono da família.

Mais de 5 mil equipes apresentaram soluções. Em comparação com muitas delas, "Só um cara em uma garagem" carecia do poder de processamento, treinamento, equipe, apoio institucional e conexões sociais de que dispunham os rivais mais bem-preparados. Gavin Potter também não sabia como construir os modelos complexos que especialistas com muito mais recursos usaram para concorrer. Em vez disso, ele se colocou a seguinte pergunta: "O que posso fazer para resolver isto sem conhecimento matemático?". Como se viu depois, ele podia fazer muito.

Durante os anos de graduação na University of Oxford, Potter tomou conhecimento sobre o trabalho pioneiro do psicólogo cognitivo Amos Tversky e do psicólogo cognitivo vencedor do Prêmio Nobel de 2002, Daniel Kahneman. Tversky e Kahneman criaram a área da economia comportamental, desenvolvendo estudos que demonstravam a irracionalidade do comportamento humano. Em um de seus experimentos mais importantes, os participantes giravam uma espécie de roleta com números de 0 a 100 e em seguida tinham de fazer uma estimativa – por exemplo, responder quantos países africanos integram a Organização das Nações Unidas (ONU). O número em que a roda parava influenciava a estimativa dos participantes. Por exemplo, a porcentagem de países africanos na ONU foi estimada em 25 quando a roda indicou o número 10 e em 45 quando apontou o número 65. Pagar as pessoas para que elas fizessem previsões precisas não melhorava sua precisão. Os pesquisadores chamaram esse fenômeno de "ancoragem" porque baseava as previsões em dados irrelevantes (no experimento, o resultado aleatório de uma roleta), sem qualquer relação com a estimativa em questão.

Para Gavin Potter, o Netflix Prize era ao mesmo tempo um quebra-cabeça para entender esse tipo de irracionalidade humana e uma demonstração de habilidade matemática e computacional. Seu raciocínio foi que os mesmos princípios que levaram as pessoas a estimar o número de países africanos na ONU de acordo com um ponto de ancoragem também influenciaria suas classificações de filme. Se um cliente da Netflix assiste a um filme de que ele realmente gosta, seguido por um de que não gosta, o filme de que mais gostou eleva artificialmente a classificação do filme seguinte. Da mesma maneira, assistir a um filme que ele não apreciou reduziria a classificação seguinte, independentemente da apreciação real do filme avaliado.

Ao considerar em que medida a psicologia moldava as classificações dos filmes, Gavin Potter melhorou o Cinematch em 9,06% em relação aos especialistas da Netflix. Seus resultados colocaram-no no jogo pelo prêmio (ele terminou em 17º lugar entre mais de 20 mil equipes participantes), e sua abordagem diferente ajudaria outras equipes a bater o limite vencedor dos 10%.

Em uma conferência antes do final da competição, Potter compartilhou sua abordagem de outsider com concorrentes que vinham tratando o desafio como uma questão de matemática e computação. Os finalistas incorporaram o trabalho de Potter e a equipe vencedora cravou o limite de 10% meros 20 minutos antes do vice-campeão, encerrando uma corrida de três anos.

O background pouco convencional de Gavin Potter não só o ajudou a obter resultados notáveis como também elevou o nível dos mais bem colocados no concurso. Seu único arrependimento, ele me disse, foi que, em vez de apenas compartilhar seu trabalho, ele "deveria ter se unido a uma das equipes matemáticas, porque diversidade é o que importa".

Neste capítulo, apresentarei duas maneiras muito diferentes de usar experiências para obter sucesso. A primeira segue o bom senso e a sabedoria convencional. Ouve-se muito sobre as vantagens de desenvolver um conhecimento especializado – por exemplo, escolhendo um curso de graduação que forneça um percurso profissional claro. Porém, tomar esse caminho profundo, mas estreito, tem um preço. Apresentarei uma pesquisa que expõe alguns pontos cegos importantes da especialização e depois abordarei um segundo caminho, menos intuitivo, para chegar ao sucesso – o de um outsider com uma expertise, conhecimento e recursos diferentes.

Pode ser difícil acreditar, mas um outsider pode suplantar com frequência um especialista na solução de um problema da área de atuação dele, em especial no caso de desafios complexos. A explicação está na diversidade de sua experiência.

Outsiders seguem o que chamo de multi-c ou regra do múltiplo contexto. Simplificando: a *amplitude* das experiências ajuda as pessoas a se tornar elásticas. Tendo atuado em vários campos, os outsiders usam recursos para resolver novos problemas e aproveitar oportunidades que são invisíveis para especialistas condicionados pela estreiteza de sua especialidade. Como em geral existem bons motivos para desenvolver a expertise, terminarei este capítulo explicando como os especialistas também podem cultivar a abordagem de outsider para desenvolver a mentalidade elástica.

ONDE OS ESPECIALISTAS TROPEÇAM

Uma linha de pesquisas em psicologia popularizada pelo livro *Fora de série: Outliers*, de Malcolm Gladwell, sustenta que obter expertise depende de prática extensa – em torno de 10 mil horas – e não de talento inato. Segundo ele, com a prática, os especialistas têm acesso a recursos como treinamento e equipamento que lhes dão uma vantagem sobre os demais. O argumento faz muito sentido, mas, por mais que essa proposição seja interessante, será que 10 mil horas são sempre a chave do sucesso?

Muitos dos exemplos que Gladwell fornece ao apresentar a tese das 10 mil horas envolvem jogos com regras estritas e imutáveis, como hóquei ou xadrez. Muita prática permite aprender a mecânica de um jogo. Porém, em áreas sem regras estáveis, milhares de horas de prática acabam sendo menos relevantes, porque as condições se alteram o tempo todo e é difícil se tornar especialista em algo que sempre muda.

A pesquisa de Brooke Macnamara, da Princeton University, de David Hambrick, da Michigan State University, e de meu colega Fred Oswald, da Rice University, examinou todos os estudos empíricos que avaliaram a relação entre horas de prática e desempenho. A busca gerou 88 estudos que envolviam 11.135 participantes.

Eles descobriram que, para jogos com pouca ou nenhuma mudança de regras, como xadrez ou palavras cruzadas de tabuleiro, a prática de fato prediz o desempenho, mas talvez menos do que se poderia supor – representa apenas 26% da performance. Música e esportes são um pouco piores – 21% e 18% do desempenho, respectivamente. O estudo é ainda mais revelador para áreas menos regradas e em rápida mudança.

Para a educação – pense em estudantes universitários tentando tirar as melhores notas – a prática representou apenas 4% do desempenho. Para profissionais (exceto os de esportes ou música) de áreas como venda de seguros, programação e pilotagem de aeronaves, a taxa observada foi ainda mais baixa – menos de 1%.

Por que a prática intensa explica tão pouco do desempenho de uma pessoa em certas áreas?

Para descobrir, Macnamara e seus colaboradores reagruparam os 88 estudos com base no nível de previsibilidade – áreas de alta previsibilidade, como correr; de previsibilidade moderada, como esgrima; e de baixa previsibilidade, como emergências de aviação. Descobriram que, para áreas com a maior previsibilidade, a prática explica 24% do desempenho de uma pessoa, mas que esse percentual cai para 12% em eventos moderadamente previsíveis e para apenas 4% em ocorrências de baixa previsibilidade. Conforme os desafios se tornam menos previsíveis – ou seja, conforme ficam mais parecidos com o que enfrentamos no cotidiano profissional e pessoal – a prática nem sempre leva à perfeição.

Apesar dos limites da experiência, na maioria das vezes confiamos muito em especialistas, recorrendo à avaliação deles para tomar decisões importantes sobre trabalho, saúde, finanças e educação dos filhos. Mesmo com as demonstrações dos pesquisadores de que a prática só explica em parte o desempenho, os especialistas ainda são uma referência útil, apesar de nem sempre terem as melhores respostas.

Desde muito jovens, colocamos os especialistas em um pedestal. Minhas filhas o fazem com suas professoras, entre outras razões, por-

JÁ PRA FORA

que elas sabem todos os assuntos de matérias que as meninas ainda estão aprendendo. No trabalho, nos submetemos a especialistas: desde o cara de TI e o analista financeiro munido com dados até o chefe que, em tese, tem mais experiência (e, portanto, maior expertise).

Os especialistas também se apoiam em símbolos – médicos usam jalecos brancos, profissionais penduram diplomas na parede e professores têm salas repletas de livros. Ao exibir essas credenciais, sinalizam que sabem mais – mas nem sempre é o caso.

O psicólogo social Robert Cialdini estuda há décadas os princípios que influenciam as pessoas e descobriu que a expertise às vezes as leva longe demais. Ele conta a história de um médico que atendeu um paciente com dor no ouvido direito. Negligentemente, ele escreveu na receita que era para pingar o remédio em gotas no "R ear"* do paciente e a enfermeira encarregada aplicou o remédio no ânus dele. O paciente não se manifestou, acreditando que, apesar do tratamento pouco usual para dor de ouvido, o especialista obviamente sabia o que estava fazendo.

Episódios como esse poderiam ser considerados apenas um conjunto de atitudes desleixadas, mas, em algumas situações, especialistas não fornecem as melhores respostas. O psicólogo Phil Tetlock passou 20 anos examinando previsões sobre algumas das mais importantes questões de nosso tempo – transições político-econômicas, crescimento econômico, violência entre países e proliferação de armas nucleares. Ele acompanhou especialistas que colaboram com frequência na televisão e nos jornais e que aconselham governos e empresas sobre suas especialidades. Quando Tetlock mensurou o desempenho, chegou a alguns resultados surpreendentes.

Especialistas não foram melhores do que pessoas comuns em predizer eventos futuros. O histórico do profissional e sua condição de especialista fizeram pouca diferença. As métricas também não eram afetadas fossem os especialistas liberais ou conservadores. Otimistas e pessimistas não diferiam em acurácia. Na verdade, havia apenas uma

---

* N. E.:"R ear" indicava "right ear" (ouvido direito, em inglês), mas também poderia ser interpretado como "rear" (gíria para ânus).

diferença importante que separava os indivíduos de alto desempenho dos demais: os que sabiam um pouco de tudo e contavam com multiplicidade de perspectivas superavam os que sabiam uma única coisa em profundidade. Os generalistas se sobressaíam.

POR QUE OUTSIDERS ULTRAPASSAM ESPECIALISTAS

Diante de desafios complexos, indivíduos que conhecem diversos assuntos se destacam em relação a especialistas muito focados em um único tema. Para entender por quê, examinaremos alguns dos mais aclamados especialistas de nossa sociedade: os cientistas. Eles são muito bem-sucedidos em resolver problemas complexos, mas não todo tipo de problema que você possa imaginar.

Para entender como cientistas abordam problemas, Lars Bo Jeppesen, da Copenhagen Business School, e Karim Lakhani, da Harvard Business School, estudaram uma empresa chamada InnoCentive. Criada em 2001 com o apoio da gigante farmacêutica Eli Lilly, a InnoCentive aplica crowdsourcing para resolver algumas das questões mais complicadas do mundo – de combater doenças a fornecer eletricidade a vilarejos pobres da África. Pessoas de todas as origens podem se unir à equipe de 350 mil "solucionadores" da InnoCentive para ajudar a detalhar um desafio, o prazo para resolvê-lo e levar o prêmio para a melhor resposta.

Para descobrir se indivíduos com as melhores expertises para determinado desafio teriam sucesso, os pesquisadores usaram dados de 166 problemas oriundos dos laboratórios científicos de 26 empresas em dez países postados na plataforma da InnoCentive. O estudo parecia objetivo – presumia-se que os cientistas que tivessem maior conhecimento de química sobrepujassem os outros na solução de problemas de química.

Os pesquisadores descobriram o contrário.

Quanto mais longe o problema estava da expertise de uma pessoa, mais provável era que esse indivíduo resolvesse a questão. Biólogos resolveram mais problemas de química do que químicos. Como Gavin Potter, cientistas fora do campo específico tinham maneiras diferentes

– e, em última análise, melhores – de abordar um desafio do que especialistas. Qual seria a explicação para esse resultado intrigante?

Especialistas têm uma deficiência significativa – eles se tornam vítimas do que Erik Dane, meu colega da Rice University, chama de entrincheiramento cognitivo, um tipo de cegueira para usar os recursos fugindo das convenções. Conforme alguém ganha expertise, age sempre da maneira que aprendeu a fazer o que faz – mesmo diante de novas informações ou de mudanças nas circunstâncias. Pesquisadores sabem disso há mais de um século, mas as implicações de tal descoberta foram esquecidas há muito tempo.

No início do século 20, a psicóloga Mary Cheves Perky conduziu uma série de experimentos para entender como a visualização de imagens moldava a percepção de objetos reais. Ela pediu a pessoas que pensassem em objetos – por exemplo, bananas – e que os visualizassem em uma parede vazia. Ela então projetava nessa superfície uma imagem turva desse mesmo objeto, sem informá-las do que se tratava. Indivíduos que não participavam do experimento identificavam de imediato o objeto quando entravam na sala, mas os participantes da pesquisa afirmavam que não conseguiam identificar a imagem projetada. Eles incorporavam a imagem "pessoal" do objeto ao que era transmitido na parede, borrando os limites entre a imagem do que realmente viam e da que imaginavam. O fenômeno, que ficou conhecido como efeito Perky, prova que ter uma imagem mental prévia de algo altera o modo como novas informações a respeito são percebidas e assimiladas.

Os participantes do experimento de Perky não se deram conta de que observavam imagens *reais* de bananas porque no início lhes foi pedido para imaginá-las. Os especialistas têm dificuldade para encontrar novas soluções porque visualizam mentalmente como usar seus recursos – um carpinteiro visualiza um martelo como uma ferramenta para fixar pregos na parede – e é menos provável que abandone essa noção arraigada em milhares de horas de prática. Minha filha em idade pré-escolar nunca pegou um martelo antes – ela poderia achar que se trata de um instrumento de percussão ou para coçar as costas.

Outsiders existem em todas as áreas. Trata-se de uma pessoa que carece dos recursos que os especialistas costumam ter. Pode ser um no-

O PODER DO MENOS

vato em uma empresa, um profissional de outra área ou um professor de inglês em uma aula de psicologia.

Em ciência há um outro grupo que com frequência se vê excluído por um motivo muito infeliz: as mulheres – e isso acontece também em muitas profissões e em equipes de gestão. Elas costumam ser alijadas de posições sociais importantes, tipicamente ocupadas por homens – uma situação indefensável.

Em 2015, o bioquímico britânico sir Tim Hunt chocou muitos colegas com suas reflexões sobre mulheres. Durante uma conferência de jornalistas especializados em ciência na Coreia do Sul, o vencedor do Prêmio Nobel e professor na University College London falou sobre três problemas de ter "garotas" no laboratório: "Você se apaixona por elas, elas se apaixonam por você e quando você as critica elas choram". O alvoroço da comunidade científica e da opinião pública forçaram Hunt a pedir demissão do cargo que ocupava na universidade, mas não resolveu uma injustiça sobre mulheres na ciência: elas são outsiders – muitas vezes não têm acesso às conexões, mentorias e treinamentos assegurados a homens.

Jeppesen e Lakhani voltaram a se debruçar sobre os dados da InnoCentive para examinar esse segundo tipo de outsider – cientistas mulheres que muitas vezes carecem dos recursos sociais amplamente distribuídos aos colegas homens. Teriam elas melhor desempenho do que eles, mais conectados socialmente?

As mulheres se deram incrivelmente bem – tanto que apresentaram 23,4% maior probabilidade de resolver um problema se comparadas aos homens. A mesma lógica que permite a não especialistas ir além dos especialistas explicou por que elas se saíam melhor que eles na análise. As mulheres abordaram os problemas mais abertamente mesmo sem contar com suporte, não se prendendo a tradições transmitidas pelo coletivo masculino. Ao observar os problemas a partir de uma base diferente de experiências, elas geraram melhores soluções.

Se os outsiders contribuem tanto, por que não envolvê-los mais? A ironia é que tendemos a não trazê-los para as equipes porque eles são o que são: outsiders. É comum nos sentirmos atraídos por pessoas parecidas conosco – insiders, por definição. Também adotamos o viés da expertise: quanto mais especialistas por perto, melhor nossa performance.

Admita: se encarregado de reunir um grupo para resolver problemas, você preferiria um grupo aleatório ou um time dos sonhos integrado por especialistas? Se você for como a maioria, é provável que optasse pela segunda opção – quem não escolheria um time com tantos recursos? Mas, na maior parte dos casos, isso seria um erro.

Os especialistas de um grupo podem ser insulares, com muitas sobreposições na base de conhecimento coletivo. Isso torna os recursos redundantes entre si – cada indivíduo contribui muito pouco com o que é singular para o grupo. No livro *The difference: how the power of diversity creates better groups, firms, schools and societies*, o cientista político e modelista matemático Scott Page mostra que, para tudo, de democracias a grupos de cientistas, equipes aleatórias em geral têm desempenho melhor do que equipes dos sonhos porque as primeiras têm mais probabilidade de reunir tanto especialistas quanto outsiders. A diversidade de recursos acaba sendo o modelador de desempenho mais importante, levando a equipe a debater de maneira aberta e conseguir uma solução melhor que incorpore perspectivas múltiplas.

Outsiders contam com um conjunto de habilidades adquiridas por terem investido o tempo de maneira diferente dos especialistas, ainda que aparentemente tenham menos recursos. Para entender por que são vitais ao desempenho, focaremos primeiro em como outsiders buscam um conjunto diversificado de experiências e, depois, em como eles conectam recursos de áreas diferentes.

A REGRA MULTICONTEXTO (OU MULTI-C)

Nos anos 1970, a Nasa tinha um objetivo ambicioso – criar o melhor telescópio do mundo, capaz de olhar dentro dos recônditos mais escuros

O PODER DO MENOS

e profundos do espaço sideral. O Hubble prometia fornecer respostas às perguntas mais fundamentais sobre nosso mundo e além – a idade e o tamanho do universo, a presença de outros planetas habitados e o nascimento das galáxias –, além de permitir fazer as descobertas inconcebíveis decorrentes de um salto científico enorme como esse.

A excitação aos poucos se dissipou quando uma série de contratempos técnicos e problemas de orçamento atrasaram o lançamento, que seria em 1983. Após repensar e retrabalhar o design, os cientistas marcaram a estreia para 1986. Foi quando ocorreu uma tragédia.

Quando eu estava no quarto ano do ensino fundamental, vi a explosão do ônibus espacial *Challenger* pela televisão. O acidente liquidou o entusiasmo dos Estados Unidos em relação à exploração espacial, e o Hubble foi colocado em compasso de espera enquanto a Nasa trabalhava para evitar acidentes no futuro. Os engenheiros usaram os quase três anos de atraso para testar e corrigir problemas remanescentes no telescópio – ou, ao menos, foi o que acharam que tinham feito.

Quando o ônibus espacial *Discovery* alçou voo levando o telescópio Hubble em 24 de abril de 1990, o mundo esperava respostas a algumas questões profundas sobre o universo. Semanas depois do lançamento, a comunidade científica tinha em mãos as primeiras imagens capturadas pelo telescópio, e as notícias não eram muito boas. Depois de quase duas décadas de espera, as fotos recebidas eram desfocadas, muito aquém das expectativas do projeto multibilionário.

A investigação que se seguiu descobriu imperfeições no espelho do telescópio. Era um erro muito pequeno – da espessura de um quinze avos de uma folha de papel –, mas as consequências eram significativas. Se nada fosse feito, as imagens do Hubble ficariam distorcidas para sempre, e as respostas às questões astronômicas mais urgentes precisariam esperar décadas por um novo equipamento.

Todas as esperanças logo cairiam sobre os ombros de um sujeito que abandonara o ensino médio chamado Story Musgrave. Nascido em 1935 e criado em uma fazenda de laticínios em Stockbridge, Massachusetts, ele sempre tivera um pendor para a aventura. Aos 3 anos, percorria as florestas próximas sozinho; anos depois, navegava pelos rios em jangadas feitas a mão. Na adolescência, sofreu com o divórcio e o alcoolismo

JÁ PRA FORA

dos pais. Quando foi mandado para um internato para fazer o ensino médio, odiou tanto o lugar que arrumava encrenca o tempo todo. Sem encontrar apoio ou inspiração nos professores, foi embora sem se formar.

Story Musgrave foi trabalhar como mecânico dos equipamentos pesados que operavam na construção do rodoanel de Massachusetts. Ele tinha um jeito inato para consertos, mas quando esse serviço acabou, se viu sem diploma nem perspectiva.

Buscando uma saída, alistou-se na Marinha como eletricista de aviação e técnico de instrumentos, aplicando aos aviões as habilidades que desenvolvera consertando equipamentos de construção de estradas. O jovem de 18 anos adorava aviação e o trabalho o mantinha perto das aeronaves, mas percebeu que, sem o diploma do ensino médio, jamais voaria pelas Forças Armadas.

Para conseguir chegar até o cockpit, Musgrave decidiu entrar na faculdade, mas foi rejeitado por ter abandonado o ensino médio. Visitou o reitor da Syracuse University e o persuadiu a deixá-lo assistir informalmente às aulas. Tempos depois, a faculdade reverteu a decisão a respeito de sua admissão e ele se formou em matemática e estatística.

Story Musgrave não se contentou com essa primeira experiência na educação superior. Quando concluiu o último de quase 160 cursos universitários, tinha um MBA da University of California – Los Angeles, um diploma de química do Marietta College, um diploma de médico na Columbia University e mestrado em psicologia e biofísica pela University of Kentucky, além de graduação em literatura na University of Houston. Nesse meio tempo, também obteve a licença de piloto e voltou às Forças Armadas para voar.

Ele já percorrera várias carreiras diferentes – matemático em empresas, programador, pesquisador da área de neurologia e piloto – quando deparou com o anúncio da Nasa, que buscava cientistas que quisessem viajar pelo espaço. Achou que seria um "trabalho que me desafiaria a alavancar, sem exceção, todas as habilidades que adquiri". E assim ele começou uma carreira de mais de 30 anos na Nasa, enquanto continuava trabalhando como cirurgião três vezes por mês.

A capacidade de consertar tudo – de um corte no braço a um vazamento em um avião – o prepararia para sua operação mais importante.

Nomeado especialista-chefe e mecânico principal da missão para consertar o telescópio Hubble, reconheceu que ele era tanto uma escolha incomum quanto uma opção óbvia: "Não sou um dos astrofísicos, astrônomos, físicos ópticos, engenheiros ou outros que desempenharam um papel tão essencial e desafiador nesse processo".

Em vez de uma profunda expertise em uma área específica, Story Musgrave tinha acumulado décadas de experiências ecléticas que o prepararam muito para esse importante papel. "É um exemplo da criatividade espetacular que resulta de dissecar os detalhes de múltiplos domínios e disciplinas e aplicar a descoberta das melhores práticas", Musgrave declarou.

A missão durou 11 dias e foi um dos empreendimentos mais complicados da Nasa, envolvendo um recorde de cinco viagens sucessivas de membros da equipe, que se revezavam. Em suas três idas ao espaço, Musgrave passou 22 horas consertando as imperfeições do Hubble com a habilidade de um cirurgião experiente tentando ressuscitar um paciente em estado crítico. Quando lhe perguntaram por que parou de trabalhar em tempo integral como cirurgião, ele respondeu: "Para operar o Hubble, é claro".

A capacidade de Musgrave para resolver desafios complexos com base em seu background variado exemplifica a regra multi-c: uma variedade de experiências permite às pessoas pensar de modo mais amplo sobre seus recursos, levando a maneiras divergentes de abordar problemas. Musgrave viu sua missão como uma cirurgia, que lhe permitia usar sua experiência como médico para consertar o telescópio.

Espécie incomum na atualidade, pessoas polivalentes como Musgrave foram valorizadas pela sociedade na história recente. Lembremos, por exemplo, de Leonardo da Vinci (pintor, arquiteto, músico, matemático, engenheiro, inventor e anatomista), Benjamin Franklin (autor, impressor, teórico político, diretor dos correios, cientista e diplomata), Mary Somerville (astrônoma, matemática e geóloga) e Paul Robeson (cantor, jogador de futebol, advogado, ativista social e fluente em 20 línguas). Hoje, a pressão pela aquisição de conhecimento profundamente especializado resulta em pessoas que dominam áreas cada vez mais específicas. A ironia é que o crédito pelo afastamento da regra do multi-c se deve a um de seus seguidores mais importantes – Adam Smith.

Adam Smith nasceu em 16 de junho de 1723, na cidade de Kirkcaldy, Escócia, e tornou-se um dos maiores pensadores do mundo. Criança precoce, começou a estudar filosofia moral na University of Glasgow aos 14 anos e depois obteve uma bolsa de estudos para a University of Oxford. Achou o ambiente educacional ali muito opressivo. Refugiando-se na biblioteca, passou horas aprendendo uma gama de tópicos que embasariam suas contribuições em campos como filosofia, história, gestão pública, linguagem e astronomia, e finalmente, suas descobertas no campo da economia.

Em *A riqueza das nações* (1776), Smith delineia muitos dos princípios que continuam a orientar o pensamento econômico atual. Ao lado de sua contribuição mais reconhecida, a da mão invisível do mercado – a ideia de que o interesse próprio resulta em benefícios para a sociedade –, encontra-se outra, menos difundida mas igualmente poderosa: a da divisão do trabalho.

Smith abre seu tratado descrevendo um diligente fabricante de alfinetes. O artesão poderia passar o dia todo trabalhando e acabar com uma única unidade pronta. O pensador relata o que considerava uma abordagem melhor: dividir o trabalho de produzir alfinetes em tarefas especializadas desempenhadas por pessoas diferentes, como desenrolar o arame, esticá-lo, cortá-lo, afiar a ponta e assim por diante. Conforme cada um repete sua tarefa, torna-se um especialista tão proficiente que comete poucos erros e tão rápido que se torna excepcionalmente produtivo. Mais resultado e menos erros levaram Smith a concluir que dez pessoas com responsabilidades divididas poderiam produzir quase 50 mil alfinetes por dia, um resultado *per capita* de quase 5 mil unidades.

Não há dúvida de que a divisão do trabalho e sua popularização durante a Revolução Industrial conduziu a uma era de expansão econômica. No entanto, como o sociólogo Robin Leidner destaca, tendo começado

O PODER DO MENOS

na organização do trabalho nas fábricas, a abordagem logo foi aplicada a todos os tipos de atividade. Aumentar a especialização, mesmo entre trabalhadores do conhecimento, resultou em indivíduos que conheciam suas responsabilidades, mas ignoravam o que acontecia na esquina.

Se há um lugar nas organizações em que se esperaria que a especialização desse lugar a experiências diversas, é no topo, onde os executivos precisam entender e conectar áreas diferentes. No entanto, a divisão do trabalho dificultaria o desenvolvimento das habilidades variadas necessárias para liderar. Assim, indivíduos que conseguem desenvolver uma gama de experiências são bem-remunerados.

Uma equipe de pesquisadores liderada pela professora de finanças Cláudia Custódio, do Imperial College London, analisou currículos de executivos de empresas pequenas, médias e grandes com capital aberto para investigar em que medida eles seguiam a regra do multi-c. Foram compilados dados de 4.500 CEOs que, juntos, haviam ocupado 32,5 mil cargos, permitindo construir um índice da diversidade de experiências resumido em cinco itens: posições que representassem experiência em áreas diferentes, como produção, marketing e recursos humanos; empresas em que trabalharam; amplitude da experiência no setor; experiência prévia com o pensamento do tipo global e experiência em trabalhar em empresas diversas do ponto de vista operacional.

Havia uma diferença radical na remuneração. Executivos multi-c ganhavam 19% a mais, o que se traduzia em cerca de US$ 1 milhão extra por ano. O incremento aparecia em vários setores, mas os pesquisadores descobriram um fator que tornava o pacote salarial ainda maior. Quando as exigências do trabalho envolviam tarefas complexas, como fusões, aquisições ou choque de setor – o tipo que a pesquisa de Macnamara aponta como mais difíceis para especialistas –, executivos multi-c ganhavam até 44% a mais.

Assim como executivos muito bem-remunerados por adotar a regra do multi-c, muitas vezes nos vemos em situações complexas que poderiam se beneficiar de uma gama ampla de experiências. Em seu livro *A whole new mind*, Daniel Pink escreve: "Enquanto o conhecimento detalhado de uma única área antes garantia o sucesso, hoje as maiores remunerações vão para os que conseguem operar com igual serenidade em âmbitos muito diferentes". Porém, para quem não está no topo, a constatação de Pink revela-se uma dificuldade, porque Adam Smith estava certo. A divisão de trabalho aumenta a produtividade das organizações em grandes saltos, ao forçar os indivíduos a buscar especialização crescente em vez de experiências diversificadas. Isso beneficia as operações contínuas das organizações – elas podem construir, vender e oferecer mais serviços, como a fábrica de alfinetes do exemplo de Adam Smith –, mas torna mais difícil para os profissionais aprender o que precisam para desenvolver-se em termos pessoais e contribuir com as empresas em desafios complexos.

Há, no entanto, uma boa notícia. Os especialistas podem aprender a adotar uma postura de outsider. Aprenderemos agora como levar o foco que resolve problemas do tipo especializado para um ambiente mais amplo. Ao colocar a expertise na conta, expandimos possibilidades para nós e para os outros.

DÊ UM PASSO PARA FORA DE SEU MUNDO

Em 24 de março de 1989, o *Exxon Valdez* encalhou em Prince William Sound, Alasca, derramando mais de 37,4 mil metros cúbicos de óleo no habitat antes intocado de aves, salmões, focas e lontras marinhas. O acidente foi uma das maiores catástrofes provocadas pelo homem, e os resíduos permaneceriam presentes por décadas. Na sequência do incidente trágico, o Congresso dos Estados Unidos criou o Oli Spill Recovery Institute (OSRI) para buscar a melhor maneira de evitar que outros derramamentos de óleo se tornassem desastres devastadores como este.

Como gestor do programa de pesquisa do OSRI, o trabalho de Scott Pegau era encontrar soluções para problemas futuros. O episódio do *Valdez* lhe ensinara que uma das prioridades mais prementes era lidar com o óleo semicongelado. Nas águas do Ártico, a substância se mistura com a neve, virando um composto semilíquido gelado, o que torna sua recuperação segura quase impossível. Infelizmente, os especialistas tinham ficado sem ideias.

O PODER DO MENOS

Sem solução à vista, Scott Pegau recorreu à InnoCentive, a mesma companhia estudada por Jeppesen e Lakhani, para ver se a variada base de solucionadores de problemas chegaria a uma solução. Ele ofereceu um prêmio de US$ 20 mil para a melhor proposta e abriu o concurso para especialistas e outsiders.

John Davis, um químico de Bloomington, Illinois, não entendia muito de derramamentos de óleo nem do negócio de energia. Porém, tivera um emprego de verão despejando concreto, e aprendera sobre vibradores que recuperam o fluxo do concreto quando o material começa a endurecer e para de fluir. Davis se perguntou se a mesma abordagem poderia quebrar a mistura gelada de óleo, permitindo que continuasse a escorrer. Por ser uma pessoa de fora do meio, apresentou uma solução que os especialistas nunca vislumbraram.

Depois de avaliar mais de 20 propostas, Pegau declarou Davis vencedor e reconheceu: se o desafio pudesse ser "resolvido por pessoas da indústria, teria sido resolvido pelas pessoas da indústria... Às vezes você se pergunta: 'Por que não pensei nisso?'. Estou feliz de termos perguntado para outra pessoa". Scott Pegau fez algo que raramente se faz – recorreu à ajuda de outsiders. John Davis não era especialista em recuperação de óleo, mas sabia algo que Scott Pegau e outros experts no assunto não sabiam. Separados tanto pelas diferenças de antecedentes profissionais quanto pela distância entre suas moradias, os dois homens se juntaram devido ao que os sociólogos chamam de pequenos mundos. Vivemos em bolsões autocontidos de conhecimento, relacionamentos e recursos, mas não é preciso muito esforço para dar um passo para fora e conectar dois ou mais pequenos mundos.

Nenhuma organização ou grupo de indivíduos é mais habilidosa para fazer isso do que a IDEO, empresa de design de produtos sediada na Califórnia. Andrew Hargadon e seu colega Robert Sutton passaram vários anos à frente do trabalho de campo na empresa. Eles entrevistaram e observaram funcionários para entender como criavam soluções engenhosas para problemas difíceis. A pesquisa apontou um caminho claro: a IDEO se organiza para ajudar os funcionários a tornar o mundo menor compartilhando expertises desconhecidas de uma área para outra.

A empresa e seus profissionais emprestam soluções de determinados problemas e as usam para resolver desafios em situações diferentes. Hargadon e Sutton descrevem quatro passos críticos para criar uma cultura que permita às pessoas levar seus recursos a outros âmbitos.

Primeiro: explorar o mundo ao redor. Abrace a regra multi-c para construir um banco de dados mental de ideias – não para servir a uma meta específica, mas para satisfazer uma curiosidade. Na IDEO, os funcionários visitam lugares como lojas de ferragens, o Hall da Fama da Barbie e cemitérios de aviões. Essas excursões podem parecer estranhas, mas esse é justamente o ponto. Não são feitas para ensinar algo específico, mas para sofisticar a maneira como pensam sobre o mundo. Outsiders não agem segundo as mesmas convenções de especialistas, então, em vez de se concentrar em um corpo tradicional de conhecimento sobre um tópico, eles acionam uma rede ampla, incorporando o conselho de Thomas Edison: "Para inventar, você precisa de uma boa imaginação e de um monte de tralhas".

Segundo: certificar-se de que os recursos permaneçam acessíveis e presentes na mentalidade das pessoas. É fácil esquecer o que se sabe e negligenciar o que se tem, o que nos impede de fazer conexões entre recursos usados em uma situação e problemas que se apresentam em outros contextos. Na IDEO, a empresa usa a metáfora do acervo museológico. Eles têm curadores para catalogar e alimentar de um conjunto variado de materiais de projetos anteriores – protótipos, desenhos, equipamentos e memorandos. Alguns indivíduos gostam de se apropriar de recursos para proveito próprio, ao passo que outsiders dependem do compartilhamento de ideias para continuar aprendendo.

Terceiro: usar o raciocínio analógico. John Davis enxergou o desafio da recuperação do óleo relacionando-o ao fluxo do concreto, abrindo a possibilidade de usar uma experiência sem correlação direta para resolver o que se revelou ser um problema semelhante.

Na IDEO, o espaço de trabalho aberto permite que os funcionários tenham contato com os problemas uns dos outros, convidando-os a fazer conexões analógicas. Quando Hargadon e Sutton estavam reunidos com dois engenheiros que se dedicavam ao design de uma lâmina de barbear que também aspirava os pelos cortados, um colega que tinha ouvido a conversa apareceu com ideias oriundas de um desafio semelhante –afastar vapores de pele cauterizada por incisões feitas com bisturi elétrico. Ao usar analogias para fazer conexões com problemas semelhantes que aparentam ser diferentes, a organização e seus integrantes descobrem que já resolveram muitos dos problemas novos que aparecem.

Quarto: testar ideias com regularidade, esperando que a maioria fracasse. A IDEO coleciona insucessos em projetos passados, então testar novos usos acaba sendo bem barato. Ocorre, porém, que achamos difícil abandonar ideias devido à escalada do comprometimento que abordamos no Capítulo 2, mesmo diante de evidências de que elas não funcionam.

Ao dar um passo para fora, as pessoas descobrem a riqueza do que já têm. Os desafios de curto e longo prazos se tornam administráveis uma vez quebradas as barreiras que limitam o movimento de recursos entre áreas. Outsiders desempenham esse papel, mas conseguimos ganhar com a experiência deles, mesmo sem sermos assim.

OS ESPECIALISTAS TAMBÉM DEVEM OBTER EXPERIÊNCIAS DE FORA

Um obstáculo para seguir o caminho de outsider é que existem bons motivos para aprofundar a experiência. É difícil ser um médico, contador, advogado ou arquiteto competente sem trabalhar muitas horas. As forças educacionais, ocupacionais e organizacionais da divisão do trabalho também nos forçam a buscar expertise. No entanto, é crítico – até para especialistas – adotar essa conduta e as organizações – sejam elas empresas, governos ou escolas – devem encorajar esse tipo de esforço.

Sair do ambiente em que normalmente circulamos é o primeiro passo; os especialistas mais bem-sucedidos também seguem a regra multi-c. Eles buscam uma posição próxima o suficiente para ser relevantes, mas adequadamente afastada para permanecer livres da ortodoxia que restringe as pessoas em um mundo limitado e insular. Story Musgrave estudou literatura; cientistas vencedores do Prêmio Nobel tendem a gostar de artes. Pesquisadores descobriram que cientistas de ponta apresenta-

JÁ PRA FORA

vam uma probabilidade maior de envolver-se em artes em comparação com cientistas em geral ou com o público como um todo. O presidente do conselho do Google, Eric Schmidt, recomenda uma retomada do desenvolvimento de interesses múltiplos: "Precisamos unir arte e ciência novamente", como nos tempos em que "as mesmas pessoas escreviam poesia e construíam pontes". Uma pesquisa recente financiada pela Association of American Colleges and Universities descobriu que a maioria dos gestores que contratam busca a ampla experiência dos outsiders lado a lado com o conhecimento específico de uma graduação.

Buscar aprofundamento *e* diversidade pode parecer assustador, mas há especialistas que procuram ambas as abordagens naturalmente. Um dos cinco grandes traços de personalidade – as dimensões amplas que os psicólogos usam para classificar diferenças inatas – é denominado abertura à experiência e corresponde ao interesse de ter experiências diversas apenas pela vivência em si. Para medir a abertura à experiência, os pesquisadores pedem aos participantes que se classifiquem em escalas ancoradas por adjetivos opostos, tais como simples/complexo, interesses especializados/interesses amplos, conformado/independente e tradicional/não tradicional. Indivíduos fechados obtêm conforto no que lhes é familiar, e se identificam com a primeira palavra de cada par. Indivíduos abertos tendem a gravitar em torno da segunda palavra e buscam o pouco familiar, o que os leva a buscar uma diversidade de experiências além de seus pequenos mundos, o que enriquece seu modo de pensar dentro desses mesmos ambientes.

Às vezes as circunstâncias também nos levam a viver experiências em vários pequenos mundos. Precisamos mudar de cidade ou trocar de trabalho. Viajamos a lugares pouco familiares e encontramos novidades. Em um estudo recente, pesquisadores catalogaram as experiências culturais de indivíduos – tipo de criação pela família, linguagem, restaurantes e músicos favoritos e formação dos amigos mais próximos. Avaliaram então o nível em que os participantes conseguiam chegar ao pensar em um presente para um conhecido. Os que tinham uma formação cultural mais diversa pensaram nos presentes menos típicos, como poesia, enquanto os que tinham formações mais homogêneas optaram por presentes tradicionais, como chocolate. O estudo mostra que seja por escolha, seja por circunstância, quem cresce e vive em contextos diversos pensa nos recursos de maneiras menos típicas.

Em outras ocasiões, é preciso fazer um esforço consciente para buscar novas experiências, mas não é preciso ter vários diplomas como Story Musgrave. Viagens temporárias para fora de nossos pequenos mundos podem ser períodos intensos de novas atividades, como ler sobre outra área do conhecimento, adotar um novo hobby ou conversar com pessoas de formação diferente da nossa. A pesquisa mostra que experiências desse tipo ajudam no trabalho. Em uma pesquisa, 179 gestores seniores de uma grande empresa de seguros responderam a perguntas sobre em que medida usavam experiências fora de sua expertise principal, em especial hobbies e outras não relacionadas ao emprego, para ajudá-los nos desafios do âmbito profissional. O próximo passo da investigação foi perguntar aos participantes e a seus colegas sobre o uso que os primeiros faziam dos recursos. Quanto mais diversificadas as experiências extras, mais criativas as pessoas eram no trabalho.

INCORPORE OUTSIDERS

Neste capítulo, discutimos duas abordagens diferentes quanto ao uso da experiência para chegar ao sucesso. Na primeira, ganha-se experiência em um conjunto limitado de atividades para adquirir expertise; na segunda, enfatiza-se a amplitude de experiências. As pessoas com mais treinamento, credenciais mais sólidas e melhores conexões nem sempre têm mais êxito, e a diversidade de experiências é uma maneira de explorar os recursos. Tentar ganhar profundidade de experiências e, ao mesmo tempo, seguir a regra multi-c é, sem dúvida, algo difícil; por essa razão, é importante ter por perto outsiders, ou seja, indivíduos "de fora" de determinada área ou áreas. Sendo natural preferir a companhia de pessoas parecidas, é preciso fazer um esforço consciente para estabelecer relacionamentos pessoais e profissionais com quem tem vivências diferentes das nossas; também é necessário dar um salto mental para reconhecer que, às vezes, quem sabe menos contribui mais em equipes.

É difícil encontrar os Gavin Potters do mundo e, mais difícil ainda, incluí-los em nossa atividade profissional, mas os resultados compensam. Mesmo incluindo a abordagem comportamental de Gavin Potter no Prêmio Netflix, o cientista da computação Yehuda Koren e os estatísticos Robert Bell e Chris Volinsky não conseguiram resolver o desafio final do concurso. O trio se combinou com outras equipes para diversificar ainda mais. "Embora parecesse óbvio juntar esforços com um grupo que estava indo bem", pensaram, "não haveria ganho algum se os dois times se limitassem a reproduzir os métodos um do outro". Eles incorporaram ainda mais outsiders para vencer, e ensinaram uma lição importante: o valor dos recursos aumenta dramaticamente quando unimos forças com outsiders.

CINCO

HORA DE AGIR

PORQUE ÀS VEZES ATUAMOS MELHOR SEM UM ROTEIRO
(E SEM TODO O TEMPO E DINHEIRO DO MUNDO)

Um aspirante a diretor de cinema de 23 anos chamado Robert Rodriguez esperava nervoso por resultados de exames médicos em um hospital, em um dia de primavera em 1991. Ele era saudável, mas queria ser selecionado para participar de um estudo farmacêutico no qual ficaria confinado em um hospital por um mês tomando medicamentos experimentais. Com o dinheiro do pagamento pretendia bancar a produção de um filme. Não era muito – mal chegava a US$ 3 mil –, mas, como ele declarou: "Se você se mata para ganhar seu dinheiro, quero dizer, se mata de verdade, fica muito cuidadoso na maneira como o gasta". Aprovado na triagem, vestiu o uniforme que usaria durante o estudo – calça verde de elástico e camiseta vermelha – e ficou conhecido apenas como Vermelho 11.

Os gestores do projeto distribuíram os participantes em grupos organizados por cor. Todos ficariam confinados, mas os indivíduos de camiseta vermelha tinham alguns privilégios. O mais valioso e cobiçado era a recreação ao ar livre. A dieta deles, longe de ser gourmet, também chamou a atenção dos participantes de camiseta azul-petróleo, cujas restrições calóricas os levaria a assaltar a despensa e barganhar entre si por batata chips. Entre exames de sangue diários e intervalos organizados para usar o banheiro, Rodriguez escreveu o roteiro de

El Mariachi, filme em espanhol sobre um músico itinerante que é confundido com um bandido chamado Azul, célebre por carregar armas em um estojo de violão.

Quando o estudo farmacêutico terminou e Rodriguez recebeu o pagamento, dedicou-se de imediato a preparar a filmagem, adotando uma abordagem que passou a representar um estilo muito diferente de fazer filmes. A indústria de Hollywood é conhecida por perseguir sempre mais. Produtores abordam investidores oferecendo-lhes elencos estelares, equipamentos de ponta, efeitos especiais, sets elaborados e equipes enormes, recursos que são considerados condição para se obter bons resultados. Rodriguez calculou que, caso seguisse o caminho convencional de produção, precisaria de ao menos US$ 100 mil, um monte de contatos no setor e muito mais experiência.

Ele optou por algo diferente. Fez uma lista do que já tinha disponível – o sítio de um amigo, um pit bull, camisinhas para encher de sangue falso, luminárias de escritório combinadas com equipamentos de iluminação profissional, uma cadeira de rodas na qual se sentaria segurando a câmera em vez de movimentá-la com um dolly, e um cara que conhecera no hospital, a quem daria um papel-chave no elenco.

Rodriguez fez praticamente tudo, exceto atuar no filme, servindo de roteirista, câmera, editor, designer de som e assistente de produção. "Mesmo sem saber direito o que fazer, eu tinha de começar", ele lembra. "Você só vai ter ideia do que acontece depois de começar. Tem de agir primeiro antes que a inspiração bata. Não dá pra esperar pela inspiração e depois entrar em ação, senão nunca vai acontecer." O diretor mergulhou fundo e encontrou sua inspiração. Esperar pelos recursos "certos" só teria atrasado, ou até comprometido, a realização do filme.

Durante as filmagens, Rodriguez com frequência saía do roteiro. Para alguns realizadores, mudanças improvisadas poderiam atrasar a produção, mas ele as transformou em ajustes positivos que melhoraram o filme. Para ele, fazer os recursos renderem permitiu-lhe "obter algo muito melhor do que se eu tivesse todo o tempo e dinheiro do mundo".

Em uma cena, Rodriguez usou uma metralhadora emprestada de um policial da cidade de fronteira mexicana onde produziu o filme. Ele carregou a arma com balas de festim e imaginou Azul aspergindo balas. A arma, porém, travava sem munição de verdade. Para evitar o custo de comprar uma que funcionasse, mudou a maneira de apontar a câmera. Depois de filmar uma tomada de Azul disparando um tiro, ele fez uma panorâmica rápida para mostrar as pessoas atingidas e depois adicionou os efeitos sonoros de uma arma disparando furiosamente. Como o item de maior custo da produção foi a película, ele usou a edição para dar sentido a tudo que a câmera captou, transformando erros em modificações na história ao mesmo tempo em que dava ao filme um ritmo acelerado que impressionou os críticos. Ele conta: "Você acaba trabalhando com o que tem".

Ao observar e aproveitar o entorno o tempo todo, Rodriguez capitalizou os recursos que surgiam inesperadamente. Ao voltar de um dia de filmagem, passou por uma barraca que vendia água de coco para beber com canudinho. Achou que daria uma boa cena, mas não a planejara. Isso não o deteve. Filmou o personagem principal, El Mariachi, comprando uma bebida gelada para aplacar a sede assim que o músico colocou os pés na cidade. A cena funcionou, mas Rodriguez cometeu um erro crítico. Esqueceu de filmar o sujeito pagando pela bebida. Em vez de refazer a cena, mudou a história – todos os visitantes da cidade eram recebidos com água de coco grátis.

Depois de concluir a produção, o filme foi apresentado ao mercado de filmes falados em espanhol e recebeu uma oferta verbal de US\$ 25 mil pela distribuição. Não era um pagamento enorme, mas o ajudaria a financiar o próximo filme, no qual partiria do que tinha aprendido e daria mais um passo rumo a seu objetivo de fazer carreira como diretor.

Em Los Angeles, enquanto esperava para formalizar o acordo, folheou uma lista telefônica. O fato de ser desconhecido, contar com pouca experiência e não ter conexões profissionais não o impediria de tentar chamar a atenção de uma das agências de talentos mais prestigiadas do mundo. Então ele ligou, do nada, para o escritório do agente Robert Newman. Depois de vender a ideia a um assistente, Rodriguez encaminhou um trailer de *El Mariachi*, torcendo para receber boas notícias.

Três dias depois, o telefone tocou. As notícias eram animadoras. Newman adorara o trailer e queria saber quanto a produção tinha custado. Quando Rodriguez respondeu que gastara cerca de US$ 7 mil, Newman ficou impressionado com o jovem prodígio e contou que a maioria dos trailers exigia entre US$ 20 mil e US$ 30 mil – sem se dar conta de que seu interlocutor informara que US$ 7 mil havia sido o custo do filme *inteiro*.

Foi bom o distribuidor de vídeo espanhol nunca ter feito o pagamento prometido pelo filme. Newman assinou com o diretor desconhecido, que se tornou seu cliente, e logo *El Mariachi* estava em avaliação em todos os grandes estúdios de cinema. A Columbia Pictures superou os concorrentes ao comprar o filme por cerca de meio milhão de dólares. Os resultados impressionantes surpreenderam Rodriguez e o convenceram de que a produção de filmes bem-sucedidos pode acontecer fazendo os recursos renderem, sem a perseguição de recursos típica.

Inicialmente, a Columbia pensou em refazer *El Mariachi* com mais equipamentos, atores mais experientes e uma equipe maior. O time original era tão pequeno que Rodriguez acrescentou nomes fictícios aos créditos finais para dar à produção a legitimidade de um grande projeto. Os executivos do estúdio tendiam a achar que os filmes de Hollywood precisavam de uma infinidade de recursos, mas também se deram conta de que o domínio exibido por Rodriguez se originava no modo como colocara em uso tudo o que tinha, criando um estilo diferenciado e autêntico que grandes somas não poderiam comprar.

A bilheteria chegou a US$ 2 milhões. Não foi um blockbuster, mas seu sucesso ajudou Rodriguez a avançar na carreira em Hollywood. Ele foi contratado para escrever, dirigir e editar uma sequência de *El Mariachi*, intitulada *Desperado* (No Brasil, o título é *A balada do pistoleiro*), estrelada por Antonio Banderas. Rodriguez continuou a entregar mais filmes lucrativos aclamados pela crítica, o que lhe permitiu escolher seus projetos. Talvez ainda mais importante, pôde recusar ofertas para fazer blockbusters como *X-Men* e *O planeta dos macacos* porque, em seu modo de pensar, não seriam divertidos de realizar. Os orçamentos agigantados acabariam com a satisfação inerente de fazer filmes de maneira engenhosa. Como ele diz: "Uma pessoa criativa sem dinheiro e com imaginação ilimitada pode fazer um filme melhor do que um magnata sem talento e com recursos ilimitados. Tire proveito de suas desvantagens, exiba os poucos recursos que você pode ter e trabalhe mais que todos à sua volta".

A abordagem engenhosa de Rodriguez na direção de filmes não significava que ele sempre precisava recusar projetos ambiciosos. Mostrava apenas que queria ditar as regras. Inspirado em sua infância, ele escreveu, dirigiu, editou e ajudou a filmar a trilogia *Pequenos espiões*, que rendeu mais de US$ 300 milhões. Os orçamentos desses filmes superaram suas outras produções, mas os custos eram mínimos em comparação com filmes típicos do gênero. "Parece um filme caro, mas são truques mágicos. Eu o editei na garagem", revelou. Quando ele quis que George Clooney fizesse uma ponta como presidente no último título da série, apareceu na porta da casa do ator com uma câmera de vídeo e filmou a cena na sala de estar.

Ao colocar em ação todos os recursos disponíveis, incluindo aqueles que sequer pareciam sê-lo à primeira vista, Rodriguez fez filmes que são sucesso de crítica e público – e que também têm algo mais. Em sua própria avaliação, ele é "o único cara que realmente gosta de estar nesse negócio".

Neste capítulo, revelarei como o estilo de direção de Robert Rodriguez é uma orientação útil para projetos profissionais e pessoais, pois ensina a agir com o que se tem para conquistar metas – com diversão inclusa. Por mais que isso pareça objetivo – lidar com os recursos disponíveis *versus* os recursos que parecem ser necessários –, é difícil de pôr em prática. Por quê? Devido ao pendor que nutrimos pelo planejamento – uma das mais importantes, mas também mais limitadoras ferramentas da vida moderna. Sem dúvida, planejar é de imensa utilidade, mas perceberemos quando isso diminui nosso ritmo e até força o desvio de curso.

É frequente atribuir o sucesso ao ótimo planejamento, esquecendo que o maior determinante de desempenho é *o que fazemos*, não o que planejamos fazer. Alguns se jogam e vão em frente; outros são mais hesitantes e dependentes de estudo meticuloso. Examinaremos a psicologia subjacente que controla as tendências para planejar ou agir e entenderemos como mudá-las.

Em seguida, aprenderemos por que o planejamento nos impede de ouvir e observar o entorno, dificultando o uso dos recursos. Uma mudança de atitude nos ajuda a perceber o potencial que pode ser empregado de imediato.

Terminaremos este capítulo apresentando uma alternativa ao planejamento: a improvisação. Ao ficar mais à vontade com essa técnica, ganhamos liberdade para fazer render os recursos e lidar com as mudanças inevitáveis que enfrentamos o tempo todo.

OS PERIGOS DO PLANEJAMENTO

A data de 17 de setembro de 1862 ficou marcada pela primeira grande batalha da Guerra Civil Americana em território da União, em Sharpsburg, Maryland, que também foi o dia de confronto mais sangrento da história do país, resultando em mais de 22 mil mortos, feridos e desaparecidos. A Batalha de Antietam deu-se entre o exército de 55 mil homens de Robert E. Lee contra o de 75,5 mil liderado por George McClellan. Lee marchou para o norte para invadir Maryland e logo encontrou McClellan, uma mente militar brilhante, orador da turma na Academia Militar de West Point e planejador metódico.

Quando o exército de McClellan se posicionou para interceptar as tropas confederadas, dois soldados fizeram uma descoberta que tinha o potencial de mudar a batalha: encontraram uma cópia dos planos detalhados de Lee – a Special Order 191 – embrulhando três charutos. O documento indicava que ele dividira seu exército e cada parte ficara vulnerável ao ataque rápido das forças de McClellan, mais numerosas. Seria a chance do Norte de obter uma vitória decisiva que poderia encerrar a guerra, mas só se o general agisse rápido.

O problema era que McClellan sempre parecia ter uma razão para retardar os movimentos e passava muito mais tempo planejando do que combatendo. Antes, naquele mesmo ano, o presidente Lincoln ficara tão frustrado com a inação do general que lhe enviou um telegrama de advertência: "Se o general McClellan não quiser usar o exército, gostaria de tomá-lo emprestado por um tempo".

Em Antietam, McClellan recuou para planejar como capitalizar a descoberta dos planos, uma mina de ouro do ponto de vista da inteligência militar. Quando relatos revelaram que havia tropas inimigas em áreas não contempladas na Special Order 191 de Lee, ele ficou desconcertado com o fato de que o inimigo não seguia os próprios planos. Dezoito horas críticas se passariam até que o general sentisse que tinha um plano de batalha. Nesse ínterim, Lee ordenou a seus soldados que recuassem, o que eliminou a vantagem de McClellan no dia anterior.

A Batalha de Antietam enfraqueceu o exército de Lee, mas ele conseguiu voltar para a Virgínia por causa da lentidão das forças de McClellan. O golpe arrasador pelo qual o presidente Lincoln tanto ansiava não aconteceu, então ele pressionou McClellan a ir atrás de Lee até a Virgínia. O presidente foi visitar o general, esperando instigá-lo a se movimentar. Durante o encontro, os dois deveriam ser fotografados juntos, e Lincoln, zombeteiro, escreveu à esposa: "O general McClellan e eu seremos fotografados amanhã de manhã, se conseguirmos ficar sentados tempo suficiente. Sinto que não haverá problema para o gen. M.". Por seis semanas, McClellan se recusou a ir atrás do exército vulnerável de Lee, apresentando inúmeras razões: tropas cansadas, terreno desconhecido, um rio profundo demais para atravessar (mas não o suficiente para o exército inimigo, que avançou com armas quebradas, muitos soldados descalços, e alguns cobertores e carroças). Lincoln, irônico, questionou a capacidade do militar. "O general é um bom engenheiro, mas parece ter um talento especial para desenvolver um engenho 'estacionário'", observou. Ele perguntou a McClellan: "Não está sendo cauteloso demais quando assume que não consegue fazer o que o inimigo faz o tempo todo? Não deveria tentar ser pelo menos igual em proeza e agir de acordo?". Lincoln acabou demitindo o general.

Diz o bom senso que nunca se está suficientemente preparado. O planejamento indica uma rota que qualquer um pode seguir e se legitimiza ao mostrar que os detalhes foram analisados à exaustão. Apesar disso, o caso do general McClellan ilustra que o perigo espreita no planejamento; em excesso, ele impede a ação.

Gostamos de planejar porque isso nos conforta. Aprendemos a fazê-lo no jardim da infância, e isso vai sendo reforçado e praticado até a idade adulta. As pessoas planejam tudo, do lazer nos fins de

O PODER DO MENOS

semana à aposentadoria. As organizações adoram planejar – desde objetivos de curto prazo a percursos de longo prazo. Tanto o executivo que vislumbra uma nova estratégia quanto o gestor de nível médio que lidera uma mudança ou uma família que programa as próximas férias tendem a acreditar que os melhores resultados são frutos de um planejamento cuidadoso.

Quando os recursos – incluindo tempo e informação – são abundantes, o planejamento pode fazer maravilhas. Mesmo assim, até as organizações e as pessoas mais abastadas precisam fazer conjecturas sobre variáveis desconhecidas: os movimentos que os concorrentes farão, a porcentagem de clientes que comprarão um novo produto ou a probabilidade de conexão com novos colegas ao mudar de emprego. Confiamos nessas suposições para planejar o futuro, esquecendo sua fragilidade. Se não gostamos da conclusão a que chegamos, ajustamos as premissas até obter o resultado desejado de início – o que permite, por exemplo, transformar magicamente um produto novo e não lucrativo em um sucesso simplesmente ajustando a quantidade de unidades que achamos que os consumidores comprarão.

Para superar pontos fracos potenciais em nossos planos gastamos mais tempo buscando respostas no âmbito do desconhecido. Porém, tal meticulosidade só atrasa ainda mais a ação. Nesse ínterim, as circunstâncias podem ter mudado radicalmente. O cenário imaginado não existe mais, e nos autoenganamos ao acreditar que era real apenas porque estava no planejamento.

O desejo de planejar tem origem em uma troca (*trade-off*) que acreditamos ser inevitável: velocidade *versus* precisão. Quando precisamos de ação rápida, estamos dispostos a desprezar algumas alternativas possíveis, limitar a informação que levamos em consideração e apressar a análise sobre o melhor caminho. Podemos não chegar à melhor resposta, mas ninguém nos criticará por um discurso de vendas improvisado ao encontrar um potencial cliente no elevador ou preparar uma refeição com sobras do que comemos no dia anterior quando chegamos tarde em casa.

Por outro lado, quando precisamos abordar questões mais críticas, tendemos a buscar precisão em vez de velocidade – é aí que somos seduzidos pelo excesso de planejamento. Levaremos o tempo que for necessário para planejar o orçamento de cinco anos da empresa, alocar grandes investimentos para novos produtos ou decidir que casa comprar. Em muitas organizações, departamentos inteiros confiam em ferramentas sofisticadas de planejamento para tomar as decisões cruciais que supostamente levarão a melhores resultados. O problema é que, com frequência, isso não acontece. Em uma análise envolvendo 2.496 organizações, pesquisadores descobriram apenas uma correlação modesta entre planejamento e performance organizacional.

Por que os profissionais do planejamento, aqueles nos quais as empresas mais apostam, falham, mesmo utilizando muitos recursos? A culpa é do *trade-off* velocidade *versus* precisão.

A professora da Stanford University, Kathy Eisenhardt, realizou uma pesquisa qualitativa e quantitativa profunda em oito empresas de informática para descobrir como agiam em relação a esse tipo de *trade-off*. Ela entrevistou diretores e gerentes, coletou dados de enquetes e analisou relatórios do setor e arquivos das empresas e encontrou algo bastante surpreendente. Em vez de confiar em pouca informação e considerar menos opções, Eisenhardt descobriu que as equipes de liderança que tomavam as decisões mais rápidas confiavam em *mais* informações e em um número *maior* de alternativas – o oposto do que somos levados a crer frente ao *trade-off* velocidade *versus* precisão.

Para decifrar o mistério, Eisenhardt retornou aos dados e descobriu diferenças no tipo de informação que os executivos de ação rápida usavam. Eles focavam no presente, confiando em dados em tempo real sobre suas operações e concorrentes. As equipes mais lentas gastavam tempo e energia significativos tentando imaginar como seria o futuro, gerando estimativas sobre eventos difíceis de predizer. Quando chegava a hora de calcular o desempenho, as empresas mais rápidas tinham resultado melhor do que os concorrentes em termos de vendas, retorno sobre vendas (lucros divididos por vendas) e percepção dos executivos e dos concorrentes.

Para quem endossa o planejamento meticuloso, esses resultados são intrigantes. Como era possível um desempenho melhor sem utilizar tais ferramentas? A resposta é bem simples.

Aprendemos fazendo. Quando planejamos, não agimos, retardamos ações e especulamos sobre um futuro que pode ou não existir. Os executivos de melhor desempenho na pesquisa de Eisenhardt permaneciam no presente e desenvolveram a capacidade de se adaptar com rapidez. Como as organizações e as pessoas que ela estudou operavam em ambientes turbulentos, o futuro era menos previsível, o que tornava o planejamento menos útil. Quando as regras do jogo mudam com rapidez, agir e aprender o tempo todo torna-se muito mais importante.

Quer conhecer outro benefício inesperado para quem responde rápido? Há menos investimento político, psicológico e econômico quando não se segue um plano, o que permite responder a qualquer informação disponível, em vez de se comprometer a permanecer na rota prevista. Podemos achar que o planejamento é à prova de falhas e intimidar os demais (e a nós mesmos) a segui-lo. Porém, até os planos mais bem-desenhados são incompletos, fato que pode ser mascarado se acreditamos, em geral de maneira equivocada, que entendemos tudo de antemão. Ao permitir possibilidades múltiplas, evitamos o tipo de escalada de comprometimento que abordamos no Capítulo 2, na qual as pessoas se mantêm irracionalmente fiéis ao planejamento e até investem mais nele, mesmo quando fica claro que não está funcionando. Em vez de recorrer a ele sem questioná-lo, às vezes é preciso agir e fazer o que tem de ser feito.

FAZER O QUE TEM DE SER FEITO

O poeta e imunologista tcheco Miroslav Holub documentou a história notável de um grupo de soldados húngaros em uma missão de reconhecimento que se perdeu nos Alpes. Como Holub relata, o frio e a neve dificultaram a orientação na volta da expedição. Dois dias se passaram sem notícias, e o tenente achou que tinha conduzido seus homens ao túmulo. Então, no terceiro dia, os soldados retornaram ilesos. Aliviado, mas intrigado com o feito, o tenente perguntou como tinham feito para voltar. Um dos soldados contou que encontrara um mapa no bolso. Quando o tempo melhorou, o grupo o usou para se orientar e retornar. O tenente pediu para examinar o mapa e ficou desnorteado. O documento representava uma cadeia de montanhas diferente – os Pirineus.

O professor de gestão Karl Weick concluiu a partir desse episódio que "qualquer mapa ajuda" quando perdemos as coordenadas. Mesmo cobrindo um território diferente, o mapa evitou que os soldados húngaros entrassem em pânico, fazendo-os prosseguir. Ao fazê-lo, entenderam os arredores e continuaram trocando ideias sobre a meta compartilhada – voltar em segurança ao acampamento. O valor do mapa não estava em sua precisão, mas no poder de catalisar a ação. Com frequência, creditamos o sucesso a nossos mapas profissionais e pessoais, mas, na maioria das vezes, são as ações que explicam as conquistas. O problema é que muitos gostam de permanecer no mesmo lugar, perdendo-se nos detalhes do planejamento ou, em especial no caso dos perseguidores, esperando que os recursos certos estejam disponíveis antes de agir.

Lutar contra a tendência à inércia foi algo que o executivo de publicidade Dan Wieden enfrentou em 1988. Sua agência, que começou no porão de um sindicato em Portland, estava em dificuldades. Equipado com pouco mais do que uma máquina de escrever emprestada e um telefone público, Wieden lutava para encontrar um slogan que unificasse vários spots de televisão para uma pequena marca de moda esportiva.

Depois de virar a noite trabalhando, Wieden finalmente achou que estava perto de uma solução ao se lembrar da morte de um conterrâneo do Oregon, Gary Gilmore, ocorrida uma década antes.

Em seu 35º aniversário, Gilmore já tinha passado metade da vida na prisão, com uma folha corrida que incluía furto, roubo e assalto a mão armada. Aos 36, ele cometeu seus últimos crimes, o assassinato brutal de um funcionário de posto de gasolina que também era recepcionista de motel. A sentença foi a pena de morte.

Ao contrário da maioria de seus pares no corredor da morte, Gary Gilmore não quis apelar. Seus advogados tentaram convencê-lo a reverter a condenação, mas ele resistiu. Quando sua mãe escreveu uma carta pedindo leniência, Gilmore veio a público pedindo que ela saísse do caminho de sua morte. Chamou o governador de "covarde moral" por suspender temporariamente sua execução enquanto os apelos eram analisados, e pediu "aos rabinos, aos pastores, à ACLU*[...] que dessem o fora".

Em 1977, Gary Gilmore se tornou a primeira pessoa a ser executada nos Estados Unidos em uma década. Suas últimas palavras – "Let's do it" (vamos em frente) – deram a Wieden o que ele precisava para concluir seu trabalho.

Wieden apresentou o slogan ao cofundador de seu cliente, Phil Knight, que respondeu: "Não precisamos dessa droga". A réplica de Wieden foi: "Confie em mim".

Foi bom que Knight tenha aquiescido, porque Dan Wieden acabara de criar um dos slogans publicitários mais bem-sucedidos do mundo, em todos os tempos. A campanha "Just do it" levou a Nike ao topo da indústria esportiva e forjou uma marca reconhecida globalmente tanto pelos esportistas que patrocina como pela chamada à ação.

Dan Wieden não se deu conta, mas sua campanha de marketing atingira uma área crítica de nosso modo de pensar – os mecanismos regulatórios, nada mais que as crenças e os estados de espírito que controlam o modo como pensamos e usamos os recursos para atingir metas. Quando agimos a partir de um mecanismo regulatório de planejamento, sentimos uma motivação forte para avaliar os usos potenciais de nossos recursos de modo abrangente. Procuramos o máximo de informação possível sobre escolhas diferentes para selecionar a melhor opção. Quando seguimos esse mecanismo, nunca ficamos satisfeitos com uma boa escolha; queremos a melhor, mesmo quando essa requer recursos imensos. Quando entram em ação, com

---

* N. E.: Sigla da American Civil Liberties Union, entidade fundada em 1920 que defende os direitos civis nos Estados Unidos.

frequência nos sentimos inseguros, nos arrependemos da escolha feita e nos perguntamos se haveria uma opção melhor. Também nos comparamos com os demais, invocando o instinto social tão caro aos perseguidores, mas perigoso – pois subverte a satisfação pessoal.

Por sua vez, se você tende a se jogar, está seguindo um mecanismo regulatório de ação. Nesse caso, a pessoa faz qualquer coisa para sair do status quo e se aproximar de suas metas, mesmo que exista uma maneira, em tese, melhor, ainda não descoberta.

Em um mundo em que o planejamento é colocado em um pedestal, o senso comum diz que uma pessoa que se vale do mecanismo de ação age de maneira descuidada, sem pensar muito. Pessoas que planejam, por sua vez, projetam imagens mais positivas – a pessoa cuidadosa que persegue metas com reflexão e obtém muito sucesso. A expectativa cultural é a de que o planejamento fornece o melhor, se não o único, caminho para a prosperidade – mas não é o caso.

Em um estudo com 70 funcionários de uma empresa italiana de computação, pesquisadores coletaram duas séries de dados com três meses de diferença entre cada uma. Na primeira fase, os participantes preencheram uma pesquisa para classificar seu mecanismo regulatório e em que medida eles eram motivados intrinsicamente (foco nas alegrias do trabalho) ou extrinsecamente (foco na recompensa do trabalho). Na segunda, preencheram formulários sobre esforço (quão duro trabalharam para atingir uma meta) e obtenção de êxito.

As pessoas que usavam o mecanismo de ação estavam muito estimuladas pelo trabalho e prestavam menos atenção às recompensas. Elas gostavam do que faziam, sem o peso de ter de descobrir a melhor maneira de todos os tempos de fazer o que quer que fosse. A motivação intrínseca as estimulava a se esforçar mais, aumentando a probabilidade de atingir as metas.

O grupo de planejamento, por sua vez, era mais calculista e focado na recompensa. A busca pela melhor escolha sugava a alegria de realizar o trabalho, o que levava as pessoas a despender menos esforço e as tornava menos propensas a atingir as metas.[1] Planejar gerava ansiedade e a preocupação de seguir o plano, além dos questionamentos sobre estar percorrendo o melhor caminho.

O PODER DO MENOS

Planejar reprime a ação porque tenta-se criar um plano perfeito, mesmo quando um plano adequado já seria suficiente. Quando se propôs a seguir uma carreira no cinema, Robert Rodriguez sabia que não precisava de um filme perfeito de estreia para se apresentar a Hollywood; ele só queria estar um pouquinho mais perto do seu sonho de fazer carreira como diretor. Em vez de esperar por mais recursos – um contato importante, mais dinheiro ou uma câmera melhor – ele fez um filme. Seria sábio seguir sua dica e começar a "dirigir" nossos próprios projetos.

Em um mundo em que o planejamento domina tantas áreas, em geral é bem difícil lançar-se em algo. Encontro essa relutância na sala de aula o tempo todo – seja ensinando novatos ou executivos seniores com décadas de experiência.

Não é surpresa, então, que quando peço aos alunos para imaginar que são capitães de uma enorme embarcação de carga de séculos atrás e precisam cruzar o oceano, eles imediatamente recorrem ao planejamento. Na falta de ferramentas atuais como GPS, telefone via satélite e outros equipamentos eletrônicos, peço que descrevam como empreenderiam a tarefa. A maioria apresenta uma resposta parecida. Estudariam mapas, procurariam a melhor rota antecipando ventos e correntes e traçariam uma rota. Eu mostro que navegar, assim como muitas situações de trabalho e da vida, leva a eventos incertos e resultados inesperados. A corrente pode mudar ou uma tempestade se formar.

Quando se veem diante dessas questões, meus alunos costumam responder que modificarão o plano original e então estabelecerão um novo curso, revisado. Sem saber, articulam os mesmos princípios adotados pelos navegadores europeus durante séculos. Segundo a abordagem europeia da navegação, a alta performance é resultado de um plano elaborado com cuidado, da obtenção dos recursos necessários, da implementação do plano, do acompanhamento do progresso e, se necessário, de uma reformulação. Essa abordagem é muito útil quando temos boas informações e tempo. Mas o que fazer se falta informação sobre o futuro? Ou se o futuro está sempre mudando? É aí que precisamos de uma outra maneira de navegar.

HORA DE AGIR

Em minha aula, argumento que há um modo muito diferente de resolver esse desafio da navegação. Falo para os alunos sobre os chuukeses os habitantes nativos da pequena Chuuk, nas Ilhas Carolinas, um dos Estados Federados da Micronésia. Eles têm meios muito diferentes de navegar os mares se comparados aos europeus. Não fazem um plano detalhado ou uma rota do curso. Os chuukeses começam com uma meta (tal como navegar até uma ilha) ou então simplesmente navegam, no sentido de se aproximar de seu objetivo. Quando navegam, observam como os movimentos que fazem interagem com o entorno e fazem ajustes que respondem às correntes e aos ventos. Se você perguntar a um capitão chuukês como ele planejou uma viagem em alto-mar, ele terá dificuldade em responder, pois não pensou no que ia fazer até viajar.

Subjacente ao estilo de navegação dos chuukeses está a mesma motivação que o gênio da publicidade Dan Wieden encontrou: um mecanismo regulatório de ação, ou seja, fazer.* Eles apenas navegam.

Mesmo se sua tendência natural for a de privilegiar o planejamento, é relativamente simples assumir uma orientação voltada à ação. Quando apresento os chuukeses para os meus alunos, peço a eles que pensem sobre como adotaram abordagens parecidas com a desses navegadores em algumas ocasiões. A ciência também corrobora a ideia de que podemos oscilar entre planejamento e ação.

Em um estudo, pesquisadores conseguiram alterar os mecanismos regulatórios de indivíduos, fazendo-os lembrar de ocasiões em que adotaram uma atitude de planejamento ou de ação. O instrutor orientou os participantes a escrever sobre três comportamentos diferentes que haviam adotado de maneira bem-sucedida no passado. Aleatoriamente, formaram grupos para a "ação" e pediram aos integrantes que lembrassem das vezes em que se portaram como "agentes", das vezes em que concluíram um projeto e não esperaram muito até começar um novo e das vezes em que decidiram fazer algo e estavam entusiasmados para começar. Também de maneira aleatória, formaram os grupos

---

* N. E.:"Just do it" no original, o slogan de Dan Wieden para a Nike.

· 107

de "planejamento". As pessoas deste grupo deveriam lembrar de ocasiões em que haviam se comparado com os outros, ocasiões em que refletiram sobre suas características positivas e negativas e ocasiões nas quais criticaram o trabalhou feito por outros ou por si mesmos. O simples exercício de refletir sobre as questões apresentadas colocou as pessoas em seus respectivos mecanismos, mostrando que, a despeito da preferência inata por um ou outro, podemos mudar nosso modo de agir sem dificuldade ao refletir sobre momentos em que abordamos situações de determinada maneira.

Sem dúvida precisaremos usar tanto a abordagem europeia como a chuukesa quando perseguimos metas. Porém, uma dependência excessiva da abordagem de planejamento, preferida pelos marinheiros europeus, cria problemas. É hora de ficar mais confortável com a abordagem chuukesa. Um bom ponto para começar é sondar as correntes e ventos nas situações que vivemos. Precisamos nos tornar melhores ouvintes e observadores.

POR QUE IGNORAMOS RECURSOS QUE ESTÃO BEM À NOSSA FRENTE

A primeira vez que ministrei um curso universitário percebi uma atitude que me deixou confuso. Quanto mais mãos se levantavam para questionar ou comentar, maiores eram as chances de a pessoa com a palavra repetir o comentário de quem acabara de falar. Eu não conseguia deixar de perguntar (para mim mesmo): "Você não ouviu o que seu colega acabou de dizer?".

Com algumas aulas a mais no currículo, descobri que a culpa era minha. Eu não estava dando a meus alunos a chance de ouvirem de fato. Em um esforço para administrar as muitas mãos que se erguiam, eu chamava um aluno para falar e, ao mesmo tempo, já escolhia os alunos que falariam em seguida. Pensei que isso ajudaria a administrar o fluxo constante de estudantes ávidos, mas, em vez disso, eu estava determinando uma ordem de fala – impondo um plano sobre como a conversa se desenvolveria. Em reuniões, a ordem de fala dos participantes pode ser pela posição que ocupam na hierarquia ou mesmo do lugar em que se sentam.

No entanto, ao estruturar as conversas assim, evitamos que as pessoas com as informações mais relevantes falem nos momentos mais apropriados, limitando a possibilidade de aproveitar o máximo dos recursos dos participantes – sejam informação, talentos, experiências, relacionamentos ou outro conhecimento.

Quando estabelecemos uma ordem de fala, encorajamos as pessoas a focar em se preparar para expor ideias, dificultando que ouçam os outros e consigam reunir em tempo real o tipo de informação crítica importante para organizações e equipes mais bem-sucedidas. Isso reforça o que já havia sido apontado pela pesquisa da professora Kathy Eisenhardt com empresas de computação.

Durante seus estudos de graduação em psicologia, Malcolm Brenner, ex-pesquisador do National Transportation Safety Board dos Estados Unidos, realizou uma experiência na qual também estabeleceu uma ordem de fala. Ele organizou uma mesa com cadeiras em volta. Sobre a mesa, em frente a cada cadeira, colocou seis cartões virados para baixo, impressos com uma única palavra selecionada entre as 500 mais comuns do inglês.

Os participantes viravam suas cartas e liam a palavra em voz alta, movendo-se em volta da mesa de um modo predeterminado. Depois de 25 palavras, as leituras paravam e eles tinham 90 segundos para escrever tantas palavras quanto lembrassem.

A maioria das pessoas recordou sem dificuldade as palavras que elas mesmas falaram. Também se saíram bastante bem registrando as palavras ditas por pessoas do outro lado da mesa. No entanto, a escuta dos participantes teve lapsos significativos associados a certos lugares. Eles tiveram dificuldade de lembrar as palavras ditas pelos vizinhos – as três pessoas que falaram imediatamente antes e depois delas.

Os participantes da experiência de Brenner, os alunos da minha classe e as pessoas em uma reunião precisam desempenhar dois papéis ao mesmo tempo: falar e ouvir. Ocorre que isso exige muita energia mental. Conforme se aproxima nossa vez, deixamos de ouvir por alguns segundos para preparar nossa fala, bloqueando involuntariamente a

O PODER DO MENOS

compreensão do que é dito pouco antes de nossa vez. Quando desviamos energia mental para planejar nosso desempenho – seja fazendo um comentário incrível em aula, seja levantando um ponto inteligente em uma reunião ou discutindo com nosso parceiro – paramos de processar informação em tempo real. Quando terminamos o planejamento e nos manifestamos, esses pontos podem ter se tornado irrelevantes, assim como ocorria com alguns dos comentários de meus alunos.

O estudo de Brenner também descobriu que precisamos de um período de tempo similar depois de falar para voltar ao modo ouvir. Essa fase de esfriamento permite refletir sobre nossa performance – foi bem recebida, teve impacto na conversa, o que dizer em seguida? Durante a recuperação, não percebemos como as pessoas reagiram ao que dissemos e deixamos de captar informações vitais que ajudam não só a avaliar nossa contribuição, mas também a compreender como ela pode nos ajudar a atingir objetivos.

É difícil ouvir os outros ou observar nosso entorno quando estamos seguindo um plano, em especial quando o entorno muda. Para avançar, precisamos nos tornar melhores ouvintes, o que é mais fácil se nos forçamos a agir na hora, sem um planejamento completo.

Nascida em 1906, Viola Spolin é considerada a mãe contemporânea do teatro de improvisação praticado inicialmente por volta de 391 a.C., pelos romanos. Spolin começou a trabalhar com crianças pobres do centro de Chicago em 1939, como parte do Works Progress Administration's Recreation Project. Os "jogos teatrais" que ela desenvolveu são usados para ensinar habilidades de representação em todo o mundo. Seu desejo inicial era ensinar crianças de bairros pobres a serem engenhosas. Mostrando-lhes como ouvir o que acontecia no entorno e como reagir com rapidez, Spolin ensinou-lhes a ter confiança e a se virar com os recursos disponíveis.

O filho de Spolin, Paul Sills, foi um dos cofundadores da Second City, uma das trupes de comédia mais respeitadas do mundo, berço de alguns dos maiores comediantes norte-americanos, como Bill Murray, John Belushi, Gilda Radner, Mike Myers e Tina Fey. Dessa forma, as técnicas de Spolin ganharam uma audiência maior, tendo alguns dos maiores artistas dos EUA como embaixadores.

Esses artistas hilários tiveram em comum o mentor Del Close, um professor de comédia de improviso desconhecido do grande público, ex-instrutor residente do *Saturday Night Live* e discípulo de Viola Spolin.

Del Close continuou o trabalho de Spolin para ajudar a transformar a comédia de improviso em uma arte mais construtiva. Em vez de se dedicarem a obter risadas fáceis, ele defendia que os intérpretes ouvissem com atenção um ao outro e fizessem conexões positivas entre personagens e temas. Ele queria que seus alunos mantivessem a ação em andamento criando em cima das histórias um do outro. Para discipliná-los nesse sentido, pedia que respondessem "Sim, e…" a tudo que um colega dissesse.

Quando ensino meus alunos a serem engenhosos, sigo o trabalho pioneiro de Viola Spolin, o refinamento feito por Del Close e sua prática atual, explicada em um livro recente dos antigos líderes do Second City, Kelly Leonard e Tom Yorton. Convido cinco alunos a formar um círculo e fazer o jogo do "Sim, e…". Nessa atividade, um jogador começa falando uma frase sobre qualquer assunto. Os outros jogadores então se revezam tentando manter a história em andamento respondendo e continuando com "Sim, e…". O objetivo é construir a história afirmativamente, captando de modo literal o que o colega anterior disse. Às vezes, um jogador vai desafiar o grupo ao dizer uma frase que leva o enredo para uma direção diferente. Isso pode fazer com que o grupo se dissolva e perca a coesão. Quando os jogadores conseguem manter a história fluindo por meio da afirmação, isso faz cada um sentir que fez contribuições importantes para a história, o que ajuda a desenvolver a confiança.

Há outro motivo pelo qual gosto do jogo do "Sim, e…". Observadores da atividade com frequência comentam quão atenciosas e cuidadosas são as palavras dos jogadores, mas estes reconhecem que a chave do sucesso não é falar, mas ouvir. Essa é a inventividade da obra de Viola Spolin e Del Close. Sem saber o que vai acontecer imediatamente antes (ou depois), os jogadores precisam ouvir com muita atenção e permanecer engajados no presente. Eles não têm certeza absoluta de quando vão entrar em ação até isso acontecer, nem sabem o que vão dizer até falar, criando algo novo e talvez mais interessante.

Diferentemente da improvisação, o teatro tradicional funciona bem quando atores usam roteiros e treinam muito bem as falas. Eles preparam suas apresentações e sabem as palavras que seus colegas vão dizer. Há mais previsibilidade e pouca chance de melhorar o que já está definido. O melhor que se pode esperar é a boa execução do plano.

Para além do teatro tradicional, poucos aspectos na vida são tão roteirizados, apesar de muitos o serem só o suficiente para limitar a escuta e, por sua vez, as possibilidades quanto ao o que pode ser conquistado. Classificação, posição, educação, status e personalidade frequentemente dividem as pessoas entre quem fala e quem ouve. Quando dei aula pela primeira vez, me prendi demais ao meu plano, perdendo oportunidades de deixar a classe conduzir a si mesma no sentido de descobertas inesperadas. Dividi a sala entre quem fala (eu) e quem ouve (os alunos). Em minha primeira avaliação, um aluno comentou que minhas aulas eram como uma peça de Shakespeare, o que tomei como elogio. Tinha executado à perfeição meu plano bem-ensaiado e roteirizado. No entanto, eu tinha negligenciado a parte de ouvir as contribuições valiosas que meus alunos traziam – suas experiências de trabalho, pontos de vista únicos e herança cultural singular.

Não escutar apenas visando ouvir, mas reconhecer que as vozes e perspectivas são recursos que podem ser ativados e que, ao construí-los, podemos transformar incerteza em novo conhecimento e oportunidades: esse é o coração da mentalidade "just do it" e o cerne da improvisação.

A GENIALIDADE DA IMPROVISAÇÃO

Em 1995, a caminho do aeroporto para pegar um voo de Hong Kong para Londres, Paula Dickson, 39 anos, caiu de sua motocicleta. Ela ignorou o acidente e seguiu em frente. Depois de embarcar, porém, ficou preocupada com um inchaço no antebraço. Dois médicos a bordo, Angus Wallace e Tom Wong, diagnosticaram um braço quebrado. Os médicos usaram o kit médico de emergência do avião e, deixando a paciente muito mais confortável, voltaram a seus assentos.

Uma hora depois de o jato comercial 747 decolar, Dickson começou a sentir uma dor forte no peito e a ter dificuldade para respirar. Alarmado com os novos sintomas, o dr. Wallace reexaminou Dickson e concluiu que seu estado era bem pior do que haviam avaliado: suas costelas haviam perfurado o pulmão, e ela precisava de uma cirurgia imediatamente.

Aterrissar o avião no aeroporto mais próximo poderia demorar demais. Para piorar a situação, a mudança na pressão da cabine que ocorreria com a descida do avião poderia ser fatal. O que o dr. Wallace poderia fazer?

Correndo contra o tempo, ele não podia se dar ao luxo de nada além de se preparar para operar Dickson. Ele criou uma sala de cirurgia improvisada no fundo do avião, abrindo espaço para as ações subsequentes que tornaram possível a cirurgia inusitada com ferramentas atípicas. Ele usou conhaque de alta qualidade como esterilizante, tesouras para fazer a incisão no tórax e um cabide para inserir tubos. Uma garrafa de água mineral Evian drenou o ar preso dentro do pulmão de Dickson. Toalhas de mão aquecidas da primeira classe se tornaram gazes estéreis para a paciente em estado grave.

Dickson sobreviveu à cirurgia realizada em pleno voo.

Ainda que os desafios profissionais e pessoais que enfrentamos sejam muito diferentes dos do dr. Wallace naquela ocasião, as lições desse relato se aplicam a muitas situações: quando fatos inesperados surgem, continuar em movimento ajuda tanto a entender como a mudar a situação. Cada decisão do médico transformou o avião em um hospital improvisado.

Sendo experiente em realizar cirurgias em hospitais, ele enfrentou uma situação que era ao mesmo tempo familiar e diferente. Os passos básicos usados para realizar a intervenção seguiram um padrão semelhante ao de um procedimento cirúrgico comum – esterilizar, abrir o paciente, liberar o ar preso e fazer o curativo. Mas a localização (em pleno voo) e a falta de equipamento adequado não eram rotina.

O PODER DO MENOS

Improvisar permitiu ao dr. Wallace combinar a natureza conhecida de sua tarefa aos recursos incomuns que precisou empregar.

Como o dr. Wallace, cada um de nós enfrenta situações que podem se beneficiar do improviso. Novos concorrentes surgem, a preferência dos clientes muda, produtos que vendem bem de repente fracassam, mudanças regulatórias alteram as regras do jogo e obstáculos profissionais e pessoais aparecem no caminho. A melhor maneira de abordar essas situações é reconhecer que, ao agir, estamos nos permitindo mudar as condições para melhor.

Pense, por exemplo, nas diferenças entre dois gêneros musicais, como a sinfonia e o jazz. Ambos dependem de artistas talentosos para fazer música de boa qualidade, mas eles executam as obras de maneiras bem diferentes – um com base em planejamento e o outro, em improviso.

A sinfonia melhor se aproxima da abordagem do planejamento. Um líder formal (o maestro) coordena o trabalho de músicos altamente especializados. Partituras fornecem os planos detalhados de como a organização executa a peça, algo esquematizado e ensaiado antes da apresentação. A performance perfeita resulta de planos executados sem falhas, tocando as notas precisas na partitura, no tempo exato.

Quando éramos uma sociedade baseada em grande medida na produção, parecia razoável orientar o trabalho em torno da metáfora da sinfonia. A meta era eliminar inconsistências. No entanto, conforme nos movemos cada vez mais na direção de uma sociedade baseada na expressão individual, na adaptabilidade e na criatividade – e, além disso, repleta de surpresas – precisamos a aprender a fazer diferente.

Em uma banda de jazz, não há partitura para estabelecer o plano do grupo, então não se sabe com clareza como será a apresentação. Os músicos não sabem com precisão que notas cada um vai tocar, então precisam reagir com rapidez ao que os outros estão produzindo. Em vez de planejar, eles querem manter a música no ar – evitando um silêncio constrangedor. Uma apresentação perfeita vai ser diferente a cada vez, e os integrantes da banda se revezam na liderança da apresentação.

Muitas organizações e pessoas tendem a ser melhores e a dar mais valor à música sinfônica em detrimento do jazz. No trabalho e em casa, seguimos nossa bem-ensaiada partitura porque, sem dúvida, a execução melhora com o tempo. Desenvolvemos uma familiaridade confortável com a prática e o ensaio do que fazemos bem, em vez de correr o risco de falhar em algo que não tentamos ainda. O risco é que os gostos da audiência mudem – as pessoas podem ficar cansadas do cardápio tradicional –, mas, apesar disso, continuamos tocando a mesma música da mesma maneira.

Para ajudar sua banda a melhorar a habilidade de improvisação, o jazzista Miles Davis tocava em oitavas diferentes durante seus shows. Ele costumava dizer: "Somos pagos para ensaiar na frente da plateia". A liberdade de reconhecer que shows são ensaios, e que não há uma única resposta certa, os ajudava a fazer boa música, mas também música *diferente* – peças inovadoras, originais, estimulantes e surpreendentes. A abordagem de Davis segue a filosofia de Robert Rodriguez ao dirigir *El Mariachi*. Ele nunca pretendeu que o filme fosse vendido a Hollywood e simplesmente o considerava uma escola de cinema mais prática (e menos cara). Os resultados tendem a criar audiências cativas, e também a propiciar a músicos e criadores uma emoção duradoura.

Quando utilizamos essa abordagem em projetos – metaforicamente fazendo jazz com nossa própria banda – também estamos alterando as maneiras de usar os recursos. Ao chacoalhar os elementos com que lidamos, garantimos a nós e aos outros a liberdade para agir com o que temos disponível para ver o que acontece, aprender algo, interagir com pessoas de maneiras imprevisíveis, ajustar modos de operação – e então fazer tudo de novo. Quaisquer que sejam nossas buscas, todos nos beneficiamos de, às vezes, substituir os planos mais bem feitos por ações espontâneas.

AÇÃO!

Quando se trata de nossas maiores ambições, o senso comum recomenda nos aferrarmos ao planejamento. Isso funciona bem quando o futuro é previsível, mas, às vezes, nos tira do rumo. Ao mudar para o modo ação, nos tornamos melhores observadores do entorno e desenvolvemos a habilidade de improvisar com o que temos à mão. Nem sempre precisamos de um roteiro completo... ou sequer de um roteiro. Em vez disso, só precisamos dizer: "Ação!".

SEIS

SOMOS O QUE PENSAMOS SER

COMO AS CRENÇAS NOS FAZEM MELHOR (OU PIOR)

Em 1891, um cavalo chamado Hans começou a impressionar multidões por toda a Europa com habilidades extraordinárias. Seu dono, um professor de matemática alemão chamado William von Osten, propunha problemas e mais problemas ao animal, e o sábio cavalo sempre dava a resposta certa. A especialidade de Hans era matemática, mas ele também conseguia dizer as horas, ler e soletrar. Quando questionado sobre quantos 3 há no número 7, Hans batia o casco duas vezes e mais uma para representar o resto da operação. Se von Osten escrevia os números 5 e 9 em uma lousa e pedia a Hans para somá-los, o cavalo batia 14 vezes. Depois de anos de treinamento e prática – mediante muitas das mesmas técnicas usadas por von Osten com seus alunos – o cavalo parecia ser um animal superdotado.

Os céticos se perguntavam se von Osten sinalizava secretamente para o animal ou se usava algum outro truque. Em 1904, foi formada uma comissão composta por profissionais de circo, cuidadores de zoológico, psicólogos e veterinários para investigar o caso. Apesar da análise rigorosa, o grupo não conseguiu encontrar qualquer evidência de trambique. Na verdade, os pesquisadores descobriram que Hans apresentava um bom desempenho mesmo quando não era seu dono a fazer as perguntas. Disse um zoólogo famoso na época: "O cavalo tem visão aguçada, distingue impressões mentais, as mantém na memória e as emite usando os cascos como linguagem". O animal ganhou o apelido, em alemão, de "Kluge Hans" ("Hans Inteligente"). Mas será que ele era de fato tão inteligente?

Passaram-se mais três anos até um biólogo e psicólogo chamado Oskar Pfungst revelar o método de Hans. O animal era bastante inteligente, mas por razões diferentes das imaginadas pelas multidões de espectadores (e até por van Osten). Pfungst observou que quando seu dono (ou qualquer outra pessoa que fizesse as perguntas) não sabia a resposta certa, o cavalo hesitava. Quando a distância física entre ele e quem fazia as perguntas aumentava, o desempenho do cavalo também caía. Viseiras que obstruíam sua visão transformaram o prodígio em um equino comum.

Pfungst se deu conta de que Hans reagia a mudanças sutis na linguagem corporal que sinalizavam o que o questionador esperava que ele fizesse. Quando Hans batia o casco no número certo de vezes, von Osten (e os outros) inclinavam-se levemente para a frente ou mudavam inconscientemente a expressão facial, o que levava Hans a parar de bater, porque ele chegara à resposta que seu mestre queria. Oferecer uma cenoura ou um cubo de açúcar para recompensar o cavalo por resolver o problema reforçava sua atenção às pistas que as pessoas emitiam.

Do mesmo modo que Hans, também reagimos a pistas sutis (e não tão sutis) carregadas de expectativas. Acontece que as expectativas que estabelecemos e que os outros estabelecem para nós são fundamentais para nosso futuro. Mesmo quando baseadas em uma crença falsa, elas têm um impacto substancial em conquistas profissionais e no bem-estar pessoal, e neste capítulo entenderemos por quê.

Depois de revisar algumas pesquisas seminais sobre expectativas, examinaremos como pessoas que fazem render os recursos que têm as usam para enriquecer áreas importantes da vida: ter alto desempenho, estabelecer relacionamentos, buscar oportunidades e atingir metas. Já que as expectativas são tão vitais para o sucesso, é útil refletir não só sobre as que estabelecemos para nós mesmos, mas também sobre as que direcionamos aos outros.

SOMOS O QUE PENSAMOS SER

COMO AS EXPECTATIVAS TRANSFORMAM FICÇÃO EM REALIDADE

Após a Primeira Guerra Mundial, os anos 1920 foram uma época de alegria e prosperidade. Os norte-americanos migraram para áreas urbanas e desenvolveram um novo otimismo. Como as possibilidades econômicas pareciam ilimitadas, muitos esperavam acumular maiores fortunas, comprando ações para enriquecer. Por anos, as recompensas foram régias, conforme os preços das ações subiam.

Perto da virada da década, os bons tempos terminaram. No fim de outubro de 1929, o mercado de ações perdeu cerca de um quarto de seu valor em dois dias, e o público, antes otimista, perdeu a confiança nas instituições financeiras.

Tendo como pano de fundo um mercado de ações em queda livre, um homem de negócios do Bronx foi até a agência local do Bank of the United States para vender algumas ações da instituição. Fundado em 1913 pelo dono de uma confecção e financista de Nova York, o banco chegara a ter 62 agências só em Nova York, com cerca de US$ 3 bilhões (em dólares de hoje) em depósitos em 1930. Quando o empresário pediu aos funcionários para resgatar suas ações, eles o aconselharam a não vendê-las, argumentando que a instituição continuava sendo um investimento sólido.

O homem começou a espalhar o rumor de que o banco se recusara a deixá-lo resgatar sua cota. Em poucas horas, uma fila de clientes preocupados se formou na agência do Bronx. Um deles esperou duas horas para sacar US$ 2 da conta. Como os bancos não mantêm todos os depósitos dos clientes em dinheiro, os pedidos de saque colocaram uma pressão real sobre a liquidez do banco.

A fila para sacar o dinheiro aumentou no decorrer do dia, e outros clientes chegaram e tiraram falsas conclusões quanto à vitalidade da instituição, levando mais gente a sacar. Curiosos aumentaram o pandemônio na área. Entre 20 e 25 mil pessoas lotaram a rua junto à entrada do banco, levando milhares de clientes a sacar montantes que representavam cerca de 10% dos depósitos. As notícias sobre os "problemas" da instituição se espalharam e os saques aumentaram também nas outras filiais.

Um dia depois de o vendedor começar o rumor, o Bank of the United States fechou para sempre. Na época, seus 400 mil clientes compunham a maior carteira entre os bancos do país, tornando sua falência a maior que já se abatera sobre a nação.[1] A expectativa baseada em um rumor de que o Bank of the United States se tornaria insolvente condicionou o comportamento que de fato *tornou* o banco insolvente. O sociólogo Robert Merton rotulou o acontecido – com essa e com outras instituições financeiras da época – de profecia autorrealizável, o que significa que se alguém acha que uma situação é verdade começa a tomar atitudes reais que levam a consequências que, por sua vez, mudam o futuro.

O PODER DAS PROFECIAS POSITIVAS

As observações de Merton sobre a corrida aos bancos na Grande Depressão revolucionaram a maneira como os cientistas sociais abordam o pensamento sobre expectativas. A linha de frente da pesquisa começou nos anos 1960, quando o psicólogo de Harvard Robert Rosenthal questionou a objetividade da pesquisa científica, perguntando-se se ela não passava de uma ilusão, assim como as habilidades matemáticas do cavalo Hans Inteligente. Rosenthal suspeitava que as expectativas do pesquisador durante os experimentos poderiam – inapropriadamente – alertar os sujeitos pesquisados. Ele descobriu, por exemplo, que os ratos aprendiam mais quando os pesquisadores acreditavam que eles eram brilhantes e aprendiam menos quando acreditavam que eram limitados. Ecoando a dinâmica da autorrealização que Merton observou em relação a bancos, o trabalho revelou que o nível de inteligência percebida dos ratos dependia das expectativas positivas ou negativas dos cientistas.

Apesar de esses resultados serem intrigantes, Rosenthal lutou para conseguir que seu trabalho inicial fosse publicado. Sem encontrar uma publicação que aceitasse sua pesquisa, recorreu à revista interdisciplinar *The American Scientist*, para a qual apresentou seus resultados a leitores leigos.

Lenore Jacobson, diretora de uma escola primária de São Francisco, Califórnia, era uma outsider em relação a esse tipo de pesquisa e leu por acaso o artigo de Rosenthal. Ela se perguntou se a mesma dinâmica

SOMOS O QUE PENSAMOS SER

observada com os ratos ocorreria com seus alunos e convidou Rosenthal a fazer um estudo semelhante na escola que dirigia. As descobertas mudariam a educação para sempre.

A Oak School tinha 18 classes – três por série, do primeiro ao sexto ano. Cada série pertencia a uma de três categorias: acima da média, na média e abaixo da média.

No fim do ano letivo, os alunos da escola fizeram um teste de QI. Jacobson disse aos professores no ano seguinte que cerca de 20% dos alunos tivera um desempenho excepcionalmente bom no teste de QI e eram, portanto, os que mais probabilidade teriam de se destacar intelectualmente no ano seguinte. Os professores então ministraram aulas imbuídos da expectativa de que alguns deles tivessem um potencial maior do que o restante da classe.

Oito meses depois, os estudantes refizeram o teste de QI. Nos anos iniciais, os alunos identificados como dotados de alto potencial acadêmico tiveram melhoras significativas se comparados ao resto da classe: os do primeiro ano aumentaram 27,4 pontos no QI, contra um aumento de 12 pontos para os outros alunos; para o segundo ano, o aumento foi de 16,5 pontos, contra 7 pontos.[2] Aqui está a pegadinha. Os alunos que Rosenthal e Jacobson identificaram como "inteligentes" foram escolhidos aleatoriamente, e não com base nos resultados dos testes. Eles não tinham mais probabilidade de se destacar intelectualmente do que os colegas, mas os pesquisadores mudaram as expectativas dos professores quanto ao potencial dos alunos, o que fez toda a diferença. Porém, a premissa falsa acerca do potencial acadêmico se tornara verdadeira, fazendo os alunos estudarem mais com base na crença dos professores em seu potencial e os professores, por sua vez, deram mais atenção a seus alunos supostamente brilhantes. Os pesquisadores acionaram uma profecia positiva – uma profecia autorrealizável que aumenta o valor de algo.

A peça de teatro de George Bernard Shaw *Pigmali*ão deve o nome ao mito grego que conta a história do escultor de mesmo nome. Ele esculpiu uma estátua de mulher tão bela e perfeita que se apaixonou por ela e desejou desposá-la (o que realmente fez, depois que a estátua ganhou vida por intermédio da deusa Afrodite). A peça, uma lição do poder da profecia autorrealizável, se desenvolve em torno de uma aposta entre o professor de fonética Henry Higgins e o entusiasta da fonética coronel Pickering. Higgins aposta que consegue treinar uma vendedora pobre, Eliza Doolittle, para se passar por duquesa mudando seu jeito de falar. Higgins é bem-sucedido em transformar o discurso da garota, mas a trata como se fosse sua propriedade, porque a criou do nada. Doolittle, esperta, percebe o tratamento de Higgins e diz que mesmo mudando sempre será uma pobre vendedora quando estiver com ele, porque é assim que ele a vê. É Pickering, segundo ela, quem sempre a considerou uma verdadeira dama, e conclui que não é a maneira como uma pessoa fala ou se comporta que a torna elegante, mas como ela é percebida pelos outros. Como Eliza Doolittle aponta com tanta precisão, as pessoas muitas vezes são exatamente o que esperamos que sejam.

Assim como o tratamento do coronel Pickering para com Eliza Doolittle, as expectativas de um gestor podem mudar o desempenho de um funcionário porque as pessoas tendem a ser bem mais perceptivas do que cavalos na leitura de sinais. Essas expectativas são estabelecidas implícita ou explicitamente: propor mais tarefas interessantes, reduzir a supervisão e o microgerenciamento e oferecer mais discussões do "quadro geral" da empresa.

O que se tornou conhecido como efeito Pigmalião afirma que determinar altas expectativas para alguém aumenta seu desempenho. O professor de gestão Dov Eden passou a maior parte da carreira trabalhando nessa área, inicialmente realizando pesquisas no exército israelense. Em uma delas, ele disse a comandantes militares, aleatoriamente, que alguns soldados eram ótimos ou regulares. Os soldados designados como de "ótimo desempenho" tiveram melhor desempenho do que os outros – aprenderam técnicas de luta, absorveram conhecimento de topografia ou adquiriram habilidades de combate melhores, tais como disparar uma arma – mesmo não sendo superiores em relação aos demais.[3]

As expectativas de um gestor moldam o desempenho porque alteram as expectativas de seus colaboradores. Quando os funcionários detectam que seus superiores estabelecem altas expectativas, eles aumentam as próprias, o que os faz trabalhar mais e pensar de maneira mais positiva acerca de si. Quando os funcionários começam a ter um desempenho melhor, suas crenças quanto às expectativas positivas são reforçadas, levando a um círculo virtuoso. Ao mesmo tempo, o gestor observa a melhor performance, e confirma e reforça suas expectativas iniciais. Ao longo do tempo, o gestor oferecerá melhor orientação e feedback mais útil aos melhores funcionários, o que continua a dar-lhes um parâmetro de performance.

Nós também criamos expectativas que mudam nossa vida no âmbito doméstico: crenças sobre quão satisfatório será um casamento ou por quanto tempo nossos filhos estudarão antecipam uniões mais sólidas[4] e notas mais altas das crianças, respectivamente. Os relacionamentos pessoais também estão repletos de oportunidades para sinalizar o que queremos dos outros – e as pessoas em geral vivem segundo (ou abaixo) dessas expectativas.

ENCONTROS ÀS ESCURAS (E OUTRAS INTERAÇÕES INICIAIS) NUNCA SÃO REALMENTE ÀS ESCURAS

Boa parte do terreno que percorremos até agora envolve expectativas sobre relacionamentos em andamento – colaborador e gestor, aluno e professor e até cavalo e dono. As expectativas moldam os relacionamentos antes de sequer começarem, de acordo com o velho adágio de que a primeira impressão é a que fica. Mas e se eu dissesse que as primeiras impressões são determinadas pelas expectativas que se tem *antes* de pôr os olhos em outra pessoa?

Nos anos 1970, uma equipe de psicólogos queria entender como as expectativas moldam relacionamentos recém-estabelecidos. Que opção poderia ser melhor do que pedir a um grupo de universitários para ir a encontros "às escuras"? Os pesquisadores apresentaram a um participante homem (vamos chamá-lo de Jack) a imagem de uma participante mulher (vamos chamá-la de Dianne). Durante a experiência, Jack e Dianne nunca se encontraram, mas falaram por telefone. Avaliadores independentes analisaram as conversas para entender o relacionamento que estava surgindo entre os dois.

Em certas condições experimentais, os pesquisadores deram a Jack uma foto de uma mulher que disseram ser Dianne (Dianne nunca soube que Jack recebeu uma imagem real dela ou de outra pessoa). A imagem era de uma mulher especialmente atraente, o que fez Jack pensar que Dianne era muito bonita (mas a foto não era dela). Porém, ainda mais surpreendente, foi que mulheres na posição de Dianne no estudo começaram a se comportar de forma mais amistosa, agradável e sociável – tornando-se mais atraentes, portanto – em comparação com aquelas cujos pares não receberam uma foto.

O que teria feito Dianne se comportar com mais charme? Os pesquisadores concluíram que devido à falsa expectativa de Jack em relação à beleza física de Dianne (disparada pela figura da mulher especialmente bonita), Jack interagiu de maneira mais positiva com Dianne, o que a tornou mais cativante. Como no tratamento do coronel Pickering com Eliza Doolittle, Jack esperava que Dianne fosse de determinada maneira e Dianne correspondeu às expectativas.

As expectativas também determinam os primeiros contatos no ambiente de trabalho. O que ouvimos falar – de bom ou de ruim – a respeito de alguém influencia essas interações. Quando acreditamos que um colega novo é um idiota, é provável que nos comportemos de maneira muito diferente do que se ouvíssemos falar que o sujeito é legal. Além disso, os sinais que emitimos (a maneira de cumprimentar, perguntar, sorrir) são suficientes para encaixá-lo na posição mais próxima de "pessoa legal" ou de "pessoa idiota".

Um dos "encontros às escuras" mais importantes é a entrevista de emprego. Antes de entrevistador e candidato se encontrarem, ambos podem vivenciar a sensação que antecede esse tipo de ocasião. Eles sabem o suficiente um sobre o outro para gerar algumas expectativas, mas não o suficiente para ter uma opinião formada sobre o relaciona-

SOMOS O QUE PENSAMOS SER

mento. Querem que aconteça, mas continuam inseguros se será uma boa escolha. Mas o que ocorre é que se são uma boa combinação, ou não, já está decidido antes de se cumprimentarem.

Em um estudo abrangente, os pesquisadores Thomas Dougherty, Daniel Turban e John Callender compilaram dados da seção de recrutamento de uma grande empresa do setor de energia. Eles avaliaram todos os candidatos a uma ampla gama de posições, de secretárias a especialistas em TI. Antes das entrevistas, os profissionais realizaram diversas provas de conhecimentos relevantes para as posições, além de preencher um formulário que incluía formação e histórico de carreira. Com base nessas informações e sem ter encontrado os candidatos pessoalmente, os recrutadores os classificaram em uma escala de nove pontos, com um indicando qualificações muito baixas e nove indicando qualificações muito altas. A seguir, entrevistaram os candidatos em ordem aleatória, sem ter recebido instruções sobre como usar os materiais fornecidos e os dados das provas.

Ao longo de oito meses, os pesquisadores gravaram as entrevistas. Três assistentes independentes ouviram os registros e elaboraram um método consistente de avaliá-los: boa abordagem (perguntas instigantes, concordância com o candidato, encorajamento, ocorrência de risadas), estilo positivo (atuação amistosa por parte do entrevistador) e tipo de questionamento (número de perguntas abertas, fechadas, de seguimento e de investigação). Eles ainda observaram a probabilidade de o recrutador fazer uma oferta de emprego.

Além de avaliar os recrutadores, os assistentes também analisaram o desempenho dos candidatos durante as entrevistas.

Quando os pesquisadores tabelaram os resultados, descobriram que as impressões formadas antes de o recrutador conhecer pessoalmente um candidato tiveram uma influência substancial sobre as chances de contratação dele. Tais expectativas se traduziram em uma condução positiva da entrevista, que criou um ambiente amistoso no qual o entrevistado pôde ficar mais à vontade. O entrevistador que tinha boas expectativas antes de encontrar um candidato passou mais tempo vendendo a empresa e a posição, e menos tempo checando as qualificações do profissional. Assim como no encontro às escuras de Jack e Dianne, a expectativa do recrutador levou o candidato a ter um desempenho melhor na entrevista, de modo a construir pontos de contato mais fortes com o interlocutor. O candidato acabou sendo o que o recrutador esperava (ou não), moldando a intenção do recrutador de fazer-lhe uma proposta.

Aprendemos que, tipicamente, nos comportamos à altura das expectativas de quem representa uma autoridade para nós – sejam professores, gestores, comandantes ou recrutadores. Do mesmo modo, quando ocupamos posições formais de poder, podemos ajudar os outros a adotar a mentalidade elástica, estabelecendo expectativas altas em relação a eles. Também podemos fazer isso em relação a nós mesmos. É hora de avaliar como nossos pensamentos podem engendrar expectativas positivas que nos ajudam a realizar grandes feitos.

COMO NOSSAS EXPECTATIVAS NOS ELEVAM

Sarah Breedlove Walker nasceu dois dias antes do Natal de 1897 em uma fazenda na Louisiana, filha de pais que tinham sido escravos. Ficou órfã aos 7 anos e casou-se aos 14. Aos 18 anos já tinha um filho e aos 20 ficou viúva. Sua vida, portanto, não era nada fácil – mal conseguia sobreviver lavando roupa, pois ganhava, no máximo, US$ 1,50 por dia. Era bem comum que mulheres negras tivessem uma vida árdua em uma sociedade opressiva, que apresentava poucas oportunidades de progresso e quase nenhuma esperança de um futuro mais próspero.

Walker queria se libertar do que via como um círculo de limitações que confinava as mulheres negras, mas, como tantas pessoas em desvantagem econômica e social, lutava para superar as baixas expectativas: "Não conseguia ver como eu, uma lavadeira pobre, poderia melhorar minha condição".

Para aumentar seu fardo, o estresse diário, a alimentação deficiente e a falta de higiene decorrente da inexistência de água encanada provocaram uma doença no couro cabeludo que a deixou calva, um problema comum entre mulheres submetidas a tais circunstâncias. Oprimida em uma sociedade regida por leis de segregação, a humilhação de perder os cabelos era ainda mais dolorosa. Restaurar essa dignidade – tanto física

SOMOS O QUE PENSAMOS SER

como psicologicamente – foi a via pela qual Walker mudou sua vida e a de tantas outras pessoas que enfrentavam os mesmos problemas.

Com US$ 1,25 na mão, ela começou um negócio de produtos capilares para ajudar mulheres calvas a recuperar os cabelos e passou a se chamar Madame C. J. Walker. Trabalhou incansavelmente para fazer o empreendimento prosperar e passou muito tempo nas estradas do Sul dos Estados Unidos divulgando suas mercadorias. A iniciativa empreendedora ganhou corpo, mas não foi suficiente para mudar a discriminação que Walker enfrentava devido à cor da pele. Hospedar-se em hotéis estava fora de questão, então ela se alojava com líderes negros que a ajudavam a se conectar com as comunidades que visitava. Formou uma rede de divulgadores de seus produtos e de potenciais clientes.

Walker criou um negócio de beleza que mudou a aparência e as perspectivas de vida de suas clientes, o que aconteceu também com suas funcionárias. Ela treinou vendedoras e implantou uma abordagem de marketing multinível que as recompensava muito bem, ensinando-lhes que também poderiam ascender e se tornar mais do que pensavam ser possível. Na época, trabalhadores brancos sem qualificação ganhavam cerca de US$ 11 por semana. A equipe de vendas feminina de Walker, que passava de mil pessoas, ganhava de US$ 5 a US$ 15 por *dia*, longe da rotina cansativa nas fábricas ou do trabalho doméstico exaustivo. Conforme conquistavam independência financeira, as vendedoras de Walker educavam os filhos, compravam casas e se envolviam em ações de caridade, o que ajudou a melhorar as expectativas das gerações seguintes quanto ao desenvolvimento.

Madame C. J. Walker tornou-se a primeira mulher negra norte-americana a ficar milionária e deixou um patrimônio avaliado em cerca de US$ 8 milhões (em dólares atuais). Ela também foi uma personalidade importante no cenário social, atuante em política e na comunidade filantrópica. Refletindo sobre sua notável capacidade para criar oportunidades, o historiador de Harvard Henry Louis Gates observou: "Mais do que qualquer outro empresário, Walker revelou o vasto potencial da economia afro-americana, mesmo reprimida e sufocada".

O que fez Walker elevar suas expectativas em relação à vida dentro das rígidas leis e normas sociais feitas para impedir seu avanço, quando tantos outros não conseguiram? Ela tinha uma maneira muito peculiar de pensar.

Muitas pessoas passam a vida buscando ou esperando que as chances de sucesso apareçam. Seja por habilidade, seja por sorte, as oportunidades – novos produtos, maneiras de trabalhar ou os contatos com as pessoas certas – estão ao alcance, se você conseguir vê-las.

Madame C. J. Walker ensina um caminho diferente. Ela focou em criar oportunidades mudando as próprias expectativas, superando as opiniões restritas a seu respeito e substituindo-as pela crença de que podia "criar seu próprio sustento e sua própria oportunidade". A dificuldade, Walker admitia, é que muitas pessoas "sentam e esperam as chances chegarem". Em vez disso, elas deveriam "levantar-se e criá-las!". Porém, quando os demais esperam tão pouco de nós, é difícil encontrar autoconfiança e motivação para se erguer. A especialista em história de empresas Nancy Koehn, de Harvard, observa: "Boa parte do modelo de negócio de Walker e sua visão animadora é fruto das restrições que enfrentou. Ela tinha um espírito indomável que prevaleceu sobre as dificuldades de encontrar capital e sobre as limitações de sua posição social. Em um mercado no qual não havia muitas áreas nas quais as mulheres podiam atuar, ela encontrou um caminho".

Com frequência nos vemos diante de desafios que podem ser tanto oportunidades como ameaças, embora em circunstâncias não tão graves quanto as que Walker enfrentou. Os rótulos que pessoas, equipes e empresas atrelam a esses desafios têm implicações importantes. Rotular as dificuldades como uma "ameaça" – sejam elas projetos fracassados, concorrência acirrada ou problemas pessoais – leva ao que os estudiosos de gestão Barry Staw, Lance Sandelands e Jane Dutton chamam de rigidez da ameaça. Ao fazer isso, a tendência é restringir os recursos a seus usos tradicionais, limitar a criatividade e dificultar a solução de problemas. Se Walker tivesse classificado como ameaça o fato de não poder se hospedar em hotéis, teria limitado suas viagens de negócios e se posicionado como uma pessoa de baixa autoestima. Da mesma maneira, se considerasse as mulheres afro-americanas pobres e sem formação (que visava como colaboradoras ideais para seu negócio) como incapazes para administrar as próprias organizações de vendas, teria reforçado as baixas expectativas que tinham em relação si mesmas.

Para dificultar, as ameaças restringem o modo como processamos a informação, limitando-nos a expectativas prévias sobre como os fatos aconteceram e impedindo-nos de ver como o futuro poderia ser. Tolhidos pela falta de supostos melhores recursos, planos bem traçados ou informações perfeitas, em geral optamos por não fazer nada, com medo do que pode acontecer. Assim, estreitamos a maneira de ver o que temos ao alcance no momento em que mais precisamos mobilizar meios para fazer algo diferente acontecer.

Por sua vez, ao rotular os mesmos desafios como oportunidade, a abordagem é muito diferente. Walker viu seu problema físico e seu drama econômico como oportunidades que lhe permitiram vislumbrar um futuro novo e melhor. Ela transformou mulheres desamparadas em uma força de vendas entusiasmada e usou a impossibilidade de se hospedar em hotéis para construir um relacionamento engajado com as comunidades de clientes. Isso a ajudou a sentir que tinha maior controle sobre seu destino, o que a estimulou a fazer mais com o que tinha em mãos.

CORRESPONDER ÀS EXPECTATIVAS CERTAS

Alex Turnbull pegou o telefone para fazer uma das ligações mais importantes de sua vida, mas rapidamente desligou, para logo pegar o aparelho de novo, e mais uma vez devolvê-lo ao lugar. Depois de repetir o gesto várias vezes, saiu para caminhar. O passeio o acalmou, e ele voltou para casa. Quando ergueu o fone mais uma vez, finalmente conseguiu chamar o número que determinaria sua trajetória de vida. Porém, o telefone tocou várias vezes até que entrou a mensagem da caixa postal.

Uma hora depois, retornaram a ligação e ele informou sua decisão, confiante: "Não posso lhe dizer o quanto aprecio sua oferta, mas este não é o movimento certo para nós neste momento".

Alex Turnbull acabara de abrir mão de US$ 12 milhões. Uma grande empresa de software o cortejara para comprar a Groove, empresa de software de atendimento ao cliente que xele fundara em 2011. Não era a primeira vez que rejeitava uma cifra de oito dígitos, ou um pagamento polpudo por sua empresa – cuja receita era de modestos US$ 70 mil por mês à época –, mas era o maior valor até o momento. A transação teria gerado recursos substanciais para a Groove continuar melhorando seus produtos, contratando as pessoas mais talentosas e construindo a infraestrutura necessária para tentar chegar a um negócio de US$ 1 bilhão.

Enquanto decidia sobre a oferta que recebera pela Groove, Turnbull se colocara uma pergunta óbvia, mas raramente verbalizada: quais eram suas expectativas acerca da vida? Ter altas expectativas é valioso, mas sem um propósito – Simon Sinek chama de "por que" – elas têm pouco valor.

Turnbull reconheceu que atingir seus objetivos não exigia um pagamento milionário ou a criação de uma empresa de US$ 1 bilhão. Na verdade, isso poderia sabotar seu caminho para conseguir o que realmente importava para ele – construir um negócio lucrativo e sustentável de longo prazo e cultivar suas paixões fora do trabalho, em especial surfar as ondas do litoral de Rhode Island e se dedicar à família. Em vez de ver a Groove como um trampolim para o próximo grande passo para si e seus funcionários, Turnbull a viu como trabalho duradouro, satisfatório e significativo.

Ele já havia passado por uma situação semelhante e reconheceu na transação alguns perigos que raras vezes são considerados. Antes de abrir a Groove, ele fundara um serviço colaborativo on-line chamado Bantam Live que recebeu cerca de US$ 3,5 milhões em investimentos de risco. Seus apoiadores financeiros forçaram-no a crescer muito rápido e vender a empresa para a Constant Contact, de capital aberto. A experiência de Turnbull com a Bantam Live o ensinou que grandes investidores têm grandes expectativas – expectativas que não combinam com as dele.

No entanto, essa experiência anterior não tornou a decisão de Turnbull fácil. Recusar o dinheiro impôs algumas restrições sérias sobre o empreendimento. Sem muitos recursos, contratar pessoas de alta qualidade provou ser um desafio. Gigantes de tecnologia, como o Google,

SOMOS O QUE PENSAMOS SER

seduziam funcionários de alto escalão oferecendo remunerações maiores. Ele tentou se certificar de que suas expectativas combinavam com as de seus funcionários. Ofereceu aos possíveis colaboradores mais impacto visível, maior autonomia, uma cultura cheia de energia e trabalho remoto e flexível. Contratou sua equipe baseado no modo como se comportavam os clientes: os que eram focados em custo eram menos leais e fugiam rapidamente em busca de opções de menor preço. Se recrutasse gente com base no preço, raciocinou, é isso que teria: funcionários que poderiam trocar de empresa por um pouco mais de dinheiro.

Depois que Alex Turnbull recusou o investimento, as vendas mensais aumentaram cerca de 4,5%. Mais importante que isso, sua vida melhorou. Ele se tornou pai e amava o trabalho: "O fato de não ter ninguém olhando por sobre o meu ombro, louco por lucros, e nenhum investidor a quem se justificar caso não conquiste os objetivos impostos, me proporciona o luxo de ter o tempo que quero para desfrutar do que gosto", ele me disse. "É um privilégio que muitos de meus amigos fundadores de startups, que até podem estar ultrapassando em muito nosso crescimento por meio de fundos de guerra polpudos financiados por investidores, não têm."

Assegurar que vivemos de acordo com o que valorizamos garante que chegaremos a um bom lugar. Outras pessoas podem ter expectativas muito diferentes e incompatíveis com nossas metas. Essa é uma das armadilhas potenciais, mas há outra que surge quando nos conduzimos segundo valores alheios. A realidade é que, em alguns ambientes, temos maior tendência a esperar o pior, especialmente em relação aos demais. Quando esperamos o pior, geralmente é isso que obtemos.

OS PERIGOS DO CHAPÉU DE BURRO

John Duns Scotus foi amplamente reconhecido como um dos mais importantes pensadores do século 13. Sua formação incluía estudos de filosofia, linguística, teologia e metafísica. Célebre por sua mente arguta e pela capacidade de detectar diferenças muito sutis em argumentações, ele também acreditava que usar chapéus pontudos facilitava o aprendizado. O conhecimento entraria pela ponta do chapéu e escoaria para seu usuário. Os magos usavam chapéus de formato semelhante, e o mesmo ocorria com os seguidores de John Duns Scotus, os Dunces.

O estudioso teve um impacto profundo no pensamento intelectual até o século 16, quando seu trabalho foi questionado em função de sua complexidade desnecessária. Seus discípulos foram acusados de argumentar demais e de ter um pensamento muito complicado. Os opositores passaram, então, a usar a palavra "dunce" como sinônimo de "idiota".

Durante a era vitoriana, o uso da palavra "dunce" na acepção de idiota e o chapéu cônico que John Duns Scotus acreditava que escondia o segredo da recepção do conhecimento levou a uma das piores invenções da história – o chapéu de burro. O chapéu pontudo marcado com um grande "D" como símbolo de burrice foi adotado na América do Norte e na Europa.

O chapéu era colocado na cabeça dos alunos que se comportavam mal para envergonhá-los. A ideia era que o mau comportamento podia ser controlado, já que se acreditava que era uma atitude gerada por elementos internos, mesmo se houvesse fatores externos em ação: a criança estava sendo provocada por outras, era criada por pais que não valorizavam a educação ou, ainda, era pobre e não tinha condição de fazer todas as refeições. Ao estigmatizar um aluno forçando-o a usar o chapéu de burro, acreditava-se que ele seria induzido a se esforçar mais e a se comportar melhor. Por mais draconiana que essa abordagem seja, algumas escolas ainda usam punições inspiradas nela. Recentemente, em 2012, na cidade de Forest Fields, em Nottingham, Inglaterra, Abdullah al-Ameen, de apenas 8 anos, foi obrigado pela escola a usar uma jaqueta amarela fluorescente porque foi pego jogando folhas em crianças que o provocavam. A diretora da escola, Sue Hoyland, defendeu sua decisão dizendo: "Quando o comportamento de uma criança fica abaixo do padrão, é preciso recompensá-la quando se comporta melhor ou toma uma decisão correta. Com as jaquetas, os professores sabem quem elogiar e recompensar".

Deixando de lado a horrível humilhação sofrida pelas crianças, o problema do chapéu de burro vem das mesmas forças que tornaram Hans tão esperto e os alunos "talentosos" de Rosenthal e Jacobson tão inteligentes. O chapéu só funciona na direção oposta das previsões positivas. Uma vez que vivemos conforme as expectativas que os outros depositam em nós – incluindo as baixas – o chapéu de burro leva a profecias autorrealizáveis que fazem os alunos quererem se comportar pior ainda.

De maneira menos visível, mas análoga, colocamos um chapéu de burro nos outros quando esperamos o pior deles. As baixas expectativas têm origem na tendência de atribuir as falhas a elementos que eles controlariam. Alguém que escorrega é desastrado; um novo funcionário que se atrasa é irresponsável; se um conhecido perde o emprego, questionamos seu talento ou sua ética profissional. Chegamos a conclusões como essas mesmo quando temos informações limitadas sobre situações reais. Se nos víssemos em situações semelhantes, teríamos todos os detalhes do ocorrido: o chão estava molhado, um congestionamento-monstro travou a circulação na cidade ou a empresa demitiu um departamento inteiro. No entanto, quando nos falta informação acerca dos demais, projetamos neles o pior.

Quando se trata de sucessos, a abordagem é bem diferente. Creditamos as realizações dos outros a elementos fora do controle deles. Se alguém nos supera em um processo de seleção, é porque deve ter um contato interno. Se um colega conquista um cliente que não conseguimos, deve ter tido sorte. Se fôssemos aquele que conseguiu o emprego ou conquistou o cliente, seria por motivos pessoais – como inteligência ou habilidades comerciais. A maneira egoísta como avaliamos nossos sucessos ou fracassos em relação aos outros protege o ego, mas sacrifica as expectativas que temos dos demais. Sentimo-nos melhor, mas pensamos mal de quem está à nossa volta.

———

Há outro momento no qual expectativas negativas minam nossos objetivos: a mudança organizacional. É um dos elementos mais comuns e críticos da vida profissional, mas algo que fazemos muito mal. Pesquisas recentes da empresa de consultoria McKinsey estabelecem a taxa de fra-

O PODER DO MENOS

casso da mudança organizacional em quase 70%. A razão pela qual nos atrapalhamos com mudanças tem tudo a ver com nossas expectativas.

Eric Dent e Susan Goldberg, da George Washington University, analisaram alguns livros bem conhecidos na área de gestão. Eles descobriram que a maioria dos textos parte do princípio de que os colaboradores resistem à mudança, preceito que, segundo os pesquisadores, se infiltrou nas crenças sobre gestão em todo o mundo. Ao esperar encontrar resistência uniforme a novas iniciativas, os gestores criam a resistência que terão de superar. Por esperar resistência à mudança, a tendência é tratar qualquer discordância (mesmo as legítimas) como uma oposição firme, fazendo-nos perder oportunidades de considerar sugestões úteis e punindo injustamente os "resistentes". Colaboradores que gostariam de exprimir preocupações válidas são silenciados ou demitidos. Com a moral baixa, deixam de colaborar com uma iniciativa de mudança – afinal, já foram transformados nos resistentes que os gestores queriam evitar.

Quando gestores esperam resistência, também a planejam – e é isso exatamente isso o que obtêm. Tentam manter a mudança em segredo ou disfarçá-la da vista de quem, segundo eles, desejaria sabotá-la. Quando a mudança vem à luz, os colaboradores resistem a ela apenas porque foram mantidos à margem.

A realidade é que, na maioria dos esforços de mudança, os colaboradores nem apoiam nem se opõem a ela – são neutros. Essa postura, porém, pode mudar rapidamente para resistência se *esperamos* deles uma resistência. O mesmo pode ser dito sobre outras áreas do trabalho e da vida pessoal. Quando esperamos o pior – trabalho de má qualidade, equipes pouco confiáveis, colegas motivados politicamente ou filhos preguiçosos – em geral conseguimos o pior. Não é benéfico rotular alguém como incompetente antes de conhecê-lo ou considerar condenado um projeto que nem sequer começou. Em vez de colocar o chapéu de burro na cabeça dos outros, devemos seguir a abordagem de Madame C. J. Walker e embelezá-los, como ela fez.

Algumas pessoas têm dificuldade para embelezar a própria cabeça. Apesar de existir uma tendência natural a estabelecer expectativas positivas para nós mesmos, há ocasiões em que colocamos o chapéu de burro. Ser o crítico mais virulento de si mesmo gera baixa expectativa. "Gravações" negativas retumbam em nossa mente, repetindo por que não podemos fazer algo, que não somos bons o suficiente ou que somos impostores em situações nas quais poderíamos ser líderes.

Katy DeCelles, Jane Dutton e eu entrevistamos para um estudo pessoas que trabalhavam sem cessar para melhorar o meio ambiente. Defensores dos recursos naturais, tinham trabalhos que lhes permitiam influenciar como as empresas mudavam seus produtos para que ficassem mais sustentáveis, e também conversavam com conhecidos e os instigavam a ser mais responsáveis com o uso de recursos naturais. Além da dedicação notável, muitos compartilhavam outra atitude comum: o derrotismo.

A maioria dos entrevistados duvidava que estivessem realizando o suficiente para fazer a diferença no mundo, o que não tinha o menor sentido, até que nos aprofundamos na questão. Descobrimos que essas pessoas sabotavam a si mesmas insistindo em dizer que seus esforços eram sempre menores que os dos outros. Se tinha um carro híbrido, se perguntava por que não usava o transporte público. Uma mulher que usava o transporte coletivo se questionava por que não caminhava. Alguém que entrevistamos fez uma análise de suas refeições para determinar seu impacto ambiental total e comprou créditos de carbono para compensar uma viagem. Opinamos que essas ações eram notáveis, mas a pessoa estava longe de se convencer. Ela nos disse: "Mesmo sabendo dos fatos que sei, ainda tenho atitudes que não são sempre corretas. Como carne. Tomo vinho e cerveja. [...] Compro [produtos] da Patagonia quando posso, mas também compro da North Face".[5]

O antídoto ao pensamento destrutivo, como revelou nossa pesquisa, era plantar sementes positivas. Ao refletir sobre os recursos que os ambientalistas tinham – conhecimento, experiência e valores –, descobrimos que conseguiam se proteger de suas expectativas ruins persistentes e fazer mais para o avanço da causa. No entanto, sem semear expectativas positivas e apesar da paixão e das boas intenções, falhavam em conquistar seus objetivos.

SEMENTES POSITIVAS

Em última análise, nossas perspectivas de sucesso e bem-estar são semeadas pelas expectativas. Quando plantamos sementes de expectativas positivas, colhemos frutos positivos, melhoramos o desempenho, fortalecemos os relacionamentos, produzimos grandes oportunidades e perseguimos as metas que nos são mais caras. Quando plantamos sementes de expectativas negativas, porém, é provável que obtenhamos ervas daninhas. É fundamental assumir o controle das expectativas que estabelecemos para nós e para os outros. Afinal, se um cavalo pode fazer contas, é hora de se perguntar o que mais podemos esperar de nós mesmos e dos outros.

SETE

TUDO JUNTO E MISTURADO

O PODER DAS COMBINAÇÕES IMPROVÁVEIS

Em 1972, a família Choi partiu de Seul, na Coreia do Sul, e imigrou para os Estados Unidos, onde se estabeleceu em Los Angeles com o filho de 2 anos, Roy. O garoto foi criado em um ambiente tradicional coreano, muito focado em realizações, e pressionado a fazer carreira em direito ou medicina. Roy se rebelou contra o objetivo relacionado à necessidade de status dos pais e, na adolescência, consumiu drogas na tentativa de lidar com os planos rígidos que haviam feito para ele. Também fugiu de casa várias vezes.

O sonho real de Roy Choi era se tornar chef de cozinha, e ele insistiu com os pais para que o apoiassem. Por anos, eles pediram que abandonasse essa aspiração, mas, ao final, cederam. No entanto, Roy teria que se matricular na Harvard das escolas de gastronomia.

O Culinary Institute of America, localizado na pitoresca Hyde Park, ao norte de Nova York, abriga a melhor escola para chefs dos Estados Unidos. Quando Choi chegou ao campus, canalizou sua veia rebelde em experimentos culinários inventivos. Incorporando ingredientes incomuns a pratos tradicionais, ele incomodava seus colegas, mais inclinados a aperfeiçoar receitas clássicas.

Depois de se formar, Choi trabalhou em hotéis luxuosos nas costas leste e oeste dos Estados Unidos, até assumir o invejado posto de *chef de cuisine* do Beverly Hills Hilton, onde teve a oportunidade de cozinhar para celebridades e políticos como o ex-presidente norte-americano Barack Obama. Porém, foi o trabalho com o diretor de alimentos e bebidas Mark Manguera que mudou a trajetória de sua carreira e sua vida.

Uma noite, depois de passar por vários bares, Manguera degustava uma taça de champanhe acompanhada de um taco – uma combinação incomum – quando perguntou para sua cunhada, Alice Shin, como seria substituir a carne tradicional do prato típico mexicano por contrafilé coreano. No dia seguinte, ele desafiou Choi a preparar a receita híbrida.

Ao substituir a usual carne moída do taco pela carne à moda coreana, Choi criou um hit instantâneo. Muitos de seus clientes de Los Angeles nunca haviam experimentado essa maneira de preparar contrafilé e se encantaram.

Em vez de abrir um restaurante tradicional para vender a novidade, o trio pegou emprestado um caminhão e circulou pela cidade promovendo o "Kogi Korean BBQ*". Mas eles não foram os primeiros a usar um caminhão para vender comida. Em 1866, Charles Goodnight, um criador de gado texano, transformou uma antiga carroça do exército em um veículo repleto de utensílios de cozinha, comida e outros mantimentos e saiu para vender carne, feijão, café e afins para homens que pastoreavam gado nos mercados do norte e do leste dos Estados Unidos. Nos anos 1930, Oscar Mayer Wienermobile viajava por cidades de todo o país em um veículo em formato de cachorro-quente com mais de oito metros de comprimento vendendo pão e salsicha a milhares de famílias. Os hoje comuns food trucks já foram simples trailers especializados em taco mexicano que alimentavam trabalhadores da construção civil com comida barata e calórica – eram conhecidos como "roach coaches", ou ônibus com baratas, por causa da baixa qualidade e falta de higiene.

O que diferenciava o Kogi dos trailers que o antecederam era a combinação improvável da comida de alta qualidade, típica dos

---

* N.T.: Abreviatura para "barbecue", "churrasco" em inglês.

restaurantes de luxo, distribuída em um food truck, formato associado historicamente a pratos de baixa qualidade. Choi e seus parceiros transformaram a imagem do "roach coach" em um restaurante gourmet sobre rodas que recebeu altas classificações do guia *Zagat*. A mobilidade permitia a Choi ampliar o alcance de seu negócio, levando iguarias a um público maior, fossem hipsters do centro interessados na próxima tendência ou universitários ávidos por algo mais saboroso e descolado do que o menu do "bandejão". Graças ao baixo custo da estrutura, a alta qualidade era oferecida a preço de comida de rua – US$ 2 por um exclusivo taco de contrafilé coreano com um molho caseiro preparado com 21 ingredientes.

Em 2008, o primeiro ano de funcionamento, o Kogi faturou cerca de US$ 2 milhões, tratando com centenas de clientes ávidos em filas de mais de duas horas. Após a explosão inicial, o negócio se expandiu para três food trucks e dois estabelecimentos. A transformação do trailer em restaurante gourmet sobre rodas lançou a moda mais quente da cidade (e depois do país) de comer fora de casa. Milhares de pessoas de origens tão diversas quanto chefs e trabalhadores de TI desempregados começaram a lançar seus próprios food trucks gourmet inspirados pelo sucesso de Choi ou, indiretamente, por programas de TV e filmes sobre essa nova forma de servir comida.

Roy Choi combinava ingredientes de maneira original, uma característica que reflete a qualidade de um bom chef. No entanto, é sua capacidade de fazer combinações improváveis fora da cozinha que exemplifica o conceito de fazer render os recursos, tema que apresentarei neste capítulo. Como na observação de Aristóteles – às vezes o todo é maior do que a soma das partes –, veremos que combinações inesperadas podem aumentar o valor do que possuímos.

Examinaremos como uma ampla gama de indivíduos – de inventores a secretárias – combinam todos os tipos de recursos, dos físicos aos intangíveis. Criar combinações improváveis – concorrência e amizade, rotina e criatividade, identidades pessoal e profissional – leva a descobertas marcantes, maneiras mais eficientes de trabalhar e maiores níveis de bem-estar. O desafio a ser enfrentado é a dificuldade de parear recursos que, à primeira vista, parecem não estar relacionados ou são

DORMINDO COM O INIMIGO

O exemplo de Roy Choi de que chefs com muito menos recursos do que restaurantes tradicionais podem inovar foi tão incrível em termos de engenhosidade que eu quis aprender mais sobre o setor. Percebi rapidamente a magnitude do impacto de Choi. Em 2013, quando comecei um estudo que levaria vários anos em Houston, Texas, já existiam mais de uma centena de food trucks gourmet na cidade. Visitei o maior número que pude, experimentei a comida e entrevistei donos e funcionários (além de ganhar sete quilos!). Para um foodie* como eu, foi um projeto de pesquisa apetitoso, e o que aprendi acabou sendo ainda mais delicioso do que o que comi.

Sem dúvida, os donos de food trucks que encontrei eram parecidos com outros empreendedores em muitos aspectos que estudei, pois realizavam seus sonhos com recursos limitados e trabalhavam muito – mais de 18 horas por dia. Como outras pessoas dotadas de mentalidade elástica que pesquisei, também se valiam de menos para criar mais: muito menos equipamentos de cozinha do que os encontrados em cozinhas comerciais, apertados em uma pequena carreta metálica com temperatura interna que podia ultrapassar os 54°C. Além das dificuldades típicas dos empreendedores, descobri algo incomum sobre aquela modalidade de negócio, a perspectiva de sucesso e a alegria que as pessoas extraíam do trabalho: donos de food trucks combinam concorrência e amizade.

Pergunte a qualquer um sobre concorrência e obterá uma resposta parecida com a de Jack Welch, ex-CEO da GE, considerado um dos mais importantes executivos dos Estados Unidos. Seu conselho para empreendedores é: "Comprem ou enterrem seu concorrente". Do ponto

---

* N. E.: Termo criado em 1981 por dois jornalistas ingleses, Paul Levy e Ann Barr, para designar pessoas que adoram comida e comer, descobrir restaurantes e fazer indicações, mas que, pela faixa etária, poder aquisitivo e classe social, não são gourmets.

de vista da mentalidade perseguidora, o conselho faz todo o sentido. Os recursos são escassos e os concorrentes podem estar pegando para si aquilo de que precisamos – clientes, promoções, status ou orçamentos. A pesquisa psicológica de certa maneira sustenta a recomendação de Welch. Quando um recurso parece escasso, os indivíduos sentem-se motivados a "sequestrá-lo" dos outros.

Para quem tem uma mentalidade elástica, o conselho de Welch sobre esmagar a concorrência não é apenas ruim – é uma completa bobagem. Esse tipo de pessoa considera que os recursos são flexíveis – se não abundantes – e que brigar por eles destrói as possibilidades de criar mais.

Os psicólogos Peter Carnevale e Tahira Probst fizeram uma pesquisa em que pediram a um grupo para negociar com um parceiro considerando-o como concorrente e tentando obter o máximo possível de lucro. Um segundo grupo foi instruído a cooperar para gerar coletivamente o máximo de dinheiro possível. Antes do início da negociação, Carnevale e Probst deram a cada participante uma caixa de fósforos, uma caixa com tachinhas e uma vela pequena e pediram a um que prendesse a vela em uma divisória de modo a queimar sem pingar na mesa. Os participantes na condição de concorrentes mostraram muito menos probabilidade de encontrar a solução engenhosa (remover as tachinhas da caixa, usar uma delas para prender a caixa à parede e usar a caixa como plataforma para a vela) do que aqueles em condição de cooperação. O estudo de Carnevale e Probst mostra que a competição pode prejudicar a capacidade das pessoas de fazer render os recursos de que dispõem.

Há uma maneira alternativa de ver a concorrência, muito diferente da recomendada por Jack Welch. Para entender que ela não precisa ser uma luta inevitável por recursos, precisamos compreender como competição e amizade podem coexistir pacificamente.

―――――

William Ortiz opera um food truck de taco mexicano gourmet em Houston, Texas. Como aspirante a chef, ele se orgulha de deliciar seus clientes com pratos inovadores, que vão além dos tacos tradicionais. Ortiz investiu certo tempo em experimentações para criar sua própria versão de taco de churrasco coreano. Um dia, depois ter chegado a uma receita, comprou os ingredientes e marinou a carne por horas, na esperança de que o prato especial vendesse tanto a ponto de gerar comentários elogiosos que se espalhariam boca a boca. Tudo ia bem quando estacionou em sua vaga naquele dia.

Ele notou que outro caminhão parara perto e foi, como sempre fazia, cumprimentar o concorrente. Logo engataram uma conversa sobre o que cada um ia servir e Ortiz se deu conta de um grande problema. Ele me contou: "Eu não sabia que o outro truck era coreano. Conhecia o cara, considerava-o um amigo. Não sabia que ele estaria ali. Eu tinha minha carne coreana. Marinei tudo e... bom, voltei lá e disse a ele: 'Sabe de uma coisa, não vou vender meu taco coreano, porque você está aqui'. Então trabalhamos juntos, não um contra o outro. Éramos uma comunidade. Disse a ele que não ia vender o meu".

A atitude de Ortiz de não vender o prato que passara tanto tempo desenvolvendo me surpreendeu. No entanto, repetidas vezes, soube dos esforços inacreditáveis que os donos de food trucks gourmets faziam para se *ajudar* – de correr ao supermercado para reabastecer um pizzaiolo que ficou sem muçarela (e recusar o reembolso) a consertar um motor quebrado, os donos de food trucks se tratam como amigos em vez de concorrentes que deveriam varrer do mapa. Eles também ensinam uns aos outros como aperfeiçoar as operações para se tornarem mais lucrativas, se oferecem para ajudar nos raros dias de folga e se divulgam mutuamente – sem contar as cervejas que tomam juntos no pouco tempo livre que têm.

Todos esses gestos não eliminam a concorrência. Os donos de food trucks brigam por todos os tipos de méritos – ter o negócio mais bem-sucedido e com mais clientes, conseguir os melhores lugares para estacionar e servir a comida mais saborosa. Mas adicionar amizade a uma relação que de outra forma seria contenciosa melhora muito a situação de todos.

A combinação de concorrência e amizade inspira esses empreendedores a trabalhar duro em busca de excelência, tentando se

TUDO JUNTO E MISTURADO

igualar aos padrões dos amigos na oferta de pratos incríveis e incríveis e na condução tranquila dos negócios. Eu queria entender como essa união improvável de concorrência e camaradagem se formou. Por que indivíduos lutando para sobreviver se aproximaram de concorrentes que tentavam atrair os mesmos clientes e captar outros recursos escassos, como lugar para estacionar e divulgação espontânea nas redes sociais?

Em 1954, o eminente psicólogo Gordon Allport propôs que por meio do contato social era possível fazer com que grupos de pessoas que inerentemente ficariam apreensivas entre si se gostassem. Sua pesquisa examinou os preconceitos que faziam grupos raciais hostis entre si, e sua solução parecia fácil demais para ser verdade. Tratava-se de fazer pessoas de origens diferentes passarem algum tempo juntas, desde que quatro condições fossem atendidas: as partes precisavam ter o mesmo status, metas comuns, cooperar e apoiar a lei ou os costumes.

Pesquisas mais recentes ampliaram a hipótese de contato de Allport e demonstraram que as quatro condições que ele propôs em geral sequer são necessárias. Em uma análise de 515 estudos sobre a hipótese de contato, os pesquisadores descobriram que a mera exposição a rivais em potencial – e nada além disso – aumentava o apreço entre essas pessoas. Por que o simples contato com indivíduos dos quais não gostamos transforma relações de modo tão positivo? A resposta poderá surpreendê-lo: é pelo mesmo motivo que você adora quando uma música irritante é tocada repetidamente.

Pouco depois do trabalho de Allport sobre a hipótese de contato, o psicólogo Robert Zajonc ficou intrigado com a ideia de que tendemos a temer algo novo, mas que, ao longo do tempo, nossas reações ficam mais positivas. Sintetizando pesquisas antigas realizadas por estudiosos de música, ele descobriu que a simples exposição a composições desagradáveis faz as pessoas aceitarem-nas melhor. O fenômeno era bem simples e não exigia recompensa, tal como pagar o ouvinte. Tampouco era necessário pensar sobre os benefícios relacionados à vivência. O mesmo acontece com pessoas – quanto mais convivemos, maior a tendência a gostar delas. Parece bastante absurdo acreditar nesses resultados frente a clichês como "a ausência valoriza a pessoa" ou "familiaridade gera desprezo". Mas, quando aplicado a relacionamentos, esse fenômeno abre a possibilidade de gostarmos de rivais com quem compartilhamos muitas experiências, mas dos quais evitamos nos aproximar devido à disputa por recursos.

William Ortiz e outros donos de food trucks que estudei tinham um ritual recorrente que os aproximava e ajudava com que se abrissem: a troca de alimento. Fosse um primeiro encontro com um novo concorrente, fosse reencontrando alguém depois de algum tempo, os empreendedores desse ramo se visitam e comem juntos. Há uma explicação pragmática – o costume lhes permite provar uma variedade de pratos por meio do escambo. Porém, um aspecto inesperado ativa a hipótese do contato: isso coloca os concorrentes fisicamente próximos por meio do ato íntimo de compartilhar uma refeição. As interações aparam as arestas da concorrência e constroem relacionamentos mais significativos que, com frequência, evoluem para amizades genuínas.

Quando o contato social transforma concorrentes em amigos, desenvolvemos relações satisfatórias e benéficas em um campo inesperado. As pessoas com quem competimos acabam desempenhando um papel vital em nosso futuro, motivando a autossuperação ou, como o caso de William Ortiz e seus colegas ilustra, nos ajudando *diretamente* a melhorar.[1]

Um estudo de Paul Ingram, professor da Columbia University, e Peter Roberts, professor da Emory University, examinou os principais hotéis de Sydney, Austrália, somando 14 mil quartos. Entrevistaram gerentes e perguntaram a eles sobre amizades com gestores de estabelecimentos concorrentes. A seguir, Ingram e Roberts compararam o número de amigos da concorrência que cada gestor tinha com o desempenho do hotel em que trabalhavam. Cada amizade com um concorrente estava associada a um aumento de receita de US$ 268 mil, ou US$ 90 milhões para o setor (15% do total). O fenômeno resultava em um impulso econômico porque promovia a colaboração, suavizava a concorrência destrutiva e facilitava a troca de conhecimento.

Em muitas organizações, as equipes competem por recursos e podem até não se dar bem ou não confiar umas nas outras. Se food trucks e hotéis disputando os mesmos clientes podem criar laços, então times antagônicos também podem. Colocá-los na mesma sala para trocar recursos – ideias, ferramentas e até objetos pessoais – pode fazer muito para aproximar parceiros improváveis e estabelecer relacionamentos produtivos e até significativos.

FORA DA "ROTINA"

Se relacionamentos são o coração das empresas – o tecido social que nos une –, rotinas são o cérebro. Elas reúnem os principais passos para realizar o trabalho, direcionando a execução de tarefas de maneiras muito específicas. É por esse motivo que as amamos e odiamos. Elas facilitam o dia a dia ao dispensar boa parte do pensamento ativo, mas isso tem um custo. São poucos os que querem passar a semana sem exercitar o raciocínio.

Em geral, rotinas são definidas como "entediantes", "impessoais" e "inflexíveis". Isso pode ser verdade, mas também representam uma parcela significativa do que é preciso fazer em uma organização: contratar, lidar com clientes, preparar orçamentos – só para citar alguns. A visão prevalente entre pesquisadores é a de que rotinas oferecem estabilidade, consistência e previsibilidade. Quando bem planejadas e desempenhadas sem falhas, independem de quem as executam e geram os mesmos resultados. Como um hábito ou um software, rodam em piloto automático sem exigir muito raciocínio, esforço ou individualidade.

Há uma maneira muito diversa de entender as rotinas, uma abordagem que exige o acréscimo de um conceito que quase todo mundo acha que é seu oposto: a criatividade. De fato, um exame mais

O PODER DO MENOS

cuidadoso de uma "rotina" aparentemente impessoal e pouco criativa revela um quadro diferente. Os pesquisadores Martha Feldman, da University of California, e Brian Pentland, professor da Michigan State University, se atribuíram a missão de mudar o entendimento acerca de rotinas. Na lista de adjetivos deles, rotinas são dinâmicas, criativas e individualizadas. Longe de ser automatizadas, oferecem amplas oportunidades para as pessoas fazerem a diferença aplicando sua individualidade e criatividade. Feldman e Pentland distinguem dois aspectos das rotinas para explicar o abalo sísmico que provocaram no entendimento desses processos.

O primeiro aspecto que eles explicam é que uma rotina é um conceito abstrato, uma imagem mental. Compreendemos qualquer processo desse tipo a partir de todas as vezes que o executamos. Quando realizo os preparativos para minha filha ir para a escola – faço um sanduíche com três fatias de peito de peru e duas fatias de pão integral, embrulho um lanchinho que ela gosta e confiro a lição de casa – rotulo essas ações como a rotina "de aprontar minha filha para a escola". O conjunto me ajuda a entender as ações necessárias e me permite referir-me a elas com facilidade. Quando peço a Randi, minha esposa, para aprontar nossa filha para a escola, ela já sabe o que fazer sem ter de pensar muito.

Há, porém, um segundo aspecto das rotinas que é menos identificado. Esses processos não são apenas imagens mentais abstratas, mas ações específicas desempenhadas por pessoas específicas em momentos específicos. Mesmo que sigamos o mesmo procedimento, cada vez é um pouco diferente. Às vezes, são mudanças intencionais. Por exemplo, eu poderia decidir deixar um bilhete na lancheira da minha filha desejando-lhe um ótimo dia. Em outras ocasiões, os desvios são acidentais, como fazer o sanduíche com duas fatias de peito de peru em vez de três. Em algumas ocasiões, as condições do momento podem exigir ações diferentes – fazer o lanche com um pão francês em vez do integral. Esses desvios, frutos de uma escolha consciente ou do acaso, por menores que sejam, têm o potencial de provocar um efeito descomunal. A decisão de colocar um bilhete na lancheira pode fazer minha filha feliz, e o bom humor a ajudará a ir bem em uma prova. Um sanduíche menos robusto pode não satisfazê-la, fazendo-a ser

TUDO JUNTO E MISTURADO

reprovada no teste. A substituição de pães lhe apresenta um novo tipo de lanche e, se ela gostar, pode mudar nossa rotina no futuro.

Rotinas são criadas pela individualidade e personalizadas por quem as executa. A reação de Randi à falta de pão de forma poderia ser diferente, ela poderia mudar todo o lanche, alterando à sua maneira a rotina estabelecida.

Porém, se minha filha não gostar do novo lanche, ele poderia ir parar no lixo. Podemos pensar que recolhê-lo envolve uma rotina clara: os caminhões de lixo cumprem uma rota, esvazia-se as latas de lixo das casas em um caminhão e despeja-se o lixo no aterro sanitário. Os professores Scott Turner e Violina Rindova reuniram dados em seis municípios da Carolina do Norte para descobrir o que realmente estava envolvido na coleta do lixo.

Existe uma grande pressão sobre os departamentos de saneamento pela entrega de um serviço consistente, em especial quanto à hora da coleta. Chegar cedo demais pode significar que os moradores ainda não levaram o lixo até a calçada. Chegar tarde demais gera muitos telefonemas perguntando se a rua foi esquecida.

Mesmo os trabalhos que parecem objetivos contêm desafios inesperados. Manter-se no cronograma acaba sendo tudo, menos rotina, para os coletores de lixo: os caminhões quebram, é necessário fazer desvios no caso de manutenção de uma via, uma chuva ou uma árvore caída bloqueiam a passagem, funcionários faltam ao trabalho. Os pesquisadores descobriram que os lixeiros com frequência agem de maneira engenhosa para manter a consistência do atendimento aos clientes. Com muita discrição e criatividade, eles seguem a rotina mesmo quando fogem dela. Às vezes, alteravam a rota, reorganizando a sequência. Em outras ocasiões, mudavam a escala de quem trabalhava, ajudando algum colega que precisava faltar. Chegavam a consertar os caminhões para se manter no horário, acrescentando novos elementos à rotina. As equipes eram tão boas em aparecer na hora certa que os clientes às vezes "acertavam o relógio pela hora da coleta". Algo que à primeira vista parece muito objetivo se revela uma sequência de atitudes engenhosas repleta da energia criativa que resolve problemas.

O entrelaçamento entre rotina e criatividade nos ajuda a perceber que indivíduos fazem uma grande diferença até nas tarefas mais tediosas. Mesmo assim, esses processos são apenas uma maneira pela qual as pessoas expressam crenças, experiências e abordagens diferenciadas em situações de trabalho. Outra via é a identidade, que não só reflete quem somos, mas também guia quase tudo que fazemos. O problema é que, em geral, isolamos as várias identidades que nos compõe e vivemos vidas separadas dentro e fora do trabalho. Combiná-las permite abordar problemas, oportunidades e mudanças com mais potência.

IDENTIDADES MÚLTIPLAS

Bette Nesmith Graham nasceu em Dallas, Texas, no início dos anos 1920. Divorciada, foi trabalhar no Texas Bank & Trust em 1951, para sustentar o filho e a si mesma. No entanto, aquela não era sua vocação – ela queria ser artista. Aprendeu taquigrafia e datilografia para conseguir uma posição melhor. Trabalhou muito e tornou-se secretária executiva do presidente do conselho do banco.

Mais ou menos na época de sua promoção, as máquinas de escrever elétricas começaram a revolucionar o trabalho nos escritórios. Permitiam datilografar com rapidez, mas tinham um ponto fraco. Como o teclado era mais sensível, os erros de datilografia eram frequentes. O menor equívoco inutilizava uma folha inteira e o trabalho precisava ser refeito.

Graham temia que um erro lhe custasse o emprego. Um dia, ao observar os pintores trabalhando na fachada do banco, percebeu que eles também erravam, mas resolviam os problemas sem dificuldade, pintando por cima do erro. Combinando suas duas identidades – a de secretária e a de artista – ela fez uma descoberta decisiva e chegou à solução de usar tinta branca para cobrir os erros no papel. Isso permitiria corrigir seu trabalho, economizaria tempo e dinheiro e aliviaria a tensão entre as secretárias.

TUDO JUNTO E MISTURADO

Testou a ideia em alguns documentos que preparou para o chefe. Usando uma tinta branca à base de água e de secagem rápida, cobria os erros e datilografava as letras certas por cima. O quebra-galho funcionou, mas ela guardou segredo. O chefe nunca se deu conta de que em seus documentos havia erros de digitação escondidos.

Depois de algumas experiências, a secretária e artista aperfeiçoou um produto que se tornaria um sucesso de vendas no século 20. Sua empresa, a Liquid Paper, redimiu os datilógrafos e salvou muito papel fadado ao lixo.[2]

O que Bette Nesmith Graham criou ao combinar suas diferentes competências ensina sobre o poder das identidades sobre a maneira de trabalhar. Quase todas as pessoas que entrevisto para minhas pesquisas – independentemente do projeto – fazem um exercício simples, mas revelador. Peço que escrevam cinco linhas sobre si mesmas: "Eu sou [lacuna]". Alguns se definem por um conjunto de características sociais – gênero, idade, raça ou religião. Outros se referem a traços como inteligência ou compaixão. Há também os que se valem de suas funções, como secretária ou artista. A realidade é que a identidade inclui todas essas categorias, e a compreensão de que somos formados por uma combinação de diversas características, traços de personalidade e papéis diferentes nos ajuda a reconhecer nossa versatilidade para resolver problemas.

As identidades permitem focar e filtrar algumas informações em detrimento de outras. Apesar de a maioria dos indivíduos ter múltiplas identidades (eu, por exemplo, sou homem, marido, pai, pesquisador, professor e jogador de squash), é difícil acioná-las ao mesmo tempo. Tendemos a segmentá-las, ativando apenas a parte que combina com o ambiente.

As turmas de MBA para as quais leciono estão sempre repletas de engenheiros. Esses alunos às vezes têm dificuldade em acionar a identidade gerencial e acabam abordando problemas técnicos com um foco único, de engenheiro. Equipes multifuncionais costumam levar as pessoas a se ligar a disciplinas – marketing, finanças, contabilidade, operações, P&D – deixando de lado habilidades organizacionais com as quais também podem contar. Os funcionários permanecem em silos, incapazes de visualizar panoramas mais amplos. No caso de Graham, ela precisou observar pintores trabalhando para acionar a identidade artística. Se conseguíssemos encontrar uma maneira de combinar nossas identidades, poderíamos olhar para os problemas de novas maneiras – em especial quando se trata de combinar as que acabam sendo as duas identidades mais importantes: a profissional e a de pai ou mãe.

"A paternidade e a maternidade não são um tópico comum de discussão entre empreendedores, porque o senso comum diz que os dois aspectos não combinam", observa Andrew Dowling, empreendedor da área de tecnologia e fundador da Tapestry.net. Os indivíduos com frequência sentem a necessidade de separar a vida pessoal da profissional e as organizações costumam encorajar isso.

Existia um bom motivo para tanto. Por algum tempo, o entendimento que prevaleceu entre pesquisadores foi que identidades múltiplas esgotavam as pessoas psicologicamente porque elas ficavam divididas entre dois âmbitos muito diferentes da vida. Para além do tormento, era considerado difícil desempenhar bem mais de uma atividade – por exemplo, quanto melhor pai ou mãe nos tornamos, pior profissional somos, e vice-versa. Dowling oferece uma visão diferente. Ser pai ou mãe exige muito tempo, mas também enriquece a vida profissional, permitindo desenvolver habilidades como paciência, agir em situações caóticas e ter perspectiva. Sua opinião é corroborada por uma pesquisa. Um estudo do Center for Creative Leadership entrevistou 61 mulheres, entre gerentes e executivas seniores. Ao responder a perguntas sobre como seus papéis na vida pessoal ajudaram no trabalho, identificaram que melhorias nas habilidades interpessoais foram uma consequência fundamental das vivências fora do trabalho. No entanto, foram detectados outros ganhos relacionados a papéis externos ao trabalho. Recursos psicológicos, em especial a autoestima e a confiança, foram estimulados e migraram para a vida profissional.

Para obter uma avaliação mais rigorosa, os pesquisadores entrevistaram então mais 276 mulheres em cargos de média gestão a posições executivas. Usando uma avaliação de 21 itens para medir a multiplicidade de papéis – ocupacional, conjugal, parental, comunitário e de amizades –, determinaram o mix de identidade de cada pessoa. A seguir, os pesquisadores mediram a satisfação com a vida e as habilidades gerenciais. O resultado revelou que quanto mais diversos eram os papéis da pessoa, maior a satisfação na vida e mais precisas as habilidades gerenciais.

As habilidades que aprendemos no trabalho também podem contribuir com a vida doméstica ao proporcionar organização e habilidade na gestão de conflitos. Depois de cerca de um ano de relacionamento, Randi e eu fizemos uma rodada de feedback de desempenho formal – usando uma ferramenta que conhecemos no trabalho. A estrutura dessa atividade se tornou uma maneira de conversar sobre aspectos pessoais de nossas vidas. Descobrimos que havia um sentimento forte entre nós. Um estudo recente do psicólogo James Córdova e colegas reuniu 215 casais e os instruiu a preencher um check-up matrimonial – um tipo de avaliação de desempenho que media pontos fortes e fracos de cada cônjuge. Para os que se submeteram a essa revisão de desempenho, a satisfação na relação, a intimidade e a aceitação melhoraram em comparação com o grupo de controle e se manteve dois anos depois da intervenção.

Boa parte do caminho para superar a divisão das identidades que nos compõem – ou qualquer partilha de recursos – é entender que tendemos a classificá-las como se exigissem trocas (*trade-offs*): relacionamentos competitivos *versus* relacionamentos amistosos, trabalho rotineiro *versus* trabalho criativo, identidade profissional *versus* identidade pessoal. Indivíduos com mentalidade do tipo elástica (stretch) descobrem maneiras de integrar os recursos construindo caminhos que conectam aspectos não conectáveis à primeira vista.

REDUZINDO OS TRADE-OFFS

O deslumbrante Valley of a Thousand Hills (Vale das Mil Colinas), África do Sul, localiza-se entre as cidades de Pietermaritzburg e Durban. A beleza natural da região mascara as dificuldades da vida dos moradores negros. Em 1998, passei uma noite no vilarejo rural do vale de Maphephethe, em uma cabana com assoalho feito de esterco seco. O apartheid empobreceu a região, e os habitantes não contavam com serviços básicos, como água encanada e eletricidade. Antes de ir dormir, a família que me hospedava e eu nos reunimos na cabana de defumação para tomar uma cerveja. Eles me contaram sobre as mudanças marcantes que estavam em curso na comunidade. Na Escola de Ensino Médio Myeka, ali perto, visitei um laboratório de informática recém-construído, o primeiro movido a energia solar da África do Sul. Dezoito meses depois de sua instalação, a aprovação dos estudantes subiu de 30% para 70%.

A viagem à África do Sul era parte de um projeto de pesquisa de vários anos para examinar como uma organização chamada Solar Electric Light Fund, sediada em Washington, D.C., levava energia a países em desenvolvimento ao mesmo tempo que minimizava os danos ambientais. À medida que se aproximava o século 21, muitas populações dessas regiões continuavam sem acesso a eletricidade, recurso com potencial de provocar mudanças significativas. Faltava-lhes tudo, de refrigeração e medicamentos até luz para as crianças poderem fazer a lição de casa no fim do dia. Para Neville Williams, o líder da entidade, eletrificar a grande faixa dos países em desenvolvimento também trazia preocupações quanto aos danos ambientais.

Williams visitou mais de 50 países em desenvolvimento e observou como a eletricidade melhorava muito a vida das pessoas. Porém, também ameaçava a harmonia do planeta. As pessoas que viviam sem energia em geral não davam importância ao impacto ambiental que ocorreria décadas à frente. E quem aparecesse primeiro na região conquistava a oportunidade de fornecer o serviço, basicamente entregando energia gerada por combustíveis fósseis.

TUDO JUNTO E MISTURADO

Williams enfrentava um segundo problema – como custear a eletricidade. O custo da tecnologia excedia muito os fundos que sua organização possuía. Para as famílias atendidas, ele representava metade da renda anual. Além das questões financeiras pragmáticas, sua filosofia pessoal ditava que doar a eletricidade tirava das pessoas a responsabilidade pela posse. Para eletrificar um vilarejo, os moradores precisariam comprar o equipamento a preço de mercado.

Para ele, era possível conseguir tudo o que era importante – ele não via contradição entre o desenvolvimento econômico e as questões ambientais, famílias pobres e clientes pagantes, e eletrificação e isolamento geográfico.

A solução convencional à época seria pedir dinheiro a governos ou a empresas de energia para ampliar as linhas elétricas que prejudicariam o meio ambiente, mas Williams adotou uma abordagem diferente e harmônica. Ele usou energia solar para garantir sustentabilidade e convenceu os moradores de comunidades pobres a pagar por ela. Unidades de demonstração permitiam que eles vissem em primeira mão o poder transformador da tecnologia em escolas e tribunais locais, por exemplo. O alto custo relativo da tecnologia os encorajava a cuidar melhor do equipamento, e o custo era menor em comparação com a implantação da energia elétrica gerada por combustíveis fósseis, apesar do isolamento geográfico. Conforme a tecnologia melhorava, aos poucos, a qualidade da educação da população, abriam-se caminhos para o desenvolvimento econômico por meio dos negócios locais.

Muitas vezes enfrentamos situações em que somos tentados a escolher entre dois lados opostos do que parece ser um conflito insolúvel. A pesquisa mostra duas maneiras de abordar esses problemas. A primeira trata as partes como forças opostas. Ser um pai ou mãe melhor torna uma pessoa menos profissional, assim como eletrificar o mundo em desenvolvimento envolve prejudicar o meio ambiente. Essa tentativa de colocar em caixas cada aspecto de um aparente *trade-off*, em categorias separadas, permite simplificar o mundo, pois classifica as ideias em nichos e os define claramente. O raciocínio subjacente dita que é inútil misturar o conteúdo de caixas diferentes. Como água e óleo, a separação é natural, não importa o quanto lutemos para evitá-la.

A ideia das caixas ressalta as similaridades dentro de uma categoria e as diferenças entre categorias, o que dificulta vislumbrar como podem se misturar. Porém, existe muita variedade e diversidade dentro da caixa. Há muitas maneiras de ser um pai ou mãe e também profissional – ou, no campo da política norte-americana, um republicano ou democrata, por exemplo.

Há uma outra maneira – melhor – de abordar *trade-offs*: combinar conceitos opostos. Para Neville Williams, desenvolvimento econômico e sustentabilidade ambiental andam de mãos dadas. Unir os conceitos permitiu criar algo muito mais valioso – um modelo de negócio no qual aumentar a renda permitiu às pessoas comprar tecnologia adequada do ponto de vista ambiental e, tendo trabalhado muito para adquiri-la, cuidar bem dela.

Wendy Smith, professora da University of Delaware, passou muito tempo de sua carreira examinando *trade-offs* aparentes. Com colegas, descobriu três passos críticos para evitar a classificação das opções em caixas estanques.

Primeiro: aceitar as demandas concorrentes de um *trade-off*. Há ocasiões em que diferentes lados entrarão em conflito. Ignorá-las abre espaço para desapontamento.

Segundo: reconhecer o valor de cada lado do *trade-off*. Para fazer isso de maneira bem-sucedida, é preciso reconhecer o valor independente de cada lado. Em que aspectos ser pai ou mãe contribui para a vida? Como essa experiência poderia ser um recurso no trabalho? Em que medida ser um profissional dedicado colabora com a vida da família – com organização, estrutura ou trabalho em equipe, por exemplo?

Terceiro: descobrir sinergias entre os dois lados. Pergunte-se como um deles (como ser pai ou mãe) ajuda o outro lado do *trade-off* (ser um profissional dedicado) e vice-versa. Apesar de existir uma tendência natural de ver os dois lados como forças opostas, Smith convida a avaliar como cada um pode ajudar a conquistar as metas do outro.

Encontrar modos de fazer áreas diferentes da vida funcionar em harmonia é muito gratificante. Isso permite abraçar o eu completo, mas com muita frequência classificamos conceitos, ideias, estratégias ou outros recursos como opostos. As empresas cometem o mesmo erro, assumindo equivocadamente que muitas metas não são conciliáveis. Departamentos de marketing focam em produtos vendáveis enquanto grupos de engenheiros ficam fascinados pela mais recente tecnologia. Profissionais buscam um salário justo enquanto a gestão busca mais lucro.

Resolver os maiores problemas do mundo envolve realizar combinações improváveis que os outros deixaram passar, não consideraram importantes ou, em última análise, classificaram como impossíveis. É claro que não é fácil. Superar *trade-offs* e, a partir daí, encontrar a combinação certa para conjuntos de recursos leva tempo – como ilustra a história de um dos inventores mais importantes dos Estados Unidos.

UM ACIDENTE VALIOSO QUE LEVOU ANOS PARA ACONTECER

Na década de 1830, os Estados Unidos se encantaram com um novo material: a borracha. A substância à prova de água vinha da seiva de uma árvore nativa do Brasil. Primeiro foi usada para apagar riscos a lápis, mas logo tornou-se material para impermeabilização. Essa perspectiva enlouqueceu muitos indivíduos, que apostaram os recursos de suas famílias e a própria sobrevivência em oportunidades de negócio relacionadas ao produto.

Charles Goodyear era filho de um comerciante de hardware falido de New Haven, Connecticut. Suas finanças não eram muito melhores que as do pai, e, em 1834, ele foi preso por inadimplência. Não era sua primeira vez na cadeia, e não seria a última. Disposto a embarcar na onda da borracha, pediu à esposa que lhe levasse um pedaço do promissor material e um rolo de abrir massa para aprender mais sobre suas propriedades enquanto estava preso, o que originou um fascínio que perdurou por toda sua vida.

A paixão de Charles Goodyear era encontrar produtos químicos para misturar à borracha e torná-la mais fácil de usar. Quando saiu da cadeia, criou galochas de borracha que secou usando magnésio, invento com o qual esperava tirar a família da pobreza e provar as possibilidades comerciais daquela matéria-prima. Porém, quando o

O PODER DO MENOS

verão chegou, o calcanhar de aquiles da borracha que condenou tantos magnatas daquela era também destruiu as ilusões de Goodyear. A borracha, ele descobriu, era muito sensível à temperatura. Derretia no verão, virando uma gororoba grudenta com cheiro ruim. No frio, perdia a flexibilidade.

Abatido, mas não derrotado, Goodyear se mudou para Nova York, onde buscou um novo lugar para fazer experimentos com borracha. Ele acreditava que era questão de tempo até encontrar as substâncias certas para estabilizá-la. Certa manhã, sem material suficiente para trabalhar, reutilizou uma amostra antiga. Ele costumava decorar seu material, então, para remover a pintura de bronze que fizera, aplicou ácido nítrico. A peça voltou a ser escura e foi descartada. Dias depois, Goodyear decidiu dar outra olhada nessa peça. Encontrou a amostra macia e seca, em um estado melhor do que qualquer outra das misturas anteriores. Animado com a descoberta, um financiador de Nova York lhe adiantou alguns milhares de dólares para que aumentasse a produção do que parecia ser a melhor borracha até então.

Uma crise financeira séria em 1837 minou o sistema bancário e acabou com vários empreendimentos, incluindo o de Goodyear. Com a confiança abalada, viu a paciência de seus financiadores acabar. Pobre outra vez, Goodyear acampou em sua fábrica abandonada. Para se alimentar, pescava em um píer próximo.

Não demoraria muito até que outro financiador, vendo potencial no trabalho de Goodyear com a borracha, o ajudasse a entrar em operação outra vez. O sucesso comercial inicial veio com um contrato para produzir 150 bolsas de correspondência usando a mistura de ácido nítrico. Ele também vendeu vários milhares de boias salva-vidas fabricadas pelo mesmo processo. Goodyear estava tão confiante por finalmente ter dominado a matéria-prima que armazenou as bolsas em um quarto quente durante uma longa viagem de trabalho. Na volta, as bolsas tinham se deteriorado e as alças haviam caído. O futuro era mais incerto do que nunca.

Apesar do retrocesso, Goodyear continuou os experimentos. Nessa época, sua família já sofrera muito com os fracassos, as mudanças de cidade e a pobreza. Ele falhara. Até que um acidente aconteceu.

No inverno de 1839, Charles Goodyear estava na cozinha com familiares fazendo algo que adorava – contar sobre os últimos experimentos que um dia o levariam a resolver o desafio da borracha. Desta vez o entusiasmo era incontido. Com um gesto rápido que espelhava sua alegria, um pedaço do material foi parar no fogão quente.

Quando olhou para o fragmento, surpreendeu-se ao constatar que não derretera. O calor extremo o carbonizara, transformando-o em um material semelhante ao couro.

Entusiasmado pela descoberta acidental, pregou a borracha do lado de fora da casa. No dia seguinte, depois de uma noite gelada, encontrou-a tão flexível quanto na véspera. Por fim encontrara uma maneira de criar um produto viável.[3]

Goodyear tentou, por anos, encontrar a mistura certa para transformar a borracha em uma substância mais estável e usável, a base para o desenvolvimento de uma indústria multibilionária que revolucionou tudo, de automóveis à medicina. Um contratempo feliz o levou a essa descoberta, mas foram os anos de tentativas que lhe permitiram reconhecer a fórmula vencedora.

Quanto mais persistimos, maiores as chances de obter uma combinação vencedora. No livro *Originais: Como os inconformistas mudam o mundo*, Adam Grant explica por que as melhores ideias surgem daqueles que têm o maior número delas. Charles Goodyear não teve um estalo de gênio e inventou a borracha. Sua solução resultou de anos de tentativas.

ÓLEO E ÁGUA

Todos sabem que óleo e água não se misturam. As moléculas de água são polares, o que significa que uma extremidade tem uma carga levemente negativa, e a outra, levemente positiva. Essa propriedade forma ligações de hidrogênio, permitindo a união com outras moléculas polares. Moléculas de óleo são não polares e não formam pontes de hidrogênio. Quando colocados no mesmo recipiente, o óleo e a água se agrupam em duas camadas separadas.

O mesmo acontece com a maneira como tratamos os recursos. Com frequência nos esforçamos para extrair valor da interação entre eles. Um chacoalhão mistura óleo e água por algum tempo, mas os dois logo se separam. Do mesmo modo, para descobrir uma combinação de recursos duradoura e potente, é preciso fazer mais do que agitar rapidamente. É necessário modificar a maneira como os concebemos e trabalhamos.

Acrescentar um emulsificante à água e ao óleo ajuda a ligar os dois líquidos, resultando em uma mistura mais duradoura. Aproveitar melhor os recursos, estendendo-os, é algo semelhante – buscamos experiências, criamos sobreposições e realizamos conexões, evitando a armadilha de tratá-los como conteúdos de caixas separadas.

Combinações improváveis ajudam a buscar amizades quando tendemos apenas a competir; a descobrir maneiras de individualizar rotinas que de outro modo seriam impessoais e estáticas. É esse tipo de atitude que permitiu a Roy Choi revolucionar o mercado de refeições de rua, a Bette Nesmith Graham a transformar o mercado de materiais de escritório, a Neville Williams eletrificar regiões pobres de países em desenvolvimento e a Charles Goodyear aperfeiçoar uma das mais importantes invenções dos tempos modernos. Ao focar em combinações nunca imaginadas, que outros não reparam ou desistem de fazer, chacoalhamos nosso mundo e o tornamos melhor.

OITO

EVITE PREJUÍZOS

COMO CHEGAR À MENTALIDADE ELÁSTICA CERTA

Nos capítulos anteriores, conhecemos pessoas dotadas de mentalidade elástica que atuam em diversos campos e vimos como alcançaram ótimos resultados na vida profissional e pessoal usando os recursos que estavam disponíveis. O império cervejeiro de Dick Yuengling cresceu enquanto concorrentes maiores e com mais recursos se debatiam. Eles buscavam um crescimento desenfreado que nunca se materializou, enquanto Yuengling comprou fábricas, equipamentos e participação no mercado por preço baixo. Bob Kierlin construiu uma das empresas mais bem-sucedidas do mundo adotando e promovendo a frugalidade. O outsider Gavin Potter não tinha os recursos dos concorrentes mais bem preparados para participar do prêmio da Netflix, mas isso não o impediu de competir e até de melhorar o desempenho de outras equipes. O exemplo do diretor Robert Rodriguez de filmar sem roteiro anima a agir com o que estiver à mão. A espera pelos recursos "certos" pode ser longa e, até, interminável, ao passo que agir de imediato ensina a valorizar e trabalhar com o que está disponível. O cavalo Hans Inteligente mostra que expectativas positivas melhoram tudo (e todos). As combinações improváveis do chef Roy Choi – dentro e fora da cozinha – evidenciam por que o todo é melhor do que as partes.

Por mais sucesso e satisfação que essas pessoas tenham conquistado e por mais prosperidade que tenham obtido para si e suas organizações, o excesso de elasticidade também pode ser ruim. Neste capítulo, aprenderemos a evitar cinco problemas decorrentes do excesso de elasticidade: tornar-se avarento, vagar sem rumo, saltar sem aprender, sofrer as consequências de expectativas altas e fazer combinações inadequadas.

TORNAR-SE AVARENTO

Em Ladera Heights, um bairro rico de Los Angeles, chama a atenção uma casa térrea de estuque com beirais de madeira descascados em meio a residências cinquentenárias bem conservadas. Para horror dos vizinhos, uma lona azul e preta remenda o telhado esburacado. De vez em quando, o proprietário, vestido com um roupão, é visto lidando sem muito sucesso com a lona. Este homem reconhece prontamente que o mofo que infesta a casa lhe causa problemas de saúde. Sua esposa foi morar do outro lado da cidade, recusando-se viver ali.

O nome deste homem é Edward Wedbush, um multimilionário do setor financeiro que administra a corretora e banco de investimentos multibilionária que leva seu nome. Com mais de cem escritórios no mundo todo, passa longe do glamour dos concorrentes. Em seu escritório na sede não há móveis luxuosos, obras de arte ou demonstrações de opulência. O espaço espartano contém uma escrivaninha simples sob uma luz suave. O tapete esburacado faz as funcionárias de salto alto tropeçarem. Depois de ouvir reclamações anos a fio, ele o remendou com fita adesiva. Por ter crescido na época da Grande Depressão, Edward Wedbush aprendeu a usar o dinheiro com sabedoria. Ele aplicou sua filosofia pessoal quando, em 1955, começou seu negócio com um sócio – a dupla tinha US$ 10 mil. Mesmo depois de se tornar multimilionário, manteve essa conduta. Dirigia um carro simples e não fazia suas refeições em restaurantes – levava um lanche todos os dias. A empresa se esquivava de dívidas excessivas e gastou bem dentro de suas possibilidades.

EVITE PREJUÍZOS

Apesar de ter um histórico de sucesso, Wedbush passou da conta em sua mentalidade elástica algumas vezes. Sua obsessão com o controle de gastos o deixou em maus lençóis com as autoridades e o tornou malvisto entre boa parte de seus funcionários. Um conselho de arbitragem classificou sua empresa como "moralmente repreensível" e recompensou com US$ 3,5 milhões de bônus um corretor que, como outros funcionários, teve o pagamento retido pelo fundador. Autoridades fiscais também multaram a companhia várias vezes por falha na supervisão, e, em 2012, tomaram a decisão incomum de suspender Wedbush da gestão de sua empresa por 31 dias. A Financial Industry Regulatory Authority (FINRA) citou-o por não conseguir desligar adequadamente funcionários demitidos e usar regras de arbitragem desfavoráveis. Não foram encontradas evidências de fraude ou farsa intencional, mas a empresa foi considerada negligente por não dedicar recursos suficientes às áreas de compliance e gestão de risco.

Como escreveu Aristóteles, todas as virtudes podem se tornar vícios quando chegam ao extremo. De um lado está o que o filósofo grego chamou de vulgaridade – gastos além do que permitem as circunstâncias, muitas vezes para chamar a atenção. Isso é comum entre pessoas com mentalidade perseguidora. Igualmente condenável para ele é o outro extremo – o foco em fazer tudo do modo mais barato possível e acumular riqueza em vez de usá-la para um propósito maior. É esse vício que leva ao grande prejuízo da elasticidade excessiva: tornar-se pão-duro.

A mesquinhez de Edward Wedbush se tornou uma ameaça à própria empresa. A falta de investimento em compliance e o tratamento injusto dispensado aos funcionários mancharam sua reputação e a de seu negócio. Apesar de ter meios para reparar sua casa, ele permitiu que se deteriorasse a ponto de sua esposa se mudar para evitar o perigo. Wedbush foi frugal ou pão-duro?

Há diferenças notáveis entre ser frugal e ser avarento. Pessoas frugais têm prazer em economizar; os pão-duros se sentem mal em gastar.

O PODER DO MENOS

Uma equipe de pesquisadores liderada pelo professor Scott Rick, da University of Michigan, estudou mais de 13 mil indivíduos – leitores dos mais importantes jornais dos Estados Unidos e do Canadá; telespectadores da Filadélfia e funcionários, alunos e pais de alunos de duas universidades de Pittsburgh, Pensilvânia. Eles examinaram as diferenças na maneira como as pessoas reagem quando gastam. Os indivíduos que eles chamaram de esbanjadores gastavam dinheiro sem reconhecer que fazê-lo no presente significaria ter menos no futuro, pois não percebiam as consequências de comprar. Esse tipo tende a ter mentalidade perseguidora, com uma sede insaciável por consumir.

Os avarentos, por outro lado, acreditavam que teriam de desistir de alguma coisa no futuro para comprar algo hoje, uma lógica que muitas vezes os impedia de abrir a carteira. Eles reconheciam que as escolhas do presente afetariam suas opções no futuro. Na média, cerca de 25% das pessoas estudadas eram pães-duros, e 15% eram esbanjadores.[1]

O que acontece é que os indivíduos frugais pensam de forma fundamentalmente diferente dos avarentos. O professor Rick e sua equipe pediram a 966 pessoas que anotassem em que medida gastar dinheiro era desconfortável para elas. Os pães-duros se sentiram aflitos e os frugais não sentiram essa dor emocional.

Para investigar mais a fundo, os pesquisadores perguntaram a 316 pessoas em que medida concordavam que economizar dinheiro era prazeroso. As frugais revelaram prazer em economizar, mas os pães-duros, não.

Quem tem mentalidade elástica não se aflige ao gastar dinheiro; em vez disso, tem prazer em gastar com sabedoria – e obter o máximo de qualquer recurso. Por isso, são pessoas que tendem a ser frugais.

Em uma série de estudos com universitários, proprietários de imóveis, clientes de supermercados, trabalhadores taiwaneses e trabalhadores da Agência de Proteção Ambiental dos Estados Unidos, pesquisadores descobriram que para quem tem mentalidade elástica agir de forma frugal é inerentemente satisfatório, não sendo apenas um meio para atingir um fim. Isso não significa que essas pessoas evitam gastar dinheiro ou distribuir recursos – elas só precisam acreditar que vale a pena. Dick Yuengling e Bob Kierlin investiram um dinheiro significativo para fazer suas empresas crescerem, mas evitaram o tipo de gasto ilimitado que caracterizava os concorrentes que operavam com mentalidade perseguidora em seus mercados. Apesar do sucesso e eventual acesso a grandes montantes de recursos, saboreavam o simples prazer de extrair o máximo do que possuíam.

Não é só a avareza que causa danos. Examinaremos a seguir outro dano causado pelo excesso de mentalidade elástica: ao acumular uma variedade de experiências, algumas pessoas acabam perdendo o rumo.

VAGAR SEM RUMO

A cidade que Ronald Wayne chama de lar é Pahrump, Nevada, tem 35 mil habitantes e fica escondida no deserto de Mojave. Ele se autodenomina um "homem renascentista" e vive em uma casa modesta avaliada em US$ 150 mil, onde vende moedas e selos raros para complementar a aposentadoria. Engenheiro eletromecânico talentoso, Wayne é dono de 12 patentes. Curioso insaciável, sua obsessão de mais de 40 anos pela complexidade das moedas fez com que investisse em ouro; também aplicou o aprendizado obtido em suas pesquisas em política e governança, escrevendo um livro sobre o assunto, e espera que a obra se torne seu principal legado.

Wayne, que também é ilustrador, mecânico e maquetista, gosta de apostar em caça-níqueis nos cassinos da cidade tarde da noite. Essas máquinas ocupam um lugar especial em seu coração. Uma das realizações de que ele mais se orgulha foi ter desenhado, fabricado e montado um caça-níquel do zero, incluindo a lógica eletrônica, o layout do chassi, a apresentação gráfica, os símbolos que rodam na tela e a infraestrutura eletromagnética. Apesar de seu conhecimento acerca de aspectos muito diferentes de caça-níqueis, a empresa que ele começou a construir acabou fracassando. Ele levou um ano quitando dívidas e pagando investidores. Sua recusa em se esconder atrás da cortina corporativa e se responsabilizar por suas falhas foi moralmente louvável, mas penosa do ponto de vista pessoal.

Os muitos interesses de Ronald Wayne lhe rendem um conjunto muito variado de experiências. Ele une essas diversas habilidades para abordar problemas de novas maneiras, o que sem dúvida o ajudou a conseguir registrar patentes. Porém, a variedade de interesses e pesquisas de Wayne levantam uma questão importante: uma diversidade muito grande de experiências é ruim?

Ezra Zuckerman, pesquisador do MIT, baseou seu estudo de como equilibrar a diversidade de experiência analisando filmes. Há atores e atrizes versáteis que participam de filmes de vários gêneros, como ação, drama e comédia. Experiências diversas podem dar a seus personagens mais complexidade, apresentá-los a novos públicos e incentivá-los a tentar novos papéis. São profissionais como Angelina Jolie, Leonardo Di Caprio e Robert De Niro. Há também atores de um único gênero – na linguagem cinematográfica, eles se prestam a interpretar papéis específicos. Por exemplo: Jennifer Aniston para comédias românticas, Jackie Chan para filmes de ação e Will Ferrell para comédias escrachadas.

Assim como os atores, fazemos escolhas semelhantes em relação à carreira quando decidimos nos tornar especialistas em um número limitado de assuntos ou generalistas que têm conhecimento menos profundo, mas muito mais amplo em escopo. As organizações fazem o mesmo tipo de opção – algumas focam em uma única linha de produtos ou em um conjunto pequeno de serviços, e outras produzem uma grande variedade de ofertas.

Há um bom motivo para optar pela especialização. Essa escolha emite sinais claros do que se pode ou não fazer. Imagine Arnold Schwarzenegger atuando em um drama romântico. Do mesmo modo, relutaríamos em contratar um médico para fazer nosso imposto de renda ou confiar em um fabricante de malas para comercializar comida congelada.

Por fim, alguém que se fixa em uma especialidade torna-se muito bom, mas corre o risco de ficar estereotipado, o que dificulta na hora de ocupar outras funções ou conseguir empregos em áreas diferentes. Embora haja muito mérito em desenvolver um conjunto admirável de habilidades e uma reputação sólida por fazer algo bem, quebrar o estereótipo traz benefícios enormes – como desenvolver outras habilidades, enfrentar novos desafios e até obter recompensa financeira maior. No entanto, quando esse caminho que envolve muitas opções diferentes não é trilhado de maneira cuidadosa, o resultado é um prejuízo gigantesco: vagar sem rumo.

A análise feita por Zuckerman a partir do Internet Movie Database (IMDb) de todos os filmes entre 1995 e 1997 oferece uma orientação útil de como evitar ser estereotipado com rigidez ou vagar sem rumo. Ele acredita que, primeiro, é preciso estabelecer uma identidade fundamental coerente – uma carreira concentrada em uma área específica ou, para organizações, um tipo específico de produto ou um serviço principal. Se a diversificação acontece de maneira muito rápida – trocando de setor ou área funcional sem antes estabelecer credibilidade inicial – emitimos sinais confusos, suscitando indagações como: "Que tipo de habilidade essa pessoa tem?", "Ela está comprometida com o quê?", "O que essa empresa faz?".

Só é possível diversificar depois de estabelecer uma identidade fundamental. É o caso do ator Matthew McConaughey, que inicialmente ficou conhecido pela atuação em comédias românticas, mas que também interpretou papéis aclamados pela crítica em dramas bem-sucedidos, como *O poder e a lei* (2011) e *Clube de compras Dallas* (2013), pelo qual ganhou o Oscar de melhor ator principal. Porém, ater-se ao porto seguro por muito tempo torna difícil quebrar o estereótipo – como atestam as tentativas de Sylvester Stallone em atuar além de filmes de ação e aventura, com o fracasso de títulos como *Os embalos de sábado continuam* (1983) e *Falcão – o campeão dos campeões* (1987).

Outra estratégia para evitar vagar sem rumo é buscar áreas novas que são apenas um pouco diferentes do foco principal. Depois de alguns movimentos incrementais, são obtidas experiências muito úteis e variadas. Ming Leung, pesquisador da University of California, Berkeley, realizou um estudo com a Elance, empresa on-line de contratação de mão de obra, com o objetivo de entender técnicas para obter uma diversidade de experiências sem "viajar" muito. A plataforma era o ambiente ideal para examinar essa questão, porque conecta indivíduos com uma série de habilidades que buscam trabalho autônomo com pessoas e empresas em busca de talentos para ocupações temporárias. Os freelancers postam perfis informando histórico de emprego, habilidades, experiências e feedback dos clientes. Os clientes inserem informações sobre as vagas e os pagamentos correspondentes.

Leung estudou todas as 32.949 vagas postadas no Elance em 2004. Por um ano, 2.779 freelancers concorreram a pelo menos uma vaga. Leung descobriu que experiências diversas ajudam os profissionais a conseguir trabalho, mas com uma ressalva importante. Pessoas que conseguiram trabalho migraram entre empregos semelhantes, ou seja, foram cuidadosas em não mudar para uma posição com características muito diversas da que ocupavam antes. Ao longo do tempo, conseguiram assumir responsabilidades bem diferentes, mas tiveram de criar seu portfólio passo a passo.

Os profissionais que diversificaram suas experiências de maneira incremental acabavam conseguindo muito mais trabalho do que aqueles que ficaram em apenas uma categoria de ocupação ou do que os que mudaram erraticamente entre categorias diferentes. O achado de Leung na plataforma Elance é coerente com outras pesquisas que demonstram que diversificar aos poucos a experiência profissional nos torna mais criativos e propicia promoções com mais rapidez.

Ao buscar experiências diversas, às vezes é preciso mudar – seja para um novo emprego ou até para outra cidade. Alguns benefícios importantes resultam de grandes mudanças devido às diferentes experiências que se pode obter. No entanto, por mais que isso seja valioso para diversificar a vivência, há *trade-offs* consideráveis em mudanças aleatórias frequentes.

Em 2016, Randi, minha esposa, teve de tomar uma decisão importante. Ela recebeu duas ofertas de trabalho espetaculares, daquelas que uma pessoa orientada pela mentalidade perseguidora não dispensaria de modo algum. Ambas aumentariam seu salário de maneira considerável.

EVITE PREJUÍZOS

O tamanho da equipe sob sua responsabilidade triplicaria para mais de cem pessoas. Ela trabalharia em uma empresa maior, com um status mais alto e teria uma sala grande. Foram oferecidos muitos benefícios atraentes, mas ela recusou as duas propostas.

Por mais sedutoras que ambas as posições fossem, elas não passaram no teste fundamental: "O que acho mais interessante – conseguir o emprego ou aprender com ele?". Quando os desafios foram estruturados na linguagem da mentalidade elástica – com foco em aprendizagem, não em aquisição – a decisão difícil tornou-se fácil.

A primeira oportunidade significava conduzir vários tipos de equipes que ela já liderara antes – havia poucas oportunidades para novas experiências. A segunda oferta envolvia um setor tão diferente que uma mudança poderia levá-la a ir longe demais. A falta de entusiasmo com o segmento em questão apenas se somou às demais ressalvas.

Outra parte de sua decisão teve a ver comigo. Os dois empregos teriam exigido mudança para outra região do país – algo que até nos interessava, mas que também poderia abalar nossa família.

Shigehiro Oishi, psicólogo da University of Virginia, acredita que as pessoas perdem as raízes de suas vidas e relações sociais quando se mudam com muita frequência. Elas se concentram na novidade da experiência, que é importante, mas subestimam o valor do que já está em volta delas, em especial as relações. Ganhar colegas e fazer amigos novos pode ser muito animador, mas perder bons companheiros também é exaustivo.

Em um estudo, Oishi examinou 7.108 adultos norte-americanos de 20 a 75 anos em um período de dez anos – a quantidade de homens e mulheres era mais ou menos igual. Ele perguntou "Quão satisfeito você está com sua vida?" no começo do estudo e dez anos depois. Também mediu o bem-estar psicológico fazendo os participantes declararem seu nível de concordância ou discordância com afirmações como: "Para mim, a vida é um processo contínuo de aprendizagem, mudança e crescimento".

Em seguida, Oishi avaliou o grau de introversão ou extroversão de cada indivíduo, bem como seus relacionamentos sociais (qualidade da amizade, relações familiares e com vizinhos). Por fim, perguntou aos participantes quantas vezes mudaram de casa quando crianças.

O PODER DO MENOS

Para os introvertidos, as notícias não foram muito boas. A frequência das mudanças de endereço estava negativamente relacionada à satisfação na vida e ao bem-estar psicológico, mas, para os extrovertidos, não havia relação entre essas ocorrências e o bem-estar. Ao se aprofundar, Oishi descobriu que os introvertidos tinham dificuldade em estabelecer relações sociais positivas depois das mudanças, o que diminuía seu bem-estar – em suma, para eles, as mudanças foram muito mais penosas. Além disso, os introvertidos que se mudaram muitas vezes quando crianças também corriam um grande risco de morte.[2] Como único introvertido em nossa família, fiquei muito preocupado.

Alinhadas às descobertas de Oishi, algumas pesquisas médicas demonstram correlações positivas entre mudanças frequentes no trabalho e efeitos adversos na saúde, como aumento dotabagismo e consumo de álcool e menos prática de atividades físicas.

É importante calibrar quanto e com que frequência diversificamos experiências – muito é tão perigoso quanto pouco (em especial no caso de introvertidos). Além disso, acreditar que a única maneira de diversificar experiências é por meio de grandes mudanças que prejudicam recursos existentes, em especial as relações pessoais, pode ser (literalmente) arriscado. É possível encontrar formas menos disruptivas de obter diferentes experiências permanecendo no mesmo lugar. Precisamos buscar situações novas que também permitam manter alguma sensação de constância.

Devido às mudanças que viveu no início dos anos 1970, Ronald Wayne poderia ter construído uma vida muito diferente – uma que poderia tê-lo deixado longe de viver com assistência do governo. Ele tinha uma carreira promissora em informática e passou um tempo trabalhando como desenhista-chefe da Atari, onde conheceu um gênio da computação ambicioso e brilhante chamado Steve Jobs. Com seu sócio, Steve Wozniak, Jobs sonhava em criar a indústria da computação pessoal. Os dois gênios

EVITE PREJUÍZOS

entraram em conflito e pediram a Wayne, que era 20 anos mais velho e a quem respeitavam muito, que os ajudasse arbitrando suas disputas e, como adulto, fornecendo supervisão para o empreendimento. No dia 1º de abril de 1976, os três assinaram um contrato para criar a Apple Computer. Wayne desenhou o logo original da empresa e elaborou o manual para o primeiro produto da empresa, o Apple I.

Ronald Wayne ajudou a fundar uma das maiores, mais bem-sucedidas e inovadoras empresas do mundo – mas saiu da sociedade 12 dias depois de entrar. Ele temia que um grande interesse inicial pelos computadores levasse o empreendimento pequeno a seguir o mesmo caminho de sua empresa de caça-níqueis – ficar sem recursos e não conseguir atender aos pedidos. Wayne também queria satisfazer sua necessidade de envolvimento em todos os aspectos de desenvolvimento de produto, refletindo suas habilidades diversas e interesses mais diversos ainda. Mais tarde ele explicaria: "Eu saí e segui meu caminho, me divertindo e tomando qualquer direção que parecesse apropriada na época". Na saída, vendeu seus 10% por US$ 2.300, uma participação que hoje valeria bilhões de dólares. Mais recentemente, ele declarou: "Minha vida toda tem sido um dia a mais e um dólar a menos". No fim de 2014, ele leiloou sua última conexão com a Apple para conseguir pagar as contas – um arquivo de documentos do início da empresa, pelo qual obteve US$ 25 mil.

A trajetória de Ronald Wayne exemplifica os riscos de vagar sem rumo. Seu primeiro trabalho na Apple ajudou a fundar uma renomada empresa de sucesso, mas ele se beneficiou muito pouco de suas contribuições, partindo para seu próximo empreendimento. A Apple se tornou um gigante da tecnologia, com Wayne à margem.

SALTAR SEM APRENDER

Em 2011, uma grande empresa varejista em dificuldade achou que encontrara a salvação. A operação estava moribunda e um CEO de renome fora contratado, com um histórico profissional de sucesso. O nome do executivo era Ron Johnson e ele transformara a Apple de Ronald

Wayne em uma gigante que vendia US$ 64,6 mil por metro quadrado, mais que o dobro do mais alto índice do varejo, a joalheria Tiffany & Co. Antes de entrar na Apple, Johnson ajudara a transformar a Target, um atacadista sem brilho, em uma rede de lojas que combinava estilo e bons preços. No papel, Johnson parecia ser perfeito para resgatar a JC Penney.

O nome era tão promissor que as ações da empresa subiram 17,5% em um único dia, logo depois da notícia da contratação. Porém, apenas 17 meses depois, a JC Penney estava à beira do colapso financeiro. Durante o breve mandato de Johnson, perdeu metade de seu valor de mercado e suas vendas caíram cerca de 30%, o que representou quase US$ 1 bilhão de prejuízo.

Ao chegar, Ron Johnson sabia que precisava agitar a operação e arregaçou as mangas. Para virar do avesso a empresa cambaleante, apresentou uma abordagem nova chamada precificação "direto ao ponto". A estratégia corrente era oferecer preço baixo todo dia por meio de liquidações e cupons de desconto que colocavam em níveis razoáveis preços de tabela artificialmente altos.

Johnson entrou de cabeça no negócio, confiando em seu instinto sobre como administrar a empresa. Ele percebeu que a JC Penney empacara por causa de planejamento e eliminou as reuniões para avaliar dados, desempenho das lojas e outras métricas. Também não viu necessidade de testar sua ideia. Essa não era a primeira vez que Johnson jogava com a fé. Quando criou o Genius Bar na Apple – serviço de ajuda e suporte técnico aos clientes nas lojas – ele se manteve fiel a seu instinto sobre o mérito da ideia, apesar dos resultados decepcionantes: "O que você não pode fazer é amarelar. Se tivéssemos olhado para os dados do Genius Bar após um ano e meio, deveríamos ter tirado isso da loja, mas era algo em que eu acreditava totalmente".

A crença de Johnson sobre a precificação justa na JC Penney era igual à que nutrira sobre o Genius Bar na Apple. Sua coragem foi encarada com certo ceticismo por lideranças da empresa, que questionaram sua fé cega na estratégia. Eles queriam recuar, mas Johnson resistiu. Ele gostava de dizer: "Não testávamos na Apple". Queria seguir seu instinto, explicando: "Minhas ideias meio que surgem. Eu não sei [como] explicar. É tudo intuitivo... Não é como se você estudasse e pensasse: 'O que fazer?'. Você meio que tem um instinto para essas coisas".

Quando os números começaram a mostrar que Johnson estava errado, ele culpou os clientes, insistindo na precificação justa como fez com o Genius Bar. Os clientes precisavam ser doutrinados; assim começariam a gostar da nova JC Penney. Infelizmente, as vendas continuavam caindo, e o nível de satisfação do consumidor despencou. A diretoria da JC Penney seguia vivendo em uma realidade paralela: "Os clientes amam a nova JCP que descobrem nas lojas". As vendas contavam uma história muito diferente.

Por melhores que fossem as ideias de Ron Johnson na teoria, e por mais que seu instinto tivesse funcionado no passado, ele entendeu muito mal o público da JC Penney. Os clientes gostavam da excitação e da satisfação gerada pela sensação de estar fazendo um bom negócio usando os cupons e aproveitando as liquidações. A precificação justa era melhor para Johnson porque era direta, mas os clientes gostavam de se gabar da habilidade de maximizar cupons e descontos. Queriam ganhar o jogo da compra.

O investidor Bill Ackman, que trouxera Johnson da Apple para a JC Penney, reconheceu: "Um dos grandes erros talvez tenha sido implementar uma mudança profunda muito rapidamente, sem testes adequados sobre a dimensão do impacto". Ron Johnson e a JC Penney deram uma guinada em uma direção que tinha o potencial de ser um caminho novo e emocionante, mas acabaram dando um passo no vazio e foram incapazes – ou não estavam dispostos – a aprender com erros anteriores.

O vencedor do prêmio Nobel Daniel Kahneman e o especialista em intuição Gary Klein pesquisaram todos os benefícios e desvantagens de usar o tipo de instinto pessoal que caracterizou a gestão de Ron Johnson na JC Penney. Eles concluíram que a exigência mais importante para esse tipo de abordagem ser efetiva é ter foco em aprendizagem. Ao aprender com as ações, pode-se fazer ajustes fundamentais ao longo do caminho. Infelizmente, Ron Johnson manteve sua péssima aposta, sem entender que suas escolhas estavam arrasando a empresa. Quando questionado se faria tudo de novo caso tivesse a oportunidade, respondeu: "Não, é claro que não".

O diretor de cinema Robert Rodriguez adotou uma conduta bem diferente quando começou a filmar sem se ater a um script – ele aprendeu o tempo todo. Sua abordagem tornou *El Mariachi* uma escola de cinema barata, permitindo que calibrasse seu instinto com base nos erros cometidos. Assim como Johnson, Rodriguez deu um passo no vazio, mas ele também observou e aprendeu.

Os estudiosos de estratégia Chet Miller e Duane Ireland recomendam uma abordagem de feedback rápido e aprendizagem lenta para minimizar os danos potenciais de situações em que a ação é muito rápida. A JC Penney precisava de intervenções desse tipo, mas também precisava aprender com elas. Miller e Ireland apontam que por meio da avaliação imediata proporcionada pelo feedback é possível fazer ajustes com agilidade. Entender em profundidade uma situação complexa como a da JC Penney pode levar muito tempo, mas fazer ajustes graduais nas intervenções rápidas permitem dar um passo por vez.

Miller e Ireland alertam para outra precaução importante que Johnson não seguiu. Eles defendem evitar saltos muito altos, já que, se derem errado, serão catastróficos. Porém, é possível se recuperar de saltos menores caso não deem certo, desde que aprendamos com eles. A iniciativa equivocada de Johnson no Genius Bar teria representado uma parcela muito pequena do negócio da Apple. Porém, quando lançou a estratégia de preço justo na JC Penney com agressividade e insistiu em mantê-la, apostou a empresa inteira em uma ideia não testada.

Não apostamos apenas em ideias, também apostamos em pessoas. Nesses casos, os sinais que emitimos estimulam a formulação de prognósticos positivos ou, quando feito de maneira inadequada, as amaldiçoam com expectativas altas demais.

EVITE PREJUÍZOS

CONDENADO PELAS ALTAS EXPECTATIVAS

Em 1998, dois dos melhores quarterbacks do futebol americano universitário de todos os tempos entraram no sistema de escolha de jogadores para a National Football League (NFL). Muitos times queriam apostar neles. O primeiro atleta tinha um histórico impecável – quebrara 42 recordes da National College Athletic Association (NCAA), da associação e escolares, e tinha ficado em segundo lugar no Troféu Heisman, prêmio que vai para o melhor jogador de futebol americano universitário. O outro quarterback levara seu time à primeira aparição no Rose Bowl em 67 anos, obtivera o terceiro lugar no Troféu Heisman e ganhara o prestigiado Troféu Sammy Baugh, entregue ao melhor passador universitário do país.

O Indianapolis Colts já tinha garantido a primeira escolha geral no sistema e o San Diego Chargers queria a chance de fechar um acordo com um dos dois. Trocando dois jogadores escolhidos na primeira rodada, um escolhido na segunda e um jogador que já possuíam, o Chargers avançou para a segunda seleção geral, logo atrás do Colts.

Para a surpresa de alguns, os dois quarterbacks eram escolhas da primeira rodada, um deles ficando em primeiro lugar para o Colts e o outro em segundo lugar para o Chargers.

Dizer que o Colts e o Chargers estavam passando por dificuldades na época era um eufemismo. O primeiro time terminara a temporada anterior com três vitórias e 13 derrotas. O segundo havia se saído um pouco melhor – ganhara quatro jogos e perdera 12.

Peyton Manning, a escolha do Colts, se tornou um dos melhores quarterbacks de todos os tempos da liga, superando as enormes expectativas e ajudando o Colts a ganhar seu primeiro Super Bowl desde 1971. Manning conseguiu levar o time a três Super Bowls, ganhar dois e ser nomeado o jogador mais valioso da liga cinco vezes.

O Chargers contratou a outra grande aposta – um super-star da Washington State University chamado Ryan Leaf. O time depositou tanta esperança no jovem prodígio que lhe deu um bônus de US$ 11,25 milhões, na época o acordo mais polpudo para um jogador iniciante.

Assim como no caso de Manning, as expectativas em relação a Leaf estavam nas alturas – ilustradas por todos os esforços que o time fez para ter uma chance com ele, o barulho da mídia sobre quão promissor ele era e os termos do contrato. Ignorando quaisquer entraves a seu sucesso, ele declarou: "Eu não sei por que fazem tanto alarde para a defesa da NFL. Eu já vi quase tudo que podem fazer e não é nada de mais".

A estreia de Leaf colocou o San Diego Chargers contra o Buffalo Bills. O Chargers acabou ganhando o jogo por 16x14, mas o desempenho de Leaf ficou longe do excepcional. Ele errou o primeiro snap na estreia em casa perante uma torcida que esperava um grande jogo do superstar recém-contratado. Ele fez duas interceptações durante o jogo, e outras duas foram impedidas pelas faltas do adversário.

Apesar de ser uma promessa, Ryan Leaf acabou não se transformando em Peyton Manning. Venceu apenas quatro jogos como quarterback iniciante e fez 14 touchdowns em comparação com 36 interceptações. Atuou em apenas 25 jogos nas quatro temporadas. Seu recorde de vitórias antes de entrar na NFL não o preparara para perder na liga profissional, e seus esforços iniciais o levaram a uma espiral descendente. "Nunca tinha perdido, não sabia como lidar [com a situação]", relembra.

O colapso de Ryan Leaf foi tão marcante quanto o triunfo de Peyton Manning. As diferentes trajetórias dos dois atletas ajudam a entender quando profecias positivas funcionam ou não. Havia expectativas altas sobre as carreiras profissionais dos dois jogadores, mas eles acabaram em lados bem diferentes do campo.

Peyton Manning nunca sentiu essa pressão. "Você não sente pressão se estuda o plano do jogo e sabe o que fazer", ele costumava dizer. Reconhecia a conexão entre trabalho árduo e autoaperfeiçoamento, e abordava o jogo com o que a psicóloga Carol Dweck chama de mentalidade do crescimento.

Ryan Leaf teve dificuldade para superar as altas expectativas que os outros tinham sobre ele, e a consciência sobre o início decepcionante doeu. Ele afirma: "A maneira como as coisas aconteceram, as expectativas que a cidade tinha sobre mim, o modo como a decepcionei, sempre senti certa apreensão quanto a isso". A atividade física abateu seu corpo tanto quanto o custo emocional de perder atingiu sua mente – ele não conseguia voltar à antiga forma.

EVITE PREJUÍZOS

Para piorar, o atleta usou analgésicos para acalmar as preocupações. "Eu me tornei antissocial, isolado. [A medicação] afasta todos os sentimentos ruins, todas as críticas sobre por que eu não era um ótimo quarterback, ou como decepcionei a universidade, a família e sei lá quem mais. Era uma forma de suportar isso", reflete. O vício o levou a ser preso na fronteira canadense por tentar entrar com analgésicos nos Estados Unidos. Leaf se declarou culpado de oito acusações – não foi a primeira vez que enfrentou problemas legais por causa de drogas e, infelizmente, não foi a última.

O vício em drogas lhe custou uma segunda chance como técnico promissor de futebol americano universitário. Leaf observou: "Eu era bom em duas coisas: esportes e mentiras. Estava sempre preocupado com o que os outros pensavam de mim ou com a minha imagem... Logo mentir, para que a história fosse mais sobre o que eu queria que as pessoas pensassem que eu era, acabou vencendo". Ryan Leaf foi amaldiçoado pelas expectativas altas, sempre procurando agradar aos outros.

Expectativas altas, quando bem calibradas, podem criar prognósticos positivos, mas quando impostas sem proteção podem abalar até os talentos mais promissores. Ryan Leaf esperava ter uma carreira bem-sucedida na NFL porque era isso que os outros esperavam dele. Porém, suas primeiras atuações desgastaram as expectativas altas que tinha sobre si mesmo. E as expectativas dos outros acentuaram suas inseguranças. Uma plateia que espera o sucesso ficará desapontada com o fracasso. Ryan Leaf sabia que os espectadores torciam com grandes esperanças, e ele começou a se concentrar em não decepcionar.

Quando os outros têm expectativas positivas em relação a nós, estão emitindo dois tipos de sinais. O primeiro tipo são as informações que moldam nossas próprias expectativas, pois à medida em que acreditamos nas expectativas dos outros temos mais chances de superá-las. Pensamos que, se esperam grandes feitos, é porque somos capazes de entregar.

O PODER DO MENOS

O segundo tipo de sinal é o aspecto social da expectativa positiva – e com ele vem o problema que eliminou Ryan Leaf: a pressão por desempenho. A preocupação em satisfazer os outros nos distrai.

Um experimento realizado por uma equipe de pesquisa liderada pelo psicólogo Roy Baumeister estudou quando as expectativas criam prognósticos positivos e quando levam à pressão por desempenho. Eles perceberam que a expectativa alta sobre alguém ativa a pressão por desempenho se a pessoa não acredita nessa expectativa. Isso não cria nenhum dos benefícios de moldar as próprias expectativas de um indivíduo, mas traz todas as desvantagens das pressões sociais.

Trinta estudantes da graduação foram informados que havia uma relação positiva entre um teste de personalidade e a habilidade de resolver problemas difíceis. O teste era falso e os pesquisadores disseram a todos os participantes que eles haviam recebido 75 pontos, independente do resultado real. Quem estava no grupo de controle não recebeu orientação sobre como interpretar os 75 pontos; os demais participantes receberam a informação de que, em função dos 75 pontos, esperava-se que resolvessem problemas difíceis com tranquilidade. Metade desse grupo também recebeu dados adicionais de reforço – um gráfico que atestava essa correlação (grupo de informações confiáveis). A outra metade recebeu um gráfico que mostrava que a correlação não era corroborada por pesquisa anterior (grupo de informações não confiáveis).

Tanto o grupo com informações confiáveis quanto o grupo com informações não confiáveis acreditavam que os pesquisadores esperavam que eles se saíssem bem. A grande diferença foi que os participantes do grupo com informações confiáveis internalizaram a expectativa positiva dos pesquisadores muito mais do que o grupo com informações não confiáveis. Como resultado, tinham expectativas pessoais mais favoráveis – haviam sido expostos tanto aos aspectos internalizados quanto aos aspectos sociais da expectativa. O grupo com informações não confiáveis apenas vivenciou a pressão por desempenho advinda das expectativas sociais.

Quando os pesquisadores apuraram o desempenho dos integrantes de cada grupo, surpreenderam-se com o padrão que emergiu. O

EVITE PREJUÍZOS

número médio de problemas resolvidos pelo grupo de controle – que não obtivera nenhuma informação sobre o significado dos 75 pontos – ficou dentro do padrão. Os indivíduos desse grupo resolveram, em média, 5,2 problemas. O grupo que recebeu as informações confiáveis obteve uma média maior, de 7,1 problemas. O grupo com informações não confiáveis surpreendeu: resolveu menos problemas do que o grupo de controle, apenas 3,4 deles. Os pesquisadores criaram nesses indivíduos pressão por desempenho, o que não se traduziu em uma crença positiva entre os participantes, fazendo-os se apequenarem sob pressão.

Estrear na carreira profissional em sua terra natal, San Diego, Califórnia, também pode ter contribuído para os problemas de Leaf. Embora a tendência seja pensar que jogar em casa é uma vantagem, no caso de jogos importantes os resultados são intrigantes. Em outro estudo, o professor Baumeister examinou a World Series de beisebol e validou o senso comum: a vantagem de jogar em casa ajuda equipes da World Series. Analisando os resultados de 1924 a 1982, ele descobriu que no primeiro e no segundo jogos, o time da casa ganha 60,2% das vezes. Ainda assim, se atrapalha em jogos decisivos, vencendo apenas 40,8% do último jogo da série. Aprofundando o estudo, descobriu o que talvez seja a informação mais significativa: em um sétimo jogo, aquela situação em que o vencedor leva tudo, o time da casa vence o visitante apenas 38,5% das vezes.

Outra explicação para os padrões de vitória que Baumeister revelou poderia ser apenas que o time visitante se superou e não que o time da casa tropeçou sob pressão por desempenho. Talvez a condição de visitante faça emergir o melhor de um time, justamente por causa das vaias e xingamentos.

Uma análise dos erros em campo ajuda a descobrir se os times da casa se atrapalham sob pressão por desempenho ou se os times visitantes prevalecem. A princípio, o time da casa deveria ter uma taxa de erro constante em campo – os jogadores conhecem as características do terreno em que jogam o ano todo. O desempenho dos visitantes deveria melhorar um pouco conforme a série progride porque os jogadores se acostumam com o campo – o vento, a superfície e as dimensões. Porém, não importa quanto aprendam ao longo das sete séries: os visitantes, em média, não deveriam superar tecnicamente o time da casa, que conhece o campo de cima a baixo.

Baumeister descobriu que, no caso dos dois primeiros jogos da World Series, é isso o que acontece. A equipe da casa cometeu 0,65 erro, em comparação com 1,04 para os visitantes. Também participou de 33 jogos sem erros, em comparação com apenas 18 para o time visitante. No entanto, no sétimo jogo decisivo, a vantagem de jogar em casa não apenas desapareceu, mas também se tornou uma desvantagem. O índice de erro dobrou para 1,31, enquanto o dos visitantes caiu para 0,81. A equipe visitante também teve o dobro de jogos sem erros (12) que a da casa.[3]

Para explorar o poder das profecias positivas e evitar a maldição das altas expectativas, é importante que essas expectativas sejam confiáveis e apresentadas de maneira a evitar pressões por desempenho desnecessárias. Pode ser confortável jogar em casa, mas quando há mais a perder, nos saímos melhor quando trabalhamos em um ambiente em que os fãs dão apoio, não cobrando perfeição a cada movimento.

Outra forma de evitar a maldição das expectativas altas é obter algumas "pequenas vitórias" iniciais. Nossos instintos muitas vezes privilegiam conseguir uma grande vitória – chegar ao Super Bowl, concluir um projeto melhor do que todo mundo ou conquistar o maior cliente da empresa. Porém, grandes vitórias precoces aumentam as expectativas subsequentes, antes de termos a chance de corresponder às expectativas iniciais de maneira confiável. Conquistar pequenas vitórias – ter um jogo sem interceptações, concluir um primeiro projeto ou conquistar uma nova conta – contribui mais para internalizar outras expectativas positivas, ao mesmo tempo que minimiza a pressão por desempenho. Os problemas de Ryan Leaf começaram quando a alta expectativa que ele tinha sobre si mesmo desapareceu, seguida por uma série de pequenas perdas, que, por fim, levaram a uma grande derrota.

Após examinar alguns entraves sérios advindos do excesso de mentalidade elástica – tornar-se avarento, vagar sem rumo, saltar sem aprender e, por fim, ser atormentado por expectativas altas –, falaremos sobre um último problema: o que acontece quando combinações improváveis resultam em uma explosão?

COMBINAÇÕES INADEQUADAS

Em 1974, o fabricante de comida para bebês Gerber acalentava uma grande ideia que poderia ser o passo inicial para seu crescimento. Basicamente, a fórmula era: pegue o que há de melhor na empresa, usando o que já existe – fornecedores, fabricação e envasamento de alimentos para bebês – e combine com um novo truque de marketing para atender um tipo diferente de cliente. A Gerber Singles foi lançada com muito alarde, e os produtos da empresa, que antes ocupavam apenas a seção de bebês, começaram a aparecer em outras áreas dos supermercados. A novidade parecia muito com os itens que a Gerber já comercializava, mas destinava-se a estudantes universitários e adultos sem tempo.

Mas, em vez de com isso preencher um nicho importante oferecendo uma refeição rápida e saudável para adultos que moravam sozinhos, a empresa acabou retirando os produtos dos supermercados apenas três meses após o lançamento. Comer com colherinha alimentos pastosos envasados em um pequeno pote – e com nomes como "carne cremosa" e "delícia de blueberry" – não era o que as pessoas consideravam uma boa refeição em casa. Chamar a linha de produtos de Gerber Singles só favoreceu o estigma. Um comentarista observou: "Eles também podem chamá-la de 'Moro Sozinho e Como Papinhas de Potinhos'".

Robert McMath criou o New Products Showcase and Learning Center em Ithaca, Nova York. O lugar é conhecido como a "maior biblioteca de produtos fracassados do mundo". Ele catalogou desastres como a Gerber Singles, além de milhares de combinações desastrosas: Maalox Whip (um antiácido em aerossol), desodorante comestível e água saborizada engarrafada para animais – para citar algumas. Nem todas as misturas dão certo – às vezes a soma é menos valiosa do que as partes individuais. Comida para bebês e refeições de porção única para adultos são dois produtos bons. Combiná-los foi um desastre.

Muitas vezes estragamos uma combinação porque temos dificuldade de administrar bem a tensão subjacente necessária às misturas bem-sucedidas: novidade e utilidade. A ideia de refeições prontas para adultos em potinhos era novidade. Só não foi muito útil aos potenciais clientes, repelidos tanto pelo nome quanto pela embalagem. As combinações sem novidade têm pouco valor, uma vez que alguém já pensou em como combinar esse conjunto de recursos. Se não houver utilidade, porém, não há salvação para uma mistura.

Pesquisadores descobriram que criar misturas inovadoras, úteis e que funcionem exige duas orientações bem diferentes. Quando estamos intrinsecamente motivados, tendemos a ter ideias inovadoras. Gostamos de aprender e experimentar para encontrar novas combinações. Ao contrário, quando focamos no desempenho, tendemos a ter ideias úteis. Usamos a perspectiva dos outros e confiamos em ideias mais familiares para sermos aceitos pelos demais.

Em um estudo realizado no laboratório de uma universidade, 189 pessoas receberam um conjunto variado de recursos: dois papéis de origami, seis palitos de picolé, um palito de pirulito, dois clipes de papel, quatro limpadores de cachimbo, uma forma de papel para cupcake, dois copos de plástico pequenos, um prendedor de roupa pequeno, uma cola em bastão e um rolo de fita adesiva. Os pesquisadores pediram que cada participante criasse um produto de decoração inovador e útil em 20 minutos com os recursos que tinha em mãos.

Antes que começassem a trabalhar, os pesquisadores ofereceram conjuntos diferentes de instruções dependendo do grupo ao qual haviam alocado os participantes. Alguns grupos receberam instruções para se concentrar na aprendizagem por meio do exercício (por exemplo: dizer aos participantes que não tinha nada de errado em cometer erros, pois faz parte do processo); outros receberam instruções

EVITE PREJUÍZOS

para se concentrar no desempenho durante o exercício (por exemplo: dizer aos participantes para fazer um produto melhor do que os dos demais); e outro grupo recebeu instruções tanto de aprendizagem quanto de desempenho. Um grupo de controle não recebeu nenhuma informação sobre aprendizagem ou desempenho.

Depois que cada participante terminou sua criação, os pesquisadores avaliaram alguns conceitos importantes. Primeiro contaram o número de itens utilizados, uma maneira de medir quão flexível era a visão de cada um sobre os recursos disponíveis. Depois, analisaram o desejo de concluir o trabalho – o quanto cada um se manteve inflexível a respeito de uma solução encontrada no começo do processo ou permaneceu aberto a novas ideias no meio da tarefa. Em terceiro lugar, juízes independentes avaliaram a inovação e a utilidade de cada produto apresentado.

Os pesquisadores descobriram que o foco em aprendizagem tornava as pessoas flexíveis em sua combinação de itens, levando-as a desenvolver produtos mais inovadores. O objetivo de focar no desempenho, por sua vez, induziu os participantes a buscar a realização da tarefa, atendo-se às ideias iniciais e não explorando novos caminhos quando surgiam, o que levou à criação de produtos mais úteis. Entretanto, os integrantes dos dois grupos não conseguiram criar produtos inovadores *e* úteis.

O terceiro conjunto de participantes – aquele que recebeu instruções tanto de aprendizagem quanto de desempenho – acabou criando produtos inovadores e úteis. No entanto, a forma como receberam as instruções fez muita diferença. Um grupo de participantes recebeu instruções para ativar os dois objetivos ao mesmo tempo, enquanto outro recebeu instruções para se concentrar ou na aprendizagem primeiro, e, depois, no meio do processo, focar em desempenho, ou o contrário, focar de início no desempenho para depois mudar o foco para a aprendizagem.

As pessoas criaram produtos mais inovadores e úteis quando receberam objetivos de aprendizagem e desempenho simultaneamente, em comparação com aqueles que trabalharam com objetivos que foram trocados no meio do processo. Em vez de separar o que muitas vezes são objetivos únicos (aprendizagem e desempenho), os pesquisadores descobriram que é fundamental combinar os dois desde o início do processo.

Combinações impensáveis podem fomentar não apenas produtos inovadores, mas também novas relações e maneiras de trabalhar. Porém, é preciso ter cuidado para não forçar demais a mentalidade elástica ao combinar de maneira inteligente recursos demais à custa de produzir algo que não é útil. Às vezes, apesar de nossa capacidade, é melhor manter os recursos isolados, sem uni-los.

O PONTO CERTO

Neste capítulo, mostrei como evitar alguns problemas graves que resultam do excesso de mentalidade elástica. Edward Wedbush, Ronald Wayne, Ron Johnson, Ryan Leaf e os criadores da Gerber Singles tinham as bases da mentalidade elástica, mas todos foram longe demais. Aprender com os erros diferencia uma pessoa dotada de uma boa mentalidade elástica do indivíduo que se excede nessa abordagem.

Depois de apresentar os estudos que explicam as bases da mentalidade elástica, relatos para ilustrar suas consequências positivas e os limites de sua aplicação, estamos prontos para a etapa final – aprender alguns exercícios que ajudam a fortalecer esse modo de pensar.

NOVE

TREINO

EXERCÍCIOS PARA FORTALECER A MENTALIDADE ELÁSTICA

Nos anos 1960, o tétano representava uma ameaça à saúde de estudantes universitários. É uma doença séria, causada por uma bactéria que entra no corpo através de uma lesão ou corte na pele, e pode levar a contrações musculares e interrupção da respiração. Pise em um prego enferrujado e as chances de ser infectado são grandes. No melhor dos casos, é extremamente desconfortável. No pior, mata. Embora não haja cura para o tétano, há uma forma simples de preveni-lo: tomar vacina.

Para a maior parte dos universitários, visitar a clínica de saúde estudantil não é a melhor maneira de passar uma tarde. Um grupo de psicólogos da Yale University, no entanto, teve a ideia de tentar alarmar os estudantes para que fossem à clínica.

Os pesquisadores convidaram os participantes da pesquisa a irem até um edifício onde, lhes disseram, avaliariam um material sobre saúde. Dependendo da alocação aleatória em um grupo, alguns estudantes receberam um folheto que descrevia a doença com termos horrorosos. Como se não bastasse, o material também mostrava imagens de pessoas que haviam contraído a doença. As informações eram tão perturbadoras que alguns participantes empalideciam durante a leitura. Outro grupo foi poupado da linguagem e das imagens aterrorizantes, mas recebeu os mesmos dados básicos sobre os perigos de contrair a doença.

Todos os participantes receberam informações que explicavam que a imunização era a única maneira de se proteger contra a doença, e que a universidade oferecia a vacina de graça em uma clínica de saúde perto do campus.

A tática funcionou. Os participantes expostos à linguagem intimidadora e às imagens impressionantes ficaram mais assustados do que os outros participantes. Eles também apresentaram níveis mais altos de raiva, estresse, desconforto e tensão – os tipos de emoção que levariam a uma ação imediata.

Os pesquisadores fizeram duas perguntas importantes para avaliar a efetividade da estratégia: "Quão importante você acha que é tomar a vacina contra o tétano?" e "Você pretende tomar a vacina contra o tétano?".

Os participantes do grupo que foi amedrontado responderam que tomar a vacina era importante com muito mais ênfase em comparação com as respostas dos outros participantes. Eles também tinham intenções mais fortes de tomar a vacina. Missão cumprida!

Ou não?

Os pesquisadores verificaram os registros de saúde dos estudantes durante as semanas que se seguiram, entre o experimento e o fim das aulas. O que descobriram não fazia sentido algum. O número de vacinas entre os participantes expostos ao medo não foi maior do que as imunizações entre os outros participantes, apesar do temor e da intenção de tomar a vacina. As informações os assustaram e aumentaram o desejo de tomar a vacina – mas não mudaram o comportamento de fato.

Um dos grupos foi imunizado em escala bem maior do que qualquer outro – e esse resultado não teve nada a ver com o nível de medo. Foi o dos participantes que receberam um mapa para chegar até a clínica. Embora quase todos os estudantes já soubessem onde ficava o local antes de participar da pesquisa, dar-lhes um mapa representou um impulso extra para transformar as intenções em ações. Os participantes que receberam o mapa apresentaram oito vezes mais probabilidade de tomar a vacina em relação aos que não o receberam.

Como professor e cientista social que passou grande parte da década de 2000 ensinando e pesquisando mudanças, estou ciente de que uma coisa é mudar atitudes e crenças, e outra é mudar comportamentos. Mesmo que você leia este livro, reconheça os prejuízos provocados pela mentalidade perseguidora e aceite o valor da mentalidade elástica, o histórico científico antecipa que não fará nada a respeito – a não ser que eu lhe forneça o equivalente ao "mapa para a clínica". É exatamente isso que entregarei neste capítulo – uma dezena de exercícios para que você pare de perseguir (chase) e comece a esticar (stretch) agora mesmo se quiser alavancar sua carreira, aperfeiçoar o desempenho de sua organização, criar filhos criativos ou ter uma vida mais satisfatória. Como um músculo, sua mentalidade elástica se fortalecerá com a prática, mas você pode começar a aproveitar alguns dos benefícios dessa abordagem poderosa de trabalhar e viver agora mesmo.

JUST SAY NO

Quando eu era criança, a televisão não parava de divulgar a mensagem "Just say no" ("Apenas diga não"). Nancy Reagan, esposa do presidente Ronald Reagan e primeira-dama dos Estados Unidos de 1981 a 1989, criou o slogan espontaneamente ao responder à pergunta de uma criança durante uma visita a uma escola. Quando questionada sobre o que fazer quando alguém lhe oferece drogas, a primeira-dama ganhou fama ao responder: "Well, just say no".

Para quem se pauta pela mentalidade perseguidora, obter mais recursos é um vício a ser alimentado – cria-se uma dependência insalubre de adquirir mais, reforçando a crença falsa de que ter mais recursos equivale a obter melhores resultados.

Uma vez que mudamos a mentalidade para usar melhor os recursos, percebemos que o que fazemos com o que temos é mais importante do que o que temos em mãos – o que facilita recusar novos recursos e expandir o valor do que já está disponível.

Em 1957, o escritor Theodor Geisel começou a escrever um livro por causa de uma aposta do tipo "just say no". Seu editor, Bennett Cerf, apostou US$ 50 que Geisel não conseguiria escrever um livro usando apenas cinquenta palavras.[1] Para a maior parte das pessoas, a restrição seria devastadora. Elas demandariam usar mais palavras. Mas, para Geisel, o limite foi libertador. Recusar o uso ilimitado de palavras lhe proporcionou um dicionário concentrado que permitiu ser mais criativo com os vocábulos escolhidos. O resultado? Geisel, também conhecido como Dr. Seuss, redigiu seu livro de maior sucesso, o líder em vendas *Green eggs and ham.*[*]

Em vez de sucumbir ao famoso pensamento "se eu tivesse isso, poderia...", tente usar a abordagem oposta. Recuse receber mais recursos. Vá além e peça *menos* recursos: "Se eu *não* tivesse esse recurso, poderia...".

Rejeite a crença de que algo não pode ser feito com menos recursos: reduza o número de integrantes de uma equipe, aumente um prazo, limite um orçamento, prepare uma refeição especial só com os ingredientes que já estão na geladeira ou planeje uma festa infantil gastando US$ 25.

Com frequência, recursos indispensáveis dos quais dependemos não são tão importantes quanto acreditamos. É isso o que aprenderam muitos dos personagens dotados de mentalidade elástica que apresentei neste livro. Eles não tinham o que outros em posições semelhantes tinham, e a princípio recorreram à elasticidade por falta de opção. Dick Yuengling não tinha o orçamento de marketing dos grandes fabricantes de cervejas, e o artista Phil Hansen não tinha mãos firmes. As restrições os deixaram com poucas opções, mas, por fim, eles perceberam o quanto poderiam fazer com o que tinham. Não precisamos passar por limitações físicas ou econômicas para reconhecer o poder da elasticidade. Recusando receber mais recursos encontramos um panorama inteiramente novo sobre o trabalho e a vida.

ENCONTRE UMA BELA ADORMECIDA

O icônico filme da Disney *A bela adormecida*, de 1959, conta a história de Aurora, uma princesa que é amaldiçoada por uma vilã chamada Malé-

---

* N. E.: O livro, cujo título traduzido para o português é o equivalente a "Ovos verdes e presunto", não foi publicado no Brasil.

vola: em seu aniversário de 16 anos, a princesa espetará o dedo em uma roca envenenada e morrerá. Uma fada chamada Primavera recorre a seu próprio feitiço para fazer com que, em vez de morrer com a picada, Aurora caia em um sono profundo até ser acordada pelo primeiro beijo de amor verdadeiro.

Primavera e duas outras fadas protegem Aurora, criando-a como camponesa para mantê-la longe da ameaça da roca. Mesmo assim, Malévola atrai a menina para seu destino em seu 16º aniversário, fazendo-a cair em sono profundo e, quem sabe, eterno.

Para acordar a princesa é preciso um beijo de amor verdadeiro. Então o príncipe Felipe desperta Aurora, que parecia morta, e o casal vive feliz para sempre.

Como já demonstrei, muitos recursos permanecem dormentes no mundo real. Se olharmos com atenção, os encontraremos ao nosso redor, prontos para serem ativados. Ao despertá-los, obtemos mais do que pensávamos ter, o que pode ajudar a resolver diferentes problemas e buscar oportunidades promissoras que, caso contrário, seriam inalcançáveis. De fato, pesquisas realizadas pela empresa de consultoria Bain revelaram que a maioria esmagadora de renovações organizacionais – ocasiões em que as empresas redefinem o negócio central – é fruto de ativos ocultos que não eram mais usados.

Minha experiência direta com recursos dormentes está relacionada à vasta riqueza de conhecimento produzida pela comunidade científica que normalmente é arquivada. Um estudo recente realizado por pesquisadores da Indiana University descobriu que alguns dos artigos científicos mais importantes em diversas áreas são "belas adormecidas" – ou seja, foram esquecidos por outros pesquisadores durante décadas. Um texto influente de Albert Einstein, publicado em 1935, foi se tornar amplamente citado na literatura científica quase 60 anos após sua publicação. Os maiores períodos de hibernação na ciência ocorrem em campos como física, química, matemática e medicina geral e interna – com sonos profundos de 70 anos ou mais!

Os pesquisadores descobriram que muitas vezes é preciso um outsider para acordar uma bela adormecida. O background diferente faz com que esse indivíduo tenha mais chances de notar um recurso dormente e trazê-lo de volta à vida.

O mesmo tipo de despertar acontece com produtos que saem de moda. Madame C. J. Walker, a primeira mulher milionária de origem afro-americana e que conhecemos no Capítulo 6, começou um negócio de cosméticos de muito sucesso em uma época em que os negros tinham poucos direitos legais. Sua empresa definhou depois que ela faleceu, incapaz de se sustentar sem a atuação da fundadora, enérgica e inteligente. Depois de décadas fora do mercado, a marca despertou em 2016, renovada, na rede de cosméticos Sephora. A nova linha chama-se Madame C. J. Walker Beauty Culture e é baseada nos produtos originais. Destinada a atingir as mesmas consumidoras mal atendidas, abriu um mercado adicional para a Sephora, trazendo novas compradoras para as lojas.

Para encontrar suas próprias belas adormecidas, pergunte: que recursos pessoais (habilidades, conhecimento, conexões etc.) e organizacionais (produtos, rotinas, equipamento etc.) estão arquivados há anos? Melhor ainda, peça a outsiders que façam a mesma indagação. A seguir, elabore uma lista de maneiras como o recurso dormente pode ajudá-lo a alavancar um objetivo, seguido por pelo menos uma ação que você pode tomar de imediato para trazê-lo de volta à vida.

EXPLORE

Ao receber um prêmio da Academy of Achievement aos 27 anos, Steve Jobs afirmou que a diferença entre você e seu amigo tolo é a bagagem de experiências que você carrega. Tornar sua bagagem mais atraente muitas vezes resulta de mudar o lugar em que passamos a maior parte do tempo – o local de trabalho, a cidade onde vivemos e as áreas que visitamos.

É possível adotar a regra multi-c (apresentada no Capítulo 4) sem fazer mudanças muito drásticas. Dedique algumas horas por semana, ou até por mês, para ler algo diferente (como uma revista, um livro ou um site novo), frequentar um workshop ou conferência fora de seu campo de atuação, ou passar um tempo trabalhando com novos co-

TREINO

legas (ou troque de lugar por um dia com um colega do escritório). Almoce com alguém que tem um trabalho parecido com o seu, mas que é de um setor diferente. Encontre um parceiro de estudo com quem possa aprender sobre uma outra área. Eu obtive muitos benefícios aprendendo sobre diferentes áreas. Um filósofo foi meu mentor quando era graduando, seguido de um economista, quando era mestrando, e quando fiz doutorado, um dos professores mais plurais do ponto de vista intelectual me orientou.

Para levar esse exercício ao próximo nível, conheça o que fez Fred Cook, CEO da Golin, uma das maiores empresas de relações públicas dos Estados Unidos. Entre suas aventuras, ele já passou um tempo trabalhando como chofer, professor, agente de banda de rock e porteiro. Reconhecendo o valor de seguir a regra multi-c, Cook lançou pela Golin o programa "untership"*, no fim de 2014. A competição, aberta a todos, tinha uma regra simples: experimente algo diferente com US$ 40 e uma equipe de vídeo.

O vencedor, Akinbola Richardson, passou um tempo pedindo esmola e dirigindo um táxi em Chicago, acreditando que essas duas perspectivas o levariam para mais perto da vibração da cidade. A recompensa foi um "untership" remunerado de verão para o qual ele planejou um itinerário de experiências variadas – praticar paraquedismo na Georgia, participar de uma corrida Tough Mudder (corrida de obstáculos envolvendo muita lama) na Virginia, construir uma casa para desabrigados em New Orleans, viver com os amish e também em uma comunidade indígena norte-americana. Sobre a experiência, Richardson declarou: "Escolhi passar por experiências que me assustariam, me exporiam a novas culturas e me colocariam à disposição para ajudar". Cook acredita muito no programa, sustentando que experiências diversas permitem que os participantes voltem com novas ideias que podem ajudar os clientes da empresa.

Se você não pode reservar esse tempo nem patrocinar alguém para fazer o mesmo, encontre maneiras de explorar as diversas experiências

---

• N. E.: trocadilho com "internship", estágio.

das pessoas ao seu redor. A Rite-Solutions, uma empresa de software que executa trabalhos sigilosos para o setor militar, desenvolveu a própria solução para se beneficiar desse tipo de recurso. A empresa criou um mercado interno de ideias. Qualquer funcionário pode sugerir algo, como adotar uma nova tecnologia, lançar um novo produto ou desenvolver um processo alternativo. As propostas se tornam "ações" que outros funcionários podem comprar e vender com US$ 10 mil de uma moeda baseada em opinião que a empresa oferece. Cada ideia vale US$ 10, e os funcionários podem aumentar (ou diminuir) seu valor. Essa abordagem inovadora utiliza as experiências diversas dos funcionários para, de modo coletivo, mas também independente, influenciar a direção da empresa.

Explorar direta ou indiretamente, por meio de um grupo de outsiders: o importante é às vezes sair da zona de conforto.

FAÇA UMA PAUSA (E PRESTE MENOS ATENÇÃO)

Desde crianças, enfiaram em nossa cabeça a ideia de que é importante prestar atenção – e existe um bom motivo para isso. É difícil aprender e trabalhar quando estamos sonhando acordados. Passamos metade do tempo pensando em algo diferente do que estamos fazendo no momento, e isso, acreditam os pesquisadores, é uma razão de infelicidade. Em sua forma mais perigosa, esse desligamento pode até causar acidentes no trânsito.

Porém, muita concentração pode prejudicar a criatividade, enquanto as distrações, na verdade, ajudam a melhorá-la. No limite dessa situação, há evidências de que pessoas diagnosticadas com Transtorno do Déficit de Atenção com Hiperatividade (TDAH) tendem a obter mais pontos em tarefas criativas do que outros indivíduos. Por quê? Elas deixam a mente divagar, muitas vezes fazendo conexões que os outros negligenciam.

Uma equipe de psicólogos pediu a 145 participantes de um estudo para listar o máximo de usos incomuns para um objeto comum. Cada participante trabalhou com dois de quatro itens: um clipe, uma folha

TREINO

de papel, um palito de dente e uma chave de fenda. O exercício permitiu que os pesquisadores avaliassem a desenvoltura de cada pessoa a partir da quantidade de usos inovadores encontrados por ela. Em seguida, distribuíram os indivíduos em quatro grupos. Três deles tiveram 12 minutos para completar uma tarefa: um grupo recebeu uma tarefa mentalmente desafiadora, o outro recebeu uma tarefa mentalmente não desafiadora, e o terceiro grupo apenas descansou. Ao final, os participantes responderam a questões sobre o quanto tinham divagado. Um quarto grupo não descansou, pulou a atividade e começou o passo seguinte de imediato.

Os participantes dos quatro grupos realizaram uma segunda tarefa de engenhosidade. Os pesquisadores deram dois minutos para que as pessoas imaginassem o máximo de usos inovadores para os recursos que já tinham sido trabalhados durante o exercício de base e outros dois recursos não disponíveis durante o exercício de base.

Quando os dados foram examinados, descobriu-se que os participantes que estavam com a tarefa não desafiadora divagavam mais do que os dos outros grupos. O nível baixo de uso da memória exigido pela tarefa fácil lhes deu a capacidade de pensar em outras possibilidades. Isso os ajudou bastante, sem sacrificar o desempenho na atividade não desafiadora. Os divagadores demonstraram uma melhora de 40% na criação de novos usos para os objetos com os quais haviam trabalhado antes, com resultados melhores do que os dos grupos que fizeram um trabalho desafiador, descansando ou não. O trabalho desatento os ajudou a expandir subconscientemente a maneira como viam os objetos quando voltaram a eles depois.[2]

Os professores de gestão Kim Elsbach e Andrew Hargadon aconselham algo que contraria a intuição: dar às pessoas sobrecarregadas mais tarefas automáticas. À primeira vista, isso parece ridículo. Se há tanto com o que se preocupar, por que perder tempo com atividades sem importância quando poderíamos estar trabalhando em projetos mais interessantes? Desde os anos 1970, psicólogos organizacionais defendem o oposto do recomendado por Elsbach e Hargadon: que oferecer tarefas desafiadoras torna o trabalho mais significativo, deixando as pessoas mais satisfeitas e eficientes.

Embora de trabalhos desafiadores resultem vantagens, eles também podem causar pressão desnecessária e exaustão mental. Para dar um descanso, Elsbach e Hargadon defendem a alternância entre trabalhos difíceis e outros mais automáticos – esse tipo de ocupação recarrega as baterias, nos prepara para fazer mais ao longo do tempo e permite que a mente vagueie para encontrar novas conexões entre os recursos.

Primeiro, faça de vez em quando tarefas para as quais você é qualificado demais – aquelas fáceis e que exigem menos, mas que, ainda assim, são importantes. Muitas vezes faço uma pausa entre pesquisa e escrita, tarefas bem exaustivas para mim, checando meu e-mail por 30 minutos. Muitas vezes percebo que enquanto respondo sobre outro projeto surge uma ideia nova. Se você é executivo, saia do escritório e visite seus clientes. Se você é engenheiro, reserve um tempo para fazer manutenção de rotina. Encontre tempo para realizar tarefas administrativas. Compre um livro de colorir para adultos. Organize o escritório. Cozinhe algo simples. Jogue paciência.

Recomendo um dos meus rituais diários favoritos – caminhar ao ar livre. Um grupo de psicólogos da Stanford University descobriu que as pessoas, enquanto caminham, ficam pelo menos 81% mais eficazes na elaboração de usos inovadores e apropriados para os recursos do que quando estão sentadas. Caminhar, concluem, liberta a mente para divagar.

Segundo, cumpra um horário. Para a maioria dos profissionais, bater ponto é para operários. Isso porque seu dia de trabalho é definido não com base em horas de expediente, mas em projetos ou atividades. Apesar da aparente liberdade proporcionada por não bater ponto, muitas vezes há menos flexibilidade para estruturar os dias devido às atividades – mudamos de uma tarefa urgente para a próxima com pouco descanso. Cumprir um horário limita o início e o término obrigatório para o trabalho, algo que não só faz com que nos sintamos melhor, mas também dá tempo para que a mente divague. Tente estabelecer um tempo específico para trabalhar pelo menos um dia, uma vez por mês – e atenha-se a isso, mesmo que você tenha de sair do escritório e se sinta tentado a comer e dormir grudado em seu smartphone. O próximo passo é ler *Trabalhe 4 horas por semana – fuja da rotina, viva onde quiser e fique rico*, de Timothy Ferriss, para aprender a realizar a mesma quantidade de trabalho em menos tempo.

ENCONTRE NOVOS VIZINHOS

Com o quinto exercício reconhecemos que para fortalecer a mentalidade elástica (elasticidade), é preciso, primeiro, se libertar da mentalidade perseguidora (perseguição). É muito difícil fazer isso – em especial quando temos os vizinhos errados.

Estamos o tempo todo cercados – não só por vizinhos de bairro, mas também por colegas de trabalho, pais de colegas de escola de nossos filhos e pessoas com quem socializamos em nosso tempo livre.

As companhias que escolhemos moldam muito do nosso comportamento. Em um estudo recente, psicólogos relacionaram dados a respeito da desigualdade social em nível estadual com termos de busca do Google para residentes de cada estado dos Estados Unidos. Uma equipe de avaliadores independentes identificou buscas que se concentravam em compras que sinalizassem riqueza ou sucesso, algo que os economistas chamam de bens posicionais. Buscas por bens posicionais, como roupas masculinas da Ralph Lauren, brincos de David Yurman e casacos de pele ocorriam com mais frequência em cidades com desigualdade social mais alta. Em estados com menos desigualdade, os termos de busca se concentravam em bens não posicionais, como comédias românticas, nomes de flores e receitas de torta de limão. Mesmo os não ricos em estados com alta desigualdade buscaram mais bens posicionais em relação a seus pares em estados com menos desigualdade social. Independente do nível de renda absoluto, ter diferenças relativas altas aumenta a busca por bens posicionais porque os mais pobres tentam se equiparar aos mais ricos.

Quando minha esposa, Randi, e eu nos mudamos do Vale do Silício, Califórnia, para a pequena cidade universitária de Ann Arbor, Michigan, nossa renda caiu para menos da metade, mas nos sentimos muito mais ricos cercados de estudantes universitários e de uma cultura de campus vibrante.

O PODER DO MENOS

Nenhuma parte dos Estados Unidos exemplifica a mentalidade perseguidora melhor do que Hollywood: atores tentando superar uns aos outros, do modo de se vestir até o número de seguidores no Twitter. Esse é um dos motivos de a atriz ganhadora do Oscar Brie Larson manter distância dali. Sua filosofia sobre evitar os vizinhos de Hollywood é: "Não sinto como se fizesse parte da indústria, essa máquina estranha. Fiz um esforço consciente nessa direção. Não vivo em Los Angeles, trabalho em Los Angeles, e, mesmo assim, faço testes lá, mas raramente filmo em Los Angeles".

Você não precisa mudar de país, de cidade ou de trabalho para ter novos vizinhos. Identifique alguém que você já conheça e admire que tenha mentalidade elástica. Comprometa-se a passar ao menos uma hora com essa pessoa uma vez por mês. Faça isso em âmbitos diferentes de sua vida: um amigo, um colega, o pai de algum amigo de seu filho ou alguém que frequente o mesmo lugar onde você se exercita.

AGRADEÇA

Alex Turnbull, fundador da empresa que produz o software de atendimento ao cliente Groove, apresentado no Capítulo 6, acha que as pessoas costumam agradecer umas às outras sem realmente demonstrar apreço. Conforme a empresa crescia, ele se manteve atencioso e gostava de comunicar a seus stakeholders mais importantes – funcionários, clientes e família – quão grato era pelo apoio que recebia. A gratidão, ele me disse, ajuda a valorizar mais o tempo livre – levando-o a reconhecer o grande custo que a perseguição representa para muitos empreendedores e disciplinando-o a manter uma média razoável de nove horas diárias de trabalho.

Enquanto Alex Turnbull desenvolvia seu negócio, expressava publicamente sua gratidão por meio de um blog em que relatava as dificuldades e os sucessos na criação do Groove. Queria ajudar outras startups com dificuldades semelhantes para que não cometessem os mesmos erros.

Pesquisas na área de psicologia revelaram que quando as pessoas são gratas, o modo de pensar sobre seus recursos se expande de maneira a ajudar os outros. O blog de Turnbull é um esforço de retribuição incomum, mas muito eficaz. Compartilhar experiências valiosas com stakeholders lhe proporcionou olhar com atenção para dentro da empresa; em troca, com sua transparência conquistou a confiança de seus leitores, e alguns acabaram se transformando em clientes. Cerca de 10% dos assinantes do blog se inscrevem na experimentação grátis do Groove; em comparação com apenas 5% dos visitantes do site tradicional. Os assinantes do blog se tornam usuários pagantes a uma taxa quase 50% mais alta do que os não assinantes. A generosidade orientou Turnbull a ajudar os outros e acabou ajudando-o a expandir o negócio com seus próprios meios.

Apreciar o que tinha tornou muito mais fácil para ele dizer não às tentações do que não possuía, não queria ou não precisava. Ainda assim, para muitos, o foco limitado aos prazeres do hoje impede de alcançar um amanhã mais satisfatório. O que ajudou Alex Turnbull a evitar essas tentações?

Em um estudo, psicólogos distribuíram aleatoriamente 32 homens e 42 mulheres em três grupos: no primeiro, os participantes foram solicitados a se lembrar de um acontecimento que os fez se sentirem agradecidos; no segundo, foram solicitados a se lembrar de um evento que os fez felizes; e no terceiro (que serviu como grupo de controle), os participantes foram solicitados a se lembrar de um dia comum. Depois de escrever sobre o tema por cinco minutos, os indivíduos preencheram questionários para assegurar que os pesquisadores os tinham colocado com sucesso em seu estado emocional designado de gratidão ou felicidade, ou se houve algum impacto emocional, no caso do grupo de controle. Depois disso, os participantes fizeram 27 escolhas entre receber pequenas quantias de dinheiro agora ou quantias maiores no futuro. Os participantes dos grupos feliz e de controle escolheram receber, em média, US$ 55 na hora, abrindo mão de ter US$ 85 três meses depois.

Os participantes que escreveram sobre gratidão tinham níveis mais baixos de impaciência econômica. Eles pediram um pagamento maior, US$ 63, para renunciar aos mesmos US$ 85 três meses depois. Sua gratidão no presente os ajudou a priorizar o futuro – tornando-os mais pacientes para esperar e com menos chances de serem tentados no presente. Alex Turnbull conhecia bem essa lição. Ele recusou um lucro inesperado de curto prazo com a venda de sua empresa para construir o negócio de seus sonhos.

Os pesquisadores Robert Emmons e Michael McCullough criaram um exercício bem fácil, mas eficaz, para expressar gratidão. Encontre tempo uma vez por semana para escrever sobre cinco aspectos de sua vida pelos quais você é grato – podem ser coisas do dia a dia, como uma promoção que você recebeu, uma meta de vendas que atingiu ou uma viagem em família. Emmons e McCullough descobriram que quando comparado a um grupo de participantes que listou cinco aborrecimentos ou cinco eventos comuns ocorridos durante a semana, o grupo de gratidão registrou níveis mais altos de bem-estar e menos sintomas físicos de doença. Pessoas em condição de gratidão também se exercitaram mais durante a semana. Realizar essa atividade simples com regularidade nos condiciona a aproveitar mais o que temos, seja muito ou pouco.

COMPRE SEU GUARDA-ROUPA

Courtney Carver levava uma vida pautada pela mentalidade perseguidora, condicionando-se a pensar que sempre precisava de mais para ser bem-sucedida e feliz. Ao ser diagnosticada com esclerose múltipla, mudou de foco e começou o Projeto 333, que desafia as pessoas a reduzir seu guarda-roupa para apenas 33 itens por três meses. Além de reconhecer que não precisava de mais do que 33 peças para se vestir com estilo e conforto, Carver liberou tempo para se concentrar em experiências mais importantes, como passar tempo com a família. Ela também exercitou a mentalidade elástica criando novas possibilidades para o que já tinha no guarda-roupa, encontrando combinações e usos novos para seus 33 itens.

Assim como Courtney Carver, Lauri Ward frustrou-se com o desperdício desnecessário de recursos. Quando se formou em design de interiores, ficou insatisfeita com as ofertas de emprego que recebeu, pois todas envolviam fazer as pessoas comprarem mais. Para ela, decoração tinha a ver com experiências de vida, e não com a aquisição de móveis e cortinas. Em vez de arrumar um trabalho, fundou uma empresa de design de interiores com base na filosofia "use o que você tem".

Em 2014, Marie Kondo apresentou ao mundo a arte japonesa de se livrar de itens desnecessários e se organizar em um livro que se tornou best-seller. Milhões de leitores aprenderam que a satisfação não está no acúmulo de bens, mas na organização de itens essenciais. Uma vez que organizamos nossas posses, fica mais fácil usá-las.

Podemos nos inspirar em Courtney Carver, Lauri Ward e Marie Kondo e "ir às compras" dentro do próprio guarda-roupa já repleto de recursos valiosos. No trabalho, inventarie habilidades e talentos esquecidos ou pouco utilizados de colegas em vez de solicitar a contratação de outro funcionário. Em casa, anote tudo que poderia ser melhor utilizado – uma folha de jornal para embalar um presente de aniversário, um mouse pad que pode ser usado como descanso de travessa ou talheres de prata tortos que podem virar ganchos na cozinha.

Muitas invenções conhecidas se originaram de produtos que já existiam. A massa de modelar Play-Doh começou como um produto para limpar papel de parede que se tornou obsoleto com o surgimento da versão vinílica nos anos 1950; o saca-rolhas era uma ferramenta militar para limpar armas de fogo; e o Pyrex surgiu do vidro de uma lanterna sinalizadora de estradas de ferro que a esposa de um cientista da Corning Glass Works usou para assar um bolo. A cenoura baby é o resultado da transformação de cenouras que os clientes não compravam, passadas por descascadores de batata e cortadores de vagem para criar um produto mais atraente, suculento e rentável.

Ao escrever este livro, utilizei "recortes" de histórias, estudos e exemplos que encontrei em minha pesquisa, mas nem todos se encaixavam nos capítulos que eu planejara. Guardei-os em um arquivo em Word que eu lia pelo menos uma vez por mês para verificar se poderiam ser úteis em outras partes do trabalho. Foi assim que encontrei todos os exemplos do parágrafo anterior.

PLANEJE DE TRÁS PARA FRENTE

O oitavo exercício nos leva de volta ao Capítulo 5, em que apresentei duas metáforas musicais para descrever maneiras muitos diferentes de pensar sobre o trabalho, as organizações e a vida. A maioria das pessoas fica mais confortável fazendo música sinfônica: planeja primeiro e executa depois. Pode-se conseguir muito atuando assim. A familiaridade com as rotinas, tendo um plano sólido em mãos, é tranquilizadora – mas também traz um custo embutido. Fazer música sinfônica depende de ter tudo resolvido antes de executar qualquer coisa. Sem um plano, é difícil fazer algo.

O jazz substitui o plano pelo improviso e ensina a agir e responder de modo mais espontâneo. Assim que começamos a nos mexer, nos libertamos de preocupações sobre traçar e seguir um roteiro e focamos em observar e aprender com as ações. Cometeremos erros, mas eles serão oportunidades importantes para melhorar, em vez de desvios estressantes do plano. O grande músico de jazz Miles Davis usou os erros como plataforma de lançamento para explorar novas melodias, em vez de tratá-los como um problema a ser resolvido.

Para tocar jazz metaforicamente, inverta a relação típica entre planejar e agir. Aja primeiro e planeje depois. O acadêmico organizacional Karl Weick propõe um questionamento interessante: "Como posso saber o que penso até perceber o que digo?". Ele afirma que, em geral, não sabemos o que pensamos até refletir sobre o que já dissemos – ou, no mesmo sentido, fizemos. Planejar rouba de nós os benefícios que advêm de uma reflexão cuidadosa, já que tendemos a avançar para a próxima etapa sem pensar, caso tudo aconteça de acordo com o planejado.

Comece um projeto, trabalhe para atingir o objetivo, faça uma viagem ou saia de casa sem um plano do que fazer. Mantenha um diário do que você fez, mas apenas *depois* de fazer. Escreva conforme progride no projeto, objetivo, viagem ou dia. Ao final, seu diário terá uma lista de ações que você realizou – é o que gosto de chamar de plano retrospectivo.

Reserve um tempo para avaliar esse plano retrospectivo. Compare-o com seu plano prospectivo típico. Quais coisas novas você aprendeu? Você agiu mais rápido? O que perdeu não planejando com antecedência? O que ganhou não planejando?

EMBARALHE A ÚLTIMA FILEIRA

No verão de 1996, um dos maiores jogadores de xadrez do mundo fez um grande anúncio. Centenas de jornalistas e fãs de xadrez se aglomeraram em Buenos Aires, Argentina, para ouvir Bobby Fischer. Sua mensagem: o jogo que ele amava e dominava estava sob séria ameaça.

Os melhores jogadores passavam incontáveis horas analisando jogos anteriores e memorizando jogadas iniciais. O planejamento extensivo se tornou a chave do sucesso em detrimento da habilidade, da originalidade ou da adaptabilidade. O foco na preparação era tão forte que muitos jogadores tinham dificuldades no meio e no final dos jogos, após esgotarem as jogadas memorizadas.

Fischer queria que o xadrez voltasse a ser um jogo que envolvesse habilidade, e propôs uma mudança de regra fundamental: dispor as peças da última fileira de forma aleatória. Ele não foi o primeiro a propor um posicionamento randômico das peças no tabuleiro, mas sugeriu que houvesse alguma regra para a nova forma de dispor as peças. Realizar muitas mudanças muito rápido pode confundir as pessoas, assim como o excesso de familiaridade pode torná-las inertes e incapazes de se adaptar.

Ele encontrou um meio-termo feliz. Seu jogo, chamado Chess960 (ou Xadrez de Fischer), mistura de forma aleatória as peças da primeira fileira igualmente para ambos os jogadores, impossibilitando o pré-planejamento do jogo. O método permite 960 tabuleiros iniciais potenciais, e os jogadores precisam confiar em suas habilidades e no pensamento *in loco* para vencer. Eles aprendem a se adaptar conforme experimentam um tabuleiro que nunca viram antes, concentrando-se em aprender a manipular peças, e não apenas em memorizar jogadas.

Se estamos a toda hora no piloto automático, pode ser o momento de embaralhar a última fileira. Hábitos trazem conforto, mas é primordial evitar ser complacente com o status quo, fechando-se para a possibilidade de imaginar como as coisas poderiam ser melhores. Embaralhe a última fileira misturando as pessoas que você coloca nas equipes – insira alguns outsiders no grupo. Faça a reunião semanal em uma sala diferente, em um dia diferente, em um cenário diferente ou organizando os assentos de maneira diferente. Como as dinâmicas do grupo mudam? Vá até a sala do seu colega e discuta assuntos pessoalmente, em vez de fazê-lo por e-mail. Dirija até o trabalho ou a escola por um caminho diferente e estacione em uma vaga nova. Mude seus horários

TOME DECISÕES NO MEIO DO ANO

Há 4 mil anos, os babilônios celebravam a plantação de suas lavouras e o início de um novo ano. Ao final de um festival religioso de 12 dias chamado Akitu, reafirmavam o apoio ao rei do momento ou escolhiam um novo líder. Também faziam algo que determinou a forma como muitas pessoas passam o primeiro dia do ano: eles faziam promessas. Para os babilônios, isso significava pagar dívidas e devolver objetos emprestados. Muitas religiões contemporâneas associam a escolha de resoluções para melhorar a própria vida e o início de um novo ano. Isso também faz parte de várias culturas seculares.

O psicólogo John Norcross estudou decisões de Ano-Novo durante anos. Ele descobriu que cerca de 40% dos adultos fazem isso nessa ocasião e que, ao contrário do que imaginamos, fazer uma resolução de Ano-Novo aumenta em dez vezes as chances de que ocorram mudanças positivas

Por que esperar até o começo do ano para fazer uma promessa? A jornalista especializada em saúde Linda Andrews prefere fazer resoluções no Dia da Independência. Ela acredita que o estresse de se preparar para as festas de fim de ano, passar um tempo com a família ou ficar de ressaca por causa de uma garrafa de espumante pode prejudicar a disposição para tomar decisões de Ano-Novo. As resoluções de meio de ano também permitem fazer um balanço do status das decisões de Ano-Novo e estabelecer novos objetivos a partir de um espaço mental que pode estar mais limpo.

Todo ano, começando no dia 1º de junho e ao longo de seis semanas, Randi e eu fazemos refeições mais saudáveis e tentamos nos exercitar mais. Faz parte de um ritual que começamos há quase 15 anos para entrar em forma antes de nosso casamento. Mantivemos a resolução do dia 1º de junho, e agora a seguimos todo ano com uma mudança divertida. Celebramos nosso aniversário de casamento de muitos anos como se fôssemos recém-casados. Passamos uma noite na cidade usando as roupas do casamento. Para enriquecer a experiência, eu encomendo o buquê de Randi, e ela providencia uma flor para que eu use na lapela.

Muita gente nos aborda para desejar felicidades no casamento. Sorrimos, atuamos como recém-casados e curtimos o momento. Ficamos gratos não só por nosso relacionamento completar mais um ano, mas também por ainda cabermos nas mesmas roupas mais de dez anos depois. Encontrar uso para um vestido e um terno de casamento que de outro modo embolorariam no armário é apenas a cereja do bolo!

FRAGMENTE

Em uma região muito pobre das Filipinas, pessoas que viviam em casas em ruínas estavam usando o pouco dinheiro que tinham para pagar por energia elétrica para iluminar o ambiente em pleno dia. O desejo de conservar recursos preciosos levou a uma invenção simples: pendurar uma garrafa de refrigerante de 2 litros, cheia de água, em um buraco do teto. O dispositivo refrata a luz do sol pela casa, tornando a luz elétrica desnecessária em dias ensolarados.

Durante seus estudos para o doutorado em psicologia na University of Massachusetts, Anthony McCaffrey percebeu que, assim como a luz improvisada da garrafa de refrigerante, quase todas as invenções mais importantes do mundo seguiam um caminho semelhante. Inventores descobriram funções ou características ocultas fragmentando um recurso como se fosse formado por pequenos blocos de um brinquedo de montar.

Para ajudar as pessoas a aprender a decompor um recurso, ele desenvolveu uma técnica muito eficaz e prática – faça duas perguntas sobre qualquer recurso: (1) "Ele pode ser fragmentado?" e (2) "A descrição da parte fragmentada implica um uso?". O truque é decompor o recurso em seus componentes menores, o que permite entender muitos usos ocultos.

A técnica de McCaffrey funciona para todos os tipos de recursos, mas comece do básico para ganhar confiança. Escolha um utensílio doméstico, como uma vela, e pratique a técnica. Uma vela é composta de cera e pavio. A cera implica um uso (ela fornece combustível). Ele destaca que considerar recursos com base apenas nos usos comuns nos impede de imaginar aproveitamentos atípicos. Em vez disso, podemos reduzir a cera a gordura moldada em forma de cilindro. Um pavio é algo que se acende – é um uso. Descreva-o como fios fibrosos entrelaçados e você começará a enxergar vários usos diferentes para ele.

Em sua pesquisa, McCaffrey treinou pessoas na técnica de duas etapas e propôs a elas vários desafios com limite de recursos. Um deles era sobre como unir dois pesados anéis de aço usando apenas uma vela, um fósforo e um cubo de aço de duas polegadas. Como a cera derretida não é forte o suficiente para unir os anéis de aço, uma solução é reconhecer que o pavio pode ser reduzido a um barbante, e que um barbante pode unir os dois anéis. Os participantes treinados em sua técnica de duas etapas resolveram problemas como o desafio do anel 67,4% mais vezes do que as pessoas não treinadas.

TRANSFORME LIXO EM TESOURO

No Capítulo 3, apresentei Jenny Dawson, que transformou produtos agrícolas que iriam para o lixo em chutneys artesanais, criando um negócio de sucesso. Ela não é a única fã de lixo que produz tesouros. Tom Szaky criou uma empresa de fertilizantes sustentável a partir de fezes de minhoca embaladas em garrafas pet. Esse foi o começo de um negócio multimilionário chamado TerraCycle, que faz a reciclagem de todo tipo de resíduo, como transformar caixinhas de suco em sacolas. John Badburn coordena o programa de eliminação de aterros sanitários da General Motors, no qual ele é incumbido de transformar lixo em tesouro. "Na GM, vemos os resíduos como um recurso deslocado", afirma. "Quando olhamos para fluxos de resíduos de nossas instalações, não perguntamos como eliminar esse lixo; perguntamos como encontrar um uso melhor para ele." Sua residência é cheia de tesouros recém-descobertos – dois galpões construídos com sucata de containers marítimos e 19 baterias de carro transformadas em ninhos para aves. Na GM, ele liderou programas para transformar resíduos de tinta em engradados, barreiras saturadas de óleo em partes para o Chevy Volt, e pneus usados em defletores de ar e água.

Também podemos criar tesouros mobilizando pessoas para atividades novas. Em 2014, o furacão Odile dizimou a localidade de Los Cabos, México, destruindo muitos dos hotéis dos quais a economia local dependia. Mauricio Martinez, gerente geral de um estabelecimento de luxo na cidade, precisou fechá-lo por meses para reparar a infraestrutura. Ele não ia precisar dos profissionais de hospitalidade e lazer porque não havia clientes. Em vez de demiti-los, transformou a equipe – dos professores de tênis aos atendentes de bar – em trabalhadores da construção e os manteve empregados. O hotel destruído foi reformado a um ritmo bem mais rápido do que seus concorrentes porque tinha uma "equipe de construção" maior. Com essa providência, conseguiu reter uma equipe valiosa que poderia encontrar outro trabalho enquanto o hotel permanecesse fechado.

Para encontrar tesouros na lata de lixo, comece mantendo um diário de benefícios. Liste eventos, atividades ou experiências importantes. Perto de cada item, escreva pelo menos um benefício inesperado. No caso de experiências muito positivas – uma promoção no trabalho ou, no meu caso, uma comemoração de aniversário com minhas filhas – é bem fácil. Para experiências mais neutras – preparar o jantar ou escrever uma proposta de pesquisa – isso é um pouco mais difícil. Para situações em que experimentamos emoções negativas – ir ao médico ou, para mim, dar notas a trabalhos de alunos – é quase impossível. No entanto, se analisarmos esses eventos com atenção, encontraremos benefícios escondidos, seja motivação para adotar um estilo de vida mais saudável com base em um checkup ou aprendendo algo novo com o que os alunos escrevem. Uma vez encontrado um benefício oculto, ele pode ser transformado em tesouro.

QUALQUER MAPA SERVE

Neste capítulo, apresentei exercícios que ajudam a fortalecer a mentalidade elástica. Alguns são mais atraentes do que outros. Tudo bem – é preciso começar por algum lugar. Trate cada exercício como um recurso a partir do qual você pode construir, adaptando-o às suas circunstâncias.

No Capítulo 5, contei sobre um grupo de soldados perdidos que usou um mapa dos Pirineus para achar o caminho de volta a seu acampamento nos Alpes. Embora o mapa retratasse outra região, de início serviu para acalmá-los e depois os fez se mexer, se comunicar e aprender. Neste capítulo, ofereci um mapa para fortalecer sua elasticidade, mas o que importa não são quais exercícios você fará ou mesmo se você os seguirá à risca. Eu apenas gostaria de ver você se mexer. Como ocorre com um músculo, a mentalidade elástica se fortalece cada vez que a usamos.

CONCLUSÃO

SUA ELASTICIDADE

A maioria das pessoas já passou por fases em que se viu perseguindo algo em algum aspecto da vida – ou, ao menos, já sentiu a tentação de fazê-lo. Pessoalmente, sei quão difícil pode ser se livrar da força da mentalidade perseguidora, em especial quando estamos cercados por pessoas que seguem e propagam essa atitude. Entretanto, também sei que é possível e valioso trocar a mentalidade perseguidora pela mentalidade elástica.

Aprendi que um dos maiores motivos pelos quais nos pautamos pela mentalidade perseguidora é achar que não há alternativa. Neste livro, compartilhei pesquisas e relatos para ajudá-lo a rejeitar essa atitude e adotar a mentalidade elástica como uma maneira melhor de trabalhar, viver e construir organizações.

Muitas das pessoas que conhecemos neste livro optaram por esticar seus recursos porque isso traz resultados surpreendentes do ponto de vista profissional e pessoal. Dick Yuengling construiu um império da cerveja e orgulhosamente passou-o a suas filhas; o Cara da Kombi se tornou um jogador de beisebol melhor dentro e fora do campo; Jenny Dawson criou uma carreira mais significativa e impactante transformando alimentos rejeitados em chutneys; Madame C. J. Walker usou produtos de beleza para transformar um grupo oprimido de mulheres afro-americanas em empreendedoras; Robert Rodriguez usou uma equipe menor para produzir filmes aclamados e lucrativos enquanto se divertia em seu trabalho mais do que a maioria de seus contemporâneos e Alex Turnbull recusou uma oferta de compra milionária por sua empresa de tecnologia para fazer muito mais em todos os campos da vida. Todos esses indivíduos construíram carreiras ou negócios de sucesso e, o mais importante, encontraram uma satisfação mais profunda.

Por mais que a mentalidade elástica seja de grande valia para alguns, para muitos há uma urgência ainda maior em adotar essa conduta porque a mentalidade perseguidora levou o mundo a uma situação desoladora. Estamos sob mais pressão do que nunca. Setenta por cento dos norte-americanos encaram pelo menos um de três grandes desafios financeiros: (a) gastam mais do que ganham, (b) pagam dívidas que consomem quase metade da renda bruta mensal e (c) não têm dinheiro suficiente para sobreviver por um mês.

Para outras pessoas, o tempo é o maior obstáculo. O lazer costumava ser um privilégio de quem tinha diploma universitário e era rico. Em 1965, homens com ensino superior tinham um pouco mais de tempo livre do que colegas que haviam estudado somente até o nível médio. Em 2005, o primeiro grupo registrava oito horas a menos de tempo livre por semana do que o segundo.

Em um mundo de mudanças constantes, é comum termos de executar atividades para as quais não fomos treinados. Segundo um estudo recente feito pela empresa de pesquisa de opinião Harris com 2 mil adultos, 41% dos norte-americanos não receberam treinamento no emprego nos últimos dois anos. Conforme nos vemos com mais frequência em situações complicadas, torna-se ainda mais importante ajustar, consolidar e transformar os recursos de que dispomos com rapidez – ou seja, temos que aprender a esticá-los.

O caminho para a mentalidade elástica começa com uma modificação simples, mas significativa – desistir da crença de que ter mais recursos equivale a ter melhores resultados e substituí-la pela convicção de que usar melhor os recursos possibilita que se alcance melhores resultados. Essa mudança de mentalidade nos retira da competição de-

CONCLUSÃO

sumana por recursos, que é impossível vencer, e proporciona um caminho para encontrar contentamento e potencializar o que já possuímos.

Desenvolva as habilidades relacionadas a esticar os recursos após abandonar a mentalidade perseguidora. Torne-se um outsider e busque novas experiências a fim de acionar os recursos de maneira atípica. Sinta-se confortável trabalhando sem ter um plano por algum tempo. Desperte prognósticos positivos para aumentar o valor do que você já possui e combine tudo de novas maneiras para tornar o todo muito melhor do que a soma das partes.

Nos últimos capítulos do livro, mostrei como chegar ao ponto certo da mentalidade elástica evitando cinco problemas causados pelo excesso dela – tornar-se avarento, vagar sem rumo, confiar em intuições falsas, se deixar atormentar pelas expectativas dos outros e fazer combinações inadequadas. Também indiquei diversos exercícios para ajudar você a parar de perseguir e começar a esticar os recursos.

Imagine a leveza resultante de parar de se preocupar com o que você não tem e começar a apreciar aquilo que possui. Sonhe com inspirar todos a sua volta – de colegas a filhos – para que aprendam a usar o que está ao alcance, em vez de sempre pedir o que não está. Imagine a recompensa resultante de expandir o valor dos recursos já disponíveis no trabalho, em sua equipe e na vida pessoal. Pense como você se adaptaria melhor às transformações constantes do mundo em que vivemos porque já aprendeu a "se esticar" em qualquer situação.

Há muitas recompensas para uma boa mentalidade elástica. Se você praticar diariamente os princípios que conduzem a ela, sairá da espiral infinita da busca por mais recursos. Em vez disso, aproveitará mais o trabalho, construirá organizações fortes e alcançará um bem-estar maior. Nem sempre será fácil, mas as mudanças que a mentalidade elástica traz para a vida compensam. Este livro é um mapa. Pegue-o e comece a caminhar em busca de sua própria elasticidade.

AGRADECIMENTOS

Concluir este livro foi um esforço coletivo, e desejo agradecer a muitas pessoas. Começo pela mais importante: minha esposa, Randi. Viver com uma pessoa dotada de uma mentalidade elástica tão extraordinária foi uma grande inspiração.

Minhas ideias se tornaram muito mais claras quando refleti sobre como ela colocava em prática os conceitos da elasticidade. Randi também agregou sabedoria a cada página, editando, diversas vezes, tudo que escrevi – e mantendo-se uma parceira adorável, mãe atenciosa e profissional realizada. Este livro é muito melhor por causa dela – e eu também sou.

Meu agente, Richard Pine, esticou meus pensamentos desde nossa primeira conversa. Ele começou a trabalhar comigo quando eu tinha apenas um parágrafo pronto, e sua curiosidade e feedback construtivos alimentaram o trabalho. Sou imensamente grato a ele e a todos seus colegas incríveis da InkWell Management, especialmente Eliza Rothstein.

Eu nunca teria começado a escrever este livro se não fosse por três pessoas. Jane Dutton, minha orientadora no doutorado, me ensinou muito sobre pesquisa e desenvoltura. Ela me abordou depois que proferi uma palestra na Positive Organizations Conference de 2013. Quando desci do palco, ela me disse, direta: "Escreva um livro sobre isso agora". Foi exatamente o que fiz. Adam Grant passou muitas horas me ensinando sobre publicação de livros e me convencendo de que eu deveria, e poderia, levar minha pesquisa e ideias a um público mais amplo e que me divertiria fazendo isso. Devo muito a seu encorajamento, generosidade e conselhos, e por ter me apresentado ao Richard. Marc Epstein, um ex-colega da Rice University, ofereceu aconselhamento sábio e apoio ininterrupto enquanto eu decidia se queria escrever um livro – e como escrevê-lo.

O entusiasmo de Hollis Heimbouch pelo projeto foi visível desde a primeira vez que nos encontramos. Sou grato a ela por defendê-lo durante todo o processo editorial, tornando-o mais claro e atraente. Agradeço também aos demais integrantes da equipe da HarperCollins, incluindo Stephanie Hitchcock.

Um grupo de assistentes de pesquisa talentosos encontrou exemplos para dar vida às minhas teorias. Matt Stein participou quando eu formulava o panorama inicial da obra. Tive sorte de ele estar ansioso para aprender algo novo e ter se transformado tão rápido em um pesquisador habilidoso. Ele encontrou alguns dos relatos mais importantes, forneceu um feedback valioso e contribuiu de outras incontáveis maneiras. Ele tem uma ótima mentalidade elástica e é um amigo melhor ainda por trazer toda sua energia e conhecimento ao livro.

Jessica Yi assumiu o posto de Matt e com sua habilidade e envolvimento me ajudou a terminar o projeto. Deyanira Verdejo encontrou exemplos excelentes antes mesmo de eu saber que estava escrevendo um livro. Também sou grato a Kristen Nault e Asiya Kazi pelo apoio relacionado a alguns dos estudos científicos que citei, e a Pat Victor e Janelle Farabaugh pela assistência administrativa.

Katy DeCelles e Utpal Dholakia são dois dos melhores colaboradores de pesquisa que alguém poderia ter. Aprendi muito com eles e sou grato por terem lido cada página. Quando ficaram satisfeitos, soube que o livro estava pronto para um público maior. Meu colega Erik Dane me ofereceu conselhos extremamente úteis em alguns capítulos.

Também pedi comentários sobre o trabalho a alguns outsiders. Derren Barken leu cada página, às vezes mais de uma vez. Ele também me enviou exemplos excelentes. Agradeço também a Claudia

Kolker, Nelli Nikova e Seth Topek pelo feedback excelente sobre todo o manuscrito.

Durante anos, me beneficiei de várias discussões sobre desenvoltura. Quero agradecer a Ryan Quinn, Martha Feldman, Christian Mealey e Monica Worline, cujas pesquisas e insights estimularam minha reflexão. Também aprendi muito com Karl Weick. Sua influência pode ser encontrada em todo o livro, mas em especial no Capítulo 5, no qual elaboro vários exemplos que ele me apresentou.

Meus colegas na Rice University me apoiaram muito. A escola era o ambiente ideal para a pesquisa, o ensino e a escrita. Também tenho grande dívida com toda a equipe de marketing da Jones Graduate School of Business, especialmente Kathleen Clark, Claudia Kolker, Kevin Palmer e Liana Lopez, pela ajuda na disseminação das ideias contidas aqui.

Minhas duas filhas maravilhosas, Myaan e Noa, ficaram encantadas com o livro (e me ajudaram com o exercício da Bela Adormecida no Capítulo 9). A alegria de passar o tempo com elas me lembrava constantemente por que o sucesso se apresenta de maneiras tão diferentes.

Por fim, meus pais, Jane e Ron, que me educaram para ser engenhoso e me ensinaram a não me preocupar com o que os outros tinham e a fazer o melhor com o que eu possuía. Demorei um tempo para perceber isso, mas eles estavam certos.

Nota ao leitor: suas ideias são bem-vindas e estou especialmente interessado em aprender como você desistiu da mentalidade perseguidora pautada pela perseguição e adotou a mentalidade elástica orientada pela elasticidade. Adoraria saber sobre você: mande um e-mail para scott@scottsonenshein.com ou visite o site www.scottsonenshein.com.

NOTAS

CAPÍTULO 2: A GRAMA DO VIZINHO É SEMPRE MAIS VERDE

1. Também fazemos comparações sociais para parecer que estamos "por cima". Essas comparações de cima para baixo relacionam nossos recursos com os de quem consideramos estar em pior situação. Por exemplo, se você quer se sentir importante no trabalho, pode sair de sua sala de 10 metros quadrados e caminhar pela fileira de baias a caminho do bebedouro, evitando passar pelas salas de 15 metros quadrados. Por outro lado, isso às vezes é motivador. O psicólogo organizacional Dave Mayer recentemente resumiu as pesquisas sobre inveja do bem. Disponível em: <http://www.fastcompany.com/3060994>. Acesso em 7 jun. 2017.

CAPÍTULO 3: TUDO O QUE É VIVO E BELO

1. Caso você esteja se perguntando, a UnitedHealthcare era o primeiro lugar.
2. A frugalidade de Kierlin se equipara a sua generosidade. Ele apoia várias causas, em geral anonimamente. Em 2001, recompensou fun-

cionários com opções de ações. Resistindo ao caminho típico de diluir os acionistas existentes, Kierlin as tirou de dois terços de seu estoque pessoal de 7,8 milhões de ações.

3. Tecnicamente, medimos uma unidade de identidade – a extensão da identificação dos funcionários com as lojas. Pesquisas revelam que a unidade de identidade é conceitualmente próxima da propriedade psicológica porque uma forte identificação, em geral, significa propriedade. Perguntamos aos empregados o seguinte: "Quando você fala sobre a loja, geralmente se refere a ela como 'nós' ou 'eles'?".

CAPÍTULO 5: HORA DE AGIR

1. Apesar de a orientação à ação ter ajudado os participantes a obter mais satisfação e sucesso, a pesquisa encontrou uma função para a orientação de planejamento, mas apenas se associada com uma de ação. No estudo, as pessoas davam maior foco à meta de ação se também contassem com uma orientação para o planejamento.

CAPÍTULO 6: SOMOS O QUE PENSAMOS SER

1. Na esteira da corrida aos bancos que vitimou não só o Bank of the United States, mas também centenas de outros, o governo criou o Federal Deposit Insurance Corporation (FDIC) como proteção contra os perigos da profecia autorrealizável. Ao garantir os depósitos dos clientes no caso de uma falha, o FDIC torna o potencial de falência bancária nula para o valor de uma conta poupança de um cliente. Mesmo assim, alguns podem considerar a crise financeira de 2008 uma corrida aos bancos dos tempos modernos. As pessoas que faziam transações no Lehman Brothers, que pediram bancarrota durante a crise financeira, perderam a confiança de que a empresa tivesse liquidez suficiente para arcar com suas obrigações na negociação de papéis. Em consequência, as empresas pararam de comercializar com a Lehman Brothers, o que ajudou a acelerar sua

NOTAS

crise de liquidez. Os bens em risco na empresa não eram segurados pelo FDIC.

2. O interessante é que as diferenças de QI entre bloomers e o grupo de controle não foram verificadas para crianças entre o terceiro e o sexto anos. Rosenthal e Jacobson sugeriram várias explicações, incluindo que crianças menores são mais abertas à mudança e à influência social e têm reputações menos formadas do que crianças mais velhas, o que torna a expectativa dos professores sobre crianças mais velhas menos influente.

3. A análise de estudos sobre previsões positivas no ambiente de trabalho mostra que os efeitos são mais pronunciados nos ambientes militar e educacional. Isso pode ter algo a ver com a estrutura mais hierárquica das organizações exército e escola. Além disso, a pesquisa aponta que previsões positivas funcionam melhor quando a performance inicial da pessoa é baixa.

4. É importante que as expectativas positivas de um relacionamento matrimonial estejam associadas às interações construtivas e à compreensão em relação ao comportamento do parceiro.

5. Patagonia e North Face são marcas que produzem roupas esportivas equiparáveis, mas a primeira tem a reputação de ser bastante sustentável do ponto de vista ambiental. Em 2011, a empresa pediu a seus clientes que comprassem menos produtos novos e adquirissem itens usados sempre que possível.

CAPÍTULO 7: TUDO JUNTO E MISTURADO

1. Minha pesquisa apontou que esse tipo de combinação entre concorrência e amizade não acontece entre donos de food trucks de outras cidades. Empreendedores que desejavam expandir os negócios para Houston a partir de outras localidades partiam do princípio de que o ambiente seria ultracompetitivo. No entanto, a abordagem de um concorrente local para compartilhar uma refeição permitia reconhecer rapidamente que as normas do mercado propiciavam tanto a amizade como a competição. Os novatos não pretendiam fazer amizade com

O PODER DO MENOS

os concorrentes, e alguns até se atrapalhavam no início. Em dado momento, porém, reconheceram a ajuda e o significado dessa amizade e entraram no jogo.

2. O filho de Graham também conquistou a fama, mas por outros caminhos. Michael Nesmith era integrante da banda The Monkees e um dos protagonistas da série de televisão de mesmo nome.

3. O hábil inventor foi um péssimo empreendedor, que desperdiçou fortunas em potencial com maus acordos comerciais e que atrasava o registro de patentes. A empresa que levou seu nome, a maior do mundo no negócio da borracha, Goodyear Tire & Rubber, não tinha conexão direta com ele. "A vida", escreveu, "não deve ser estimada exclusivamente pelo padrão de dólares e centavos. Não estou disposto a reclamar do que plantei e de onde outros colheram os frutos. Um homem só tem motivo de arrependimento quando semeia e ninguém colhe".

CAPÍTULO 8: EVITE PREJUÍZOS

1. Na amostra de leitores de jornais canadenses, os números foram um pouco diferentes: 36% eram pães-duros e apenas 6% eram esbanjadores.

2. Para os extrovertidos, as mudanças não afetaram as chances de morrer.

3. Baumeister encontrou um efeito semelhante ao examinar lances livres nas semifinais da National Basketball Association (NBA) e nos jogos do campeonato. A porcentagem de lances livre para times da casa e visitantes é quase idêntica, exceto no jogo final, quando o time visitante supera o time da casa (apesar das prováveis multidões barulhentas tentando distrair os jogadores visitantes com ruídos e vaias).

CAPÍTULO 9: TREINO

1. Para os curiosos, as cinquenta palavras em inglês são: *a* (um/uma), *am* (sou), *and* (e), *anywhere* (qualquer lugar), *are* (são), *be* (ser), *boat* (barco), *box* (caixa), *car* (carro), *could* (pode), *dark* (escuro), *do* (fazer), *eat* (comer), *eggs* (ovos), *fox* (raposa), *goat* (cabra), *good* (bom), *green*

NOTAS

(verde), *ham* (presunto), *here* (aqui), *house* (casa), *I* (eu), *if* (se), *in* (dentro), *let* (deixar), *like* (gostar), *may* (poder), *me* (eu), *mouse* (rato), *not* (não), *on* (sobre), *or* (ou), *rain* (chuva), Sam, *say* (dizer), *see* (ver), *so* (portanto), *thank* (agradecer), *that* (que), *the* (o / a), *them* (a eles), *there* (lá), *they* (eles), *train* (trem), *tree* (árvore), *try* (tentar), *will* (verbo auxiliar para flexionar o futuro do presente), *with* (com), *would* (verbo auxiliar para frases que expressam condição) e *you* (você).

2. Em relação aos novos recursos, não houve diferenças na mudança de desempenho entre os grupos. Uma explicação possível é que os participantes não estavam subconscientemente pensando nos novos recursos porque não tinham lidado com eles antes: pensavam apenas nos dois recursos repetidos.

REFERÊNCIAS UTILIZADAS PELO AUTOR

INTRODUÇÃO: MINHA ELASTICIDADE

The New New Thing: LEWIS, Michael. *The new new thing*: a Silicon Valley story. Nova York: W. W. Norton, 1999. [*A nova novidade: uma história do Vale do Silício*. São Paulo: Companhia das Letras, 2010]

Brava luta com o pouco que tinham: QUINN, Ryan W.; WORLINE, Monica C. Enabling courageous collective action: conversations from United Airlines flight 93. *Organization Science,* v. 19, n. 4, p. 497-516, 2008.

Positive Organizations: University of Michigan, Center for Positive Organizations. <http://positiveorgs.bus.umich.edu>; CAMERON, Kim S.; DUTTON, Jane E.; QUINN, Robert E. Quinn (Ed.) *Positive organizational scholarship*: foundations of a new discipline. São Francisco: Berrett-Koehler, 2003.

US$ 19,2 trilhões de riqueza destruída: UNITED STATES DEPARTMENT OF TREASURY. *The financial crisis response in charts, abr. 2012.* <http://www.treasury.gov/resource-center/data-chart-center/Documents/20120413_FinancialCrisisResponse.pdf>.

---

* N.R.: Todos os sites indicados foram acessados em 9 jul. 2017.

CAPÍTULO 1: A HISTÓRIA DE DUAS CERVEJARIAS

Volta para casa: GEIER, Ione. Yuengling marches to different drummer. *Republican Herald.* <http://republicanherald.com/news/yuengling--marches-to-different-drummer-1.1336503>

Começaram a fazer campanha: KURTZ, Rod. Knowing when to say when. *Inc.*, v. 26, n. 7, p. 64-71, jul. 2004.

3% das empresas familiares: WOOLDRIDGE, Adrian. To have and to hold. *Economist*, 18 abr. 2015. <http://www.economist.com/news/special-report/21648171-far-declining-family-firms-will-remain-important-feature-global-capitalism>

D. G. Yuengling & Son: Richard Yuengling Jr. (dono e presidente da D. G. Yuengling & Son), em conversa com o autor, 1 set. 2015; NOON, Mark A. *Yuengling*: a history of America's oldest brewery. Jefferson: McFarland, 2005. MUSSON, Robert A. *D.G. Yuengling & Son, Inc.* Charleston: Arcadia, 2013.

Tornou-se a maior dos EUA: Os conglomerados internacionais Anheuser-Busch Inbev e MillerCoors produzem a maior parte da cerveja dos Estados Unidos, mas não são empresas norte-americanas. A Pabst Brewing está entre os três maiores vendedores de cerveja do mundo, mas terceiriza sua produção.

"Nosso jogo é a longevidade": SOPER, Spencer. Yuengling becomes biggest U.S. owned brewery. *Morning Call*, 12 jan. 2012. <http://articles.mcall.com/2012-01-12/business/mc-allentown-yuengling-sales-20120112_1_yuengling-boston-beer-beer-marketer-s-insights>

Receita de cerca de US$ 2 bilhões: The world's billionaires, Richard Yuengling, Jr. *Forbes.* <http://www.forbes.com/profile/richard-yuengling-jr/>

"Eles dizem que sou mesquinho... mas sou econômico": Richard Yuengling Jr. (dono e presidente da D. G. Yuengling & Son), em conversa com o autor, 1 set. 2015.

Adaptando-se a mudanças importantes: SONENSHEIN, Scott; DHOLAKIA, Utpal. Explaining employee engagement with strategic change implementation: a meaning-making approach. *Organization Science*, v. 23, n. 1, p. 1-23, jan. 2012; SONENSHEIN, Scott. Treat employees as resources, not resisters. In: DUTTON, J.; SPREITZER, G. (Ed.) *How* *to be a positive leader*: small actions, big impact. São Francisco: Berrett-Koehler, 2014, p. 136-146.

Rotinas diárias: SONENSHEIN, Scott. Routines and creativity: from dualism to duality. *Organization Science*, v. 27, n. 3, p. 739-758, 2016.

Vidas e carreiras significativas: SONENSHEIN, Scott et al. Growing at work: employees' interpretations of progressive self-change in organizations. *Organization Science*, v. 24, n. 2, p. 552-570, 2013; SPREITZER, Gretchen et al. A socially embedded model of thriving at work. *Organization Science*, v. 16, n. 5, p. 537-549, 2005.

"Viviam como reis": STROH, Frances. *Beer money*: a memoir of privilege and loss. Nova York: Harper, 2016, p. 14.

"Crescer ou sair": STROH, Frances. Ibidem, p. 45.

"Os maiores possível": STROH, Frances. Ibidem, p. 44.

"Era como entrar em um tiroteio com uma faca": DOLAN, Kerry A. How to blow $9 billion: the fallen Stroh family. *Forbes*, 21 jul. 2014. <http://www.forbes.com/sites/kerryadolan/2014/07/08/how-the-stroh-family-lost-the-largest-private-beer-fortune-in-the-u-s/>

"Antiquada fábrica de Detroit": WALSH, Dustin. For Stroh's, the Bell's tolled: the crumbling of a Detroit institution rang in the era of craft breweries. *Crain's Detroit Business*. 11 fev. 1985.

Fortuna da família, que talvez estivesse em torno de US$ 9 bilhões: DOLAN, Kerry A., op. cit.

"Isso os oprimiu": YAEGER, Brian. *Red, white, and brew*: an american beer odyssey. Nova York: St. Martin's Press, 2008. p. 21.

Família que desaparecera 42 anos antes: DASH, Mike. For 40 years, this russian family was cut off from all human contact, unaware of World War II. *Smithsonian Magazine*, v. 28, jan. 2013; PESKOV, Vasily. *Lost in the taiga*: one russian family's fifty-year struggle for survival and religious freedom in the siberian wilderness. Nova York: Doubleday, 1994.

Restrições podem motivar: SONENSHEIN, Scott. How organizations foster the creative use of resources. *Academy of Management Journal*, v. 57, n. 3, p. 814-848, jun. 2014; SCOPELLITI, Irene et al. How do financial constraints affect creativity?. *Journal of Product Innovation Management*, v. 31, n. 5, p. 880-893, 2014.

O PODER DO MENOS

"Engenharia"... "bricolagem": LÉVI-STRAUSS, Claude. *The savage mind.* Chicago: University of Chicago Press, 1966.

Faz bom uso das ferramentas à volta: BAKER, Ted; NELSON, Reed E. Creating something from nothing: resource construction through entrepreneurial bricolage. *Administrative Science Quarterly,* v. 50, n. 3, p. 329-366, 2005; GARUD, Raghu; KARNØE, Peter. Bricolage versus breakthrough: distributed and embedded agency in technology entrepreneurship. *Research Policy,* v. 32, n. 2, p. 277-300, 2003.

Desconforto psicológico em usar as coisas de maneiras diferentes: DUNCKER, Karl. On problem-solving. *Psychological Monographs,* v. 58, n. 5, p. i-113, 1945.

Consertá-lo com fita adesiva: SASLOW, Eli. The Man in the Van. *ESPN. com.* <http://espn.go.com/espn/feature/story/_/id/12420393/top-blue-jays-prospect-daniel-norris-lives-own-code>; THE MILLIONAIRE pitcher that lives in a van. Vice Sports. Vídeo no YouTube (5:46). <https://www.youtube.com/watch?t=17&v=wKPa3uVddbU>; LOTT, John. Toronto Blue Jays prospect Daniel Norris drives an old van in search of good waves: "I've been different my whole life". *National Post,* 11 mar. 2014. <http://news.nationalpost.com/sports/mlb/toronto-blue-jays-prospect-daniel-norris-drives-an-old-van-in-search-of-good-waves-ive-been-different-my-whole-life>

"Você tem de apreciar o que tem": NORRIS, Daniel. More than just the "man in the van". *Players' Tribune,* 7 abr. 2016. <http://www.theplayerstribune.com/daniel-norris-tigers-pitcher-baseball-van/>

"A vida é como um oceano para mim": RYDIE, Sharleen. Interview with an outdoorsman: Daniel Norris + Johnson City, TN. *London Red,* 2014. <http://www.newlondonred.com/LR-INTERVIEWS/Interview-Daniel-Norris>

"Só porque o dinheiro está lá": SASLOW, Eli. The man in the van. *ESPN. com.* <http://espn.go.com/espn/feature/story/_/id/12420393/top-blue-jays-prospect-daniel-norris-lives-own-code>

Estipêndio mensal: Ibidem.

"Nunca em minha vida não tive": LOTT, John, op. cit.

Arrumou um segundo emprego: HAMOUR, Aniseh. Those who know Daniel Norris call him humble, competitive, extremely talented.

WVTM-TV Birmingham, AL, 8 abr. 2015. <http://wvtm.membercenter. worldnow.com/story/28756554/those-who-know-daniel-norris-call- -him-humble-competitive-extremely-talented>

Muitos astros do esporte falidos ou deprimidos: TORRE, Pablo S. How (and why) athletes go broke. *Sports Illustrated*, 23 mar. 2009. <http:// www.huffingtonpost.com/bill-johnson-ii/beyond winning-and-losin- g-athletes-and-depression_b_8174292.html>

Ele jogou a bola para fora do estádio: MLB Notebook: Daniel Norris is 19th pitcher to hit home run in first major league at-Bat. *Associated Press*, 20 ago. 2015. <http://www.ohio.com/sports/mlb/mlb-note- book-daniel-norris-is-19th-pitcher-to-hit-home-run-in-first-major-lea- gue-at-bat-1.617833>; TIGERS pitcher Daniel Norris hits home run in first MLB at-bat. *SI.com*. <http://www.si.com/mlb/2015/08/19/da- niel-norris-home-run-video-tigers-cubs>

Facit: STARBUCK, William H. Organizations as action generators. *American Sociological Review*, vol. 48, p. 91-102, fev. 1983.

O sucesso nos blinda e reforça: LEVITT, Barbara; MARCH, James G. Organizational learning. *Annual Review of Sociology*, v. 14, n. 1, p. 319- 340, 1988; ABELE, Andrea E.; SPURK, Daniel. The longitudinal im- pact of self-efficacy and career goals on objective and subjective career success. *Journal of Vocational Behavior*, vol. 74, n. 1, p. 53-62, fev. 2009. DOI:10.1016/j.jvb.2008.10.005.

Naturalmente preferem o status quo: SAMUELSON, William; ZECKHAUSER, Richard. Status quo bias in decision making. *Journal of Risk and Uncertainty*, vol. 1, p. 7-59, 1988.

CAPÍTULO 2: A GRAMA DO VIZINHO É SEMPRE MAIS VERDE

A pior seca da Califórnia na era moderna: KRIEGER, Lisa. California drought: Woodside, Fremont on opposite ends of water-saving spec- trum. *San Jose Mercury News*, 4 abr. 2015.

Lutou publicamente contra a prefeitura quanto ao uso da água: BRANTINGHAM, Barney. Harold Simmons dies: Dallas money man

and Montecito resident was 82. *Santa Barbara Independent*, 30 dez. 2013.
Donos de imóveis canalizam enormes recursos para obter um jardim mais verde: CARRICO, Amanda R.; FRASER, James; BAZUIN, Joshua T. Green with envy: psychological and social predictors of lawn fertilizer application. *Environment and Behavior*, v. 45, p. 427-454, 2013.
Jogos olímpicos de 2012 em Londres: THERE is no silver lining: the hilarious pouts of the olympians who went for the gold – but wound up in second place. *DailyMail.com*. <http://www.dailymail.co.uk/news/article-2185554/London-Olympics Hilarious-pouts-athletes-took-silver-medals.html>
Os medalhistas de bronze tinham uma tendência muito maior a estar perto do êxtase se comparados com os medalhistas de prata: MEDVEC, Victoria H.; MADEY, Scott F.; GILOVICH, Thomas. When less is more: counterfactual thinking among olympic medalists. *Journal of Personality and Social Psychology*, v. 69, n. 4, p. 603-610, out. 1995.
Ter **uma noção melhor de nós mesmos:** FESTINGER, Leon. A theory of social comparison processes. *Human Relations*, vol. 7, p. 117-140, 1954; Susan Fiske oferece um panorama mais atualizado das perspectivas relacionadas às comparações sociais em seu livro: *Envy up, scorn down*: how status divides us. Nova York: Russell Sage Foundation, 2011.
"Você não é ninguém aqui com US\$ 10 milhões": RIVLIN, Gary. The millionaires who don't feel rich. *New York Times*, p. A1, 5 ago. 2007.
Quanto mais tempo as pessoas passavam usando o Facebook, pior se sentiam: KROSS, Ethan ET AL. Facebook use predicts declines in subjective well-being in young adults. *PLOS One*, 14 ago. 2013. DOI: 10.1371/journal.pone.0069841; LEE, Sang Yup. How do people compare themselves with others on social network sites?: the case of Facebook. *Computers in Human Behavior*, v. 32, p. 253-260, mar. 2014., DOI: 10.1016/j.chb.2013.12.009.
História contada pelo cientista e professor Alexander Calandra: CALANDRA, Alexander. Angels on a pin. *Saturday Review*, p. 60, 21 dez. 1968.
Fixação funcional: DUNCKER, Karl. On problem-solving. *Psychological Monographs*, v. 58, n. 5, 1945.
Ajudar Bobo usando apenas as ferramentas oferecidas: GERMAN, Tim P.; DEFEYTER, Margaret Anne. Immunity to functional fixedness

REFERÊNCIAS UTILIZADAS PELO AUTOR

in young children. *Psychonomic Bulletin and Review*, v. 7, n. 4, p. 707-712, dez. 2000..

CEO da Borders, Greg Josefowicz: TOWNSEND, Matt. Borders' Bezos champagne toast marked start of chain's demise. *Bloomberg*, 19 jul. 2011.

Acumulação inconsequente: HSEE, Christopher K. et al. Overearning. *Psychological Science*, v. 24, n. 6, p. 852-859, 2013.

"Você tem de estar dormindo para acreditar":, TOP 10 George Carlin quotes. *Time*. <http://content.time.com/time/specials/packages/article/0,28804,1858074_1858085_1858083,00.html>

O sonho americano é mais difícil de atingir: CENTER FOR A NEW AMERICAN DREAM. *New American Dream Survey 2014*. <http://newdream.s3.amazonaws.com/19/d9/7/3866/NewDreamPollFinalAnalysis.pdf>

A perseguição continuava forçando Joshua Millburn: Millburn mudou radicalmente e adotou um estilo de vida minimalista, abandonando muitas de suas posses em função de uma vida mais simples, porém mais significativa, sobre a qual escreve com regularidade no site theminimalists.com e detalha no livro *Minimalism*: live a meaningful life. Missoula: Asymmetrical Press, 2011.

"Não tinha focado nas coisas que eram as mais importantes": POSNER, Michael. Does a less is more life bring happiness?. *Globe and Mail*, 13 dez. 2012.

Mais impressionante, a mentalidade perseguidora antecipou negativamente a satisfação sete anos depois: ABELE, Andrea E.; SPURK, Daniel. The longitudinal impact of self-efficacy and career goals on objective and subjective career success. *Journal of Vocational Behavior*, vol. 74, p. 53-62, fev. 2009. DOI: 10.1016/j.jvb.2008.10.005.

Das maiores destruições de riqueza da história: MALKIEL, Burton G. Bubbles in asset prices. In: MUELLER, Dennis C. (Ed.) *The Oxford handbook of capitalism*. Nova York: Oxford University Press, 2012, p. 405-425.

US\$ 12 milhões em publicidade para gerar "colossais" US\$ 619 mil em vendas: RAO, Arun; SCARUFFI, Piero. *A history of Silicon Valley*: the greatest creation of wealth in the history of the planet. Palo Alto: Omniware, 2011.

Vendia produtos abaixo do custo: <http://www.cnet.com/news/pets-com-latest-high-profile-dot-com-disaster/>

Digital Archive of the Birth of the Dot Com Era: BERLIN, Leslie. Lessons of survival, from the DotCom Attic. *New York Times*, 23 nov. 2008. O professor Kirsch também disponibiliza seu arquivo em: <http://www.businessplanarchive.org/>.

US$ 215 por metro quadrado: RUSLI, Evelyn M. Free spending by startups stirs memories of Dot Com era excesses. *Wall Street Journal*, 5 out. 2014.

"Resolver seus problemas gastando dinheiro": Ibidem.

"Receita resolve todos os problemas" e **"mangueira de dinheiro":** <http://www.bloomberg.com/features/2016-yahoo/>.

Bill Demas: Conversa pessoal, 24 ago. 2015.

Fab.com:, HOW Fab.com's Jason Goldberg hustled his way to $325 million. *FastCompany.com*. 2015. <http://www.fastcodesign. com/3016913/how-fabcoms-jason-goldberg-hustled-his-way-to- -325-million>

Oferta de trocar de lugar por US$ 100: EDWARDS, Jim. Fab.com founder baffled by passenger who declined $100 to switch seats with him on plane. *Business Insider*, 15 jul. 2013. <http://www.businessinsider. com/fabcom-founder-baffled-by-passenger-who-declined-100-to-s- witch-seats-with-him-on-plane-2013-7>

Os departamentos com mais recursos melhoravam menos: NOHRIA, Nitin; GULATI, Ranjay. Is slack good or bad for innovation?. *Academy of Management Journal*, v. 39, n. 5, p. 1245-1264, 1996.

Escalada do comprometimento: STAW, Barry. Knee-deep in the big muddy: a study of escalating commitment to a chosen course of action. *Organizational Behavior and Human Performance*, v. 16, n. 1, p. 27-44, 1976.

Busca pela grama mais verde: STEINBERG, Ted. *American green*: the obsessive quest for the perfect lawn. Nova York: W. W. Norton, 2006.

CAPÍTULO 3: TUDO O QUE É VIVO E BELO

BoutiqueCo: Neste exemplo, uso pseudônimos para os nomes da organização e seus funcionários.

Tudo era muito organizado: Ethan Peters (pseudônimo), em conversa com o autor, 20 abr. 2010.

REFERÊNCIAS UTILIZADAS PELO AUTOR

"Cortar as alças": SONENSHEIN, Scott. How organizations foster the creative use of resources. *Academy of Management Journal*, v. 57, n. 3, p. 814-848, 2014.

Posse psicológica: ETZIONI, Amitai. The socio-economics of property. In: RUDMIN, F. W. (Ed.) To have possessions: a handbook on owner-ship and property, special issue. *Journal of Social Behavior and Persona-lity*, v. 6, n. 6, p. 465-468, 1991.

Sentimento de posse: PIERCE, Jon L.; KOSTOVA, Tatiana; DIRKS, Kurt T. Toward a theory of psychological ownership in organizations. *Academy of Management Review*, v. 26, n. 2, p. 288-310, 2001.

Processos de autopercepção: BEM, Daryl. Self-perception: an alterna-tive interpretation of cognitive dissonance phenomena. *Psychological Review*, v. 74, p. 183-200, 1967.

O CEO me contou: Conversa com o autor, jun. 2010.

Representava 16% da satisfação da pessoa com o emprego: DYNE, Linn Van; PIERCE, Jon L. Psychological ownership and feelings of pos-session: three field studies predicting employee attitudes and organi-zational citizenship behavior. *Journal of Organizational Behavior*, v. 25, n. 4, p. 439-459, 2004.

Forte senso de posse psicológica e comportamentos típicos de dono estavam associados a melhor desempenho financeiro das lojas: WAG-NER, Stephen H.; PARKER, Christopher P.; CHRISTIANSEN, Neil D. Employees that think and act like owners: effects of ownership beliefs and behaviors on organizational effectiveness. *Personnel Psychology*, v. 56, n. 4, p. 847-71, dez. 2003.

"Tornar-se mais criativo... buscando limitações": HANSEN, Phil. Embrace the shake. Vídeo TED (9:40), mai. 2013. <https://www.ted. com/talks/phil_hansen_embrace_the_shake/transcript?langua-ge=en#t-198180>

Monet produzindo um fluxo constante de obras-primas: STOKES, Pa-tricia D. *Creativity from constraints*. Nova York: Springer, 2006; STOKES, Patricia D. Variability, constraints, and creativity: shedding light on Claude Monet. *American Psychologist*, v. 56, n. 4, p. 355-59, 2001.

Forçou roedores a apertar uma barra: STOKES, Patricia D. Learned variability. *Animal Learning and Behavior*, v. 23, n. 2, p. 164-176, 1995.

"Pequeno c" criativo: KAUFMAN, James C.; BEGHETTO, Ronald A.. Beyond big and little: the four C model of creativity. *Review of General Psychology*, v. 13, n. 1, p. 1-12, 2009.

Restrições serviam como barreira ao uso criativo de recursos: AMABILE, Teresa M. *Creativity in context*. Boulder: Westview Press, 1996.

Sensação de que o trabalho que realizamos não é uma prioridade: AMABILE, Teresa M. et al. Assessing the work environment for creativity. *Academy of Management Journal*, v. 39, n. 5, p. 1154-1184, out. 1996.

Liberdade para usar os recursos de maneiras menos convencionais: MEHTA, Ravi; ZHU, Meng. Creating when you have less: the impact of resource scarcity on product use creativity. *Journal of Consumer Research*, out. 2015.

Restrições que nos direcionam a fazer o melhor: MCDERMOTT, Christopher M.; O'CONNOR, Gina Colarelli. Managing radical innovation. *Journal of Product Innovation Management*, v. 19, n. 6, p. 424-38, 2002; FINKE, Ronald. *Creative imagery*: discoveries and inventions in visualization. Hillsdale: Lawrence Erlbaum Associates, 1990.

Modelo do "caminho da menor resistência": WARD, Thomas B. Structured imagination: the role of category structure in exemplar generation. *Cognitive Psychology*, v. 27, n. 1, p. 1-40, 1994.

Dedicamos energia mental: FINKE, Ronald A.; WARD, Thomas B.;SMITH, Steven M. *Creative cognition*: theory, research and applications. Cambridge: MIT Press, 1992.

Aumentaram significativamente a maneira como pessoas engenhosas: SCOPELLITI, Irene et al. How do financial constraints affect creativity?. *Journal of Product Management Innovation*, v. 31, n. 5, p. 880-893, 2014.

"Gruda em você para tudo na vida": BALLON, Marc. The cheapest CEO in America. *Inc.*, p. 52, 1 out. 1997.

CEO mais sovina dos Estados Unidos: Ibidem.

O desempenho da empresa foi o segundo melhor: análise usando a base de dados FActSet obtida em 4 jun. 2015.

Ganhava cinco centavos por dia: FASTENAL Company, our history. <https://www.fastenal.com/en/99/our-history>; MEYER, Harvey. Cheap and cheerful: Fastenal's strategy is to pinch every penny twice

REFERÊNCIAS UTILIZADAS PELO AUTOR

before letting it go. So far, it's working. *Journal of Business Strategy*, v. 22, n. 5, p. 14-17, 2001.

Manter o *turnover* em impressionantes 7%: UNITED States Securities and Exchange Commission, Fastenal Company Prospectus, arquivado em 20 ago. 1987.

"Não temos medo de gastar": MEYER, Harvey, op. cit., p. 16.

Máquinas no lugar de clientes: MACHAN, Dyan. Sweating the small stuff. *Barrons*, p. 38-39, 10 mar. 2014.

Entender sua mentalidade: LASTOVICKA, John L. et al. Lifestyle of the tight and frugal: theory and measurement. *Journal of Consumer Research*, v. 26, n. 1, p. 85-98, 1999.

Stanford Financial Group: DAWSON, Jennifer. Behind the scenes at Stanford's old office. *Houston Business Journal*, 29 dez. 2010.

800 milhões de pessoas não tem o que comer: World Food Programme. <http://www.wfp.org/hunger/stats>.

Bilhões de dólares de custos em gerenciamento de lixo orgânico: SWIFT, Susan; DAWSON, Jenny. Founder of Rubies in the Rubble. *Business Feminism*, 17 jul. 2014; FOX, Tim. Global food: waste not, want not. *Institution of Mechanical Engineers*, 2013.

Mercado frenético que em nada evocava a crise alimentar global: FAIRLEY, Jo. Why Jenny relishes rubbish: how a former hedgefund manager got into a pickle over discarded fresh produce. *Daily Mail*, 21 set. 2013.

"Como podemos bancar tamanho desperdício?": PESCOD, Adam. Rubies in the Rubble: the chutney company taking the fight to food waste. *Economist*, 4 ago. 2014.

Mais de um quarto do estoque devido a questões estéticas: <http://www.huffpostbrasil.com/entry/walmart-food-waste-petition_us_57768c61e4b0a629c1a9bacd>.

Mantra da empresa: DERRY, Johanna. First person: Jenny Dawson. *Financial Times*, 4 out. 2013.

Julgam a fruta pela casca: SLATER, Lydia. The high-flying banker who gave it all up to turn throwaway veg into posh pickles. *Daily Mail*, 19 mai. 2014. <http://www.dailymail.co.uk/femail/article-2633364/The--high-flying-banker-gave-turn- throwaway-veg-posh-pickles.html>

O PODER DO MENOS

Para tornar um recurso valioso é preciso ação: FELDMAN, Martha S. Resources in emerging structures and processes of change. *Organization Science*, v. 15, n. 3, p. 295-309, 2004; FELDMAN, Martha S.; WORLINE, Monica C. Resources, resourcing, and ampliative cycles in organizations. In: SPREITZER, Gretchen M.; CAMERON, Kim S. (Ed.). *The Oxford handbook of positive organizational scholarship*. Oxford: Oxford University Press, 2011, p. 629-641. DOI: 10.1093/oxfordhb/9780199734610.013.0047.

Também podem criar recursos valiosos: DUTTON, Jane E. et al. Explaining compassion organizing. *Administrative Science Quarterly*, v. 51, n. 1, p. 59-96, 2006; GLYNN, M. A.; WROBEL, K. My family, my firm: how familial relationships function as endogenous organizational resources. In: DUTTON, J. E.;RAGINS, B. R. (Ed.). *Positive relationships at work*. Mahwah: Erlbaum, 2006.

Funcionários como resistentes: SONENSHEIN, Scott. Treat employees as resources, not resisters. In: DUTTON, Jane; SPREITZER, Gretchen (Ed.). *How to be a positive leader*: insights from leading thinkers on Positive Organizations. São Francisco: Berrett-Koehler, 2014, p. 136- 146; FORD, Jeffrey D.; FORD, Laurie W.; D'AMELIO, Angelo. Resistance to change: the rest of the story. *Academy of Management Review*, v. 33, n. 2, p. 362-377, 2008.

Empresa varejista que vamos chamar aqui de EntertainCo: neste exemplo, uso pseudônimos para a organização e seus funcionários. O exemplo baseia-se no seguinte artigo: SONENSHEIN, Scott; DHOLAKIA, Utpal. Explaining employee engagement with strategic change implementation: a meaning-making approach. *Organization Science*, v. 23, n. 1, p. 1-23, 2012.

CAPÍTULO 4: JÁ PRA FORA

A Netflix coleciona um mundo de dados: Gavin Potter, em conversa com o autor, 23 out. 2015; VAN BUSKIRK, Eliot. How the Netflix Prize was won. *Wired*, set. 2009; TÖSCHER, Andreas; JAHRER, Michael; BELL, Robert M. The big chaos solution to the Netflix Grand

REFERÊNCIAS UTILIZADAS PELO AUTOR

Prize. *Commendo Research & Consulting GmbH.* <http://www.commendo.at/UserFiles/commendo/File/GrandPrize2009_BigChaos.pdf>; THOMPSON, Clive. If you liked this, you're sure to love that. *New York Times*, 23 nov. 2008; ELLENBERG, Jordan. This psychologist might outsmart the math brains competing for the Netflix Prize. *Wired*, 25 fev. 2008.

O imperador ofereceu um prêmio: BULLINGER, Angelika Cosima; MOESLEIN, Kathrin. Innovation contests – Where are we?. *AMCIS 2010 Proceedings*, 2010, Paper 28. <http://aisel.aisnet.org/amcis2010/28>

Ancoragem: TVERSKY, Amos; KAHNEMAN, Daniel., Judgment under uncertainty: heuristics and biases. *Science*, v. 185, n. 4157, p. 1124-1131, 27 set. 1974.

"Deveria ter se unido com uma das equipes matemáticas": Gavin Potter, em conversa com o autor, 23 out. 2015.

Linha de pesquisas em psicologia: GLADWELL, Malcom. *Outliers*: the story of success. Nova York: Little, Brown and Co., 2008.

Expertise depende de ampla prática: ERICSSON, Anders; PEAK, Robert Pool. *Secrets from the new science of expertise.* Nova York: Eamon Dolan Books, 2016.

É difícil se tornar especialista em algo que sempre muda: JOHNSON, Frans. *The click moment*: seizing opportunity in an unpredictable world. Nova York: Portfolio, 2012.

A relação entre número de horas de prática e desempenho: MAC-NAMARA, Brooke N.; HAMBRICK, David Z.; OSWALD, Frederick L. Deliberate practice and performance in music, games, sports, education, and professions: a meta-analysis. *Psychological Science*, v. 25, n. 8, p. 1608-1618, 2014.

A expertise às vezes leva as pessoas longe demais: CIALDINI, Robert B. *Influence*: the psychology of persuasion. Ed. rev. Nova York: Harper Business, 2006; Cialdini obtém o exemplo de DAVIS, Neil M.; COHEN, Michael Richard. *Medication errors*: causes and prevention. Philadelphia: George F. Stickley, 1981.

Especialistas não foram melhores do que pessoas comuns em prever eventos futuros: TETLOCK, Philip E. *Expert political judgment*: How good is it? How can we know?. Princeton: Princeton University Press, 2006.

Se as pessoas com as melhores expertises para o desafio específico teriam sucesso: JEPPESEN, Lars Bo; LAKHANI, Karim R. Marginality and problem-solving effectiveness in broadcast search. *Organization Science*, v. 21, n. 5, p. 1016-1033, 2010.

Especialistas têm uma deficiência significativa: DANE, Erik. Reconsidering the trade-off between expertise and flexibility: a cognitive entrenchment perspective. *Academy of Management Review*, v. 35, n. 4, p. 579-603, 2010.

Cheves Perky conduziu uma série de experimentos: PERKY, Cheves West. An experimental study of imagination. *American Journal of Psychology*, v. 21, n. 3, p. 422-445, jul. 1910.

O bioquímico britânico sir Tim Hunt chocou: KNAPTON, Sarah. Sexism row: scientist sir Tim Hunt quits over "trouble with girls" speech. *Telegraph*, 11 jun. 2015.

Injustiça sobre mulheres na ciência: ETZKOWITZ, Henry; KEMELGOR, Carol; UZZI, Brian. *Athena unbound*: the advancement of women in science and technology. Cambridge: Cambridge University Press, 2000.

The difference: PAGE, Scott E. *The difference*: how the power of diversity creates better groups, firms, schools, and societies. Princeton: Princeton University Press, 2008.

Story Musgrave: Este exemplo utiliza várias fontes: STORY Musgrave, lessons for life. *STEAM Journal*, v. 2, n. 1, 2015; DREIFUS, Claudia. A conversation with F. Story Musgrave: watching from sidelines as Nasa regains spotlight. *New York Times*, 20 out. 1998; PINNELL, Gary. A life story, according to Story Musgrave from high school dropout to Nasa, one step at a time. *Highlands Today*, 18 jan. 2015; LENEHAN, Ann E. *Story*: the way of water. Westfield: Communications Agency, 2004.

"Para operar o Hubble, é claro": SHAYLER, David; BURGESS, Colin. *Nasa's scientist-astronauts*. Berlin: Springer, publicado em associação com Praxis, 2007, p. 464.

A capacidade de Musgrave para resolver desafios complexos: BARNETT, Susan M.; KOSLOWSKI, Barbara. Adaptive expertise: effects of type of experience and the level of theoretical understanding it generates. *Thinking and Reasoning*, v. 8, p. 237-267, 2002; DANE, Erik; SONENSHEIN, Scott. On the role of experience in ethical decision making at work: an ethical expertise perspective. *Organizational Psychology Review*, v. 5, n. 1, p. 74-96, 2015 n.

REFERÊNCIAS UTILIZADAS PELO AUTOR

Divisão do trabalho: SMITH, Adam. *An inquiry into the nature and causes of the wealth of nations.* v. 1. Oxford: Oxford University Press, 1976.

A Revolução Industrial conduziu a uma era: LEIDNER, Robin. *Fast food, fast talk*: service work and the routinization of everyday life. Berkeley: University of California Press, 1993.

Aumentar a especialização: TETT, Gillian. *The silo effect*: the peril of expertise and the promise of breaking down barriers. Nova York: Simon & Schuster, 2015.

Indivíduos que conseguem desenvolver uma gama diversa de especialidades: CUSTÓDIO, Cláudia; FERREIRA, Miguel A.; MATOS, Pedro. Generalists versus specialists: lifetime work experience and chief executive officer pay. *Journal of Financial Economics*, v. 108, p. 471-492, mai. 2013.

Executivos multi-c ganham 19% a mais: Outras pesquisas replicaram esses resultados com chief financial officers, revelando que, mesmo entre executivos operando em uma única área operacional, aqueles que seguiam a regra multi-c ganhavam mais. DATTA, Sudip; ISKANDAR-DATTA, Mai. Upper-echelon executive human capital and compensation: generalist vs specialist skills. *Strategic Management Journal*, v. 35, p. 1853-1866, 2014.

A whole new mind: PINK, Daniel H. *A whole new mind*: why right-brainers will rule the future. Nova York: Riverhead Books, 2005.

Especialização crescente: de 2000 a 2010, o número de programas acadêmicos informados ao Departamento de Educação aumentou mais de 30%. A University of Michigan, onde obtive meu PhD, oferece mais de 250 cursos de graduação. SIMON, Cecilia Capuzzi. Major decisions. *New York Times*, 2 nov. 2012.

Derramamento de óleo do Valdez: Scott Pegau, mensagem de e-mail para o autor, 29 out. 2015; DEAN, Cornella. If you have a problem, ask everyone. *New York Times*, 28 jul. 2008. <http://www.nytimes.com/2008/07/22/science/22inno.html?mcubz=0>; INNOCENTIVE. InnoCentive – Oil spill cleanup part 1 – Challenge overview. Vídeo no YouTube (2:26), 21 dez. 2007. <https://www.youtube.com/watch?v=5_ucQKWmxdk>

Pequenos mundos: WATTS, Duncan J. *Small worlds*: the dynamics of networks between order and randomness. Princeton: Princeton University Press, 1999.

IDEO: HARGADON, Erew; SUTTON, Robert I. Building an innovation factory. *Harvard Business Review*, p. 157-166, mai.-jun. 2000.; HARGADON, Andrew. Brokering knowledge: linking learning and innovation. *Research in Organizational Behavior*, v. 24, n. 41, p. 85, 2002.

Usar o raciocínio analógico: GICK, Mary L.; HOLYOAK, Keith J. Analogical problem solving. *Cognitive Psychology*, v. 12, p. 306-355, 1980.

Cientistas vencedores do Prêmio Nobel: ROOT-BERNSTEIN, Robert et al. Arts foster scientific success: avocations of Nobel, National Academy, Royal Society and Sigma Xi Members. *Journal of Psychology of Science and Technology*, v. 1, n. 2, p. 51-63, 2008.

Presidente do conselho do Google, Eric Schmidt: ROBINSON, James. Eric Schmidt, chairman of Google, condemns british education system. *Guardian*, 26 ago. 2011.

Gestores que contratam querem: HART RESEARCH ASSOCIATES. *It takes more than a major*: employer priorities for college learning and student success. Pesquisa feita a pedido da Association of American Colleges and Universities, 10 abr. 2013. <http://www.aacu.org/sites/default/files/files/LEAP/2013_EmployerSurvey.pdf>

Mais diversificadas... mais criativas: JAUSSI, Kimberly S.; RANDEL, Amy E.; DIONNE, Shelley D. I am, I think I can, and I do: the role of personal identity, self-efficacy, and cross-application of experiences in creativity at work. *Creativity Research Journal*, v. 19, p. 247-258, 2007.

Preferir a companhia de pessoas parecidas: MCPHERSON, Miller; SMITH-LOVIN, Lynn; COOK, James M. Birds of a feather: homophily in social networks. *Annual Review of Sociology*, v. 27, n. 1, p. 415-444, 2001.

"Não haveria ganho se os dois times se limitassem a reproduzir os métodos um do outro": BELL, Robert; KOREN, Yehuda; VOLINSKY, Chris. Statistics can find you a movie, part 2. *AT&T Research*, 19 mai. 2010.

CAPÍTULO 5: HORA DE AGIR

Robert Rodriguez: RODRIGUEZ, Robert. *Rebel without a crew*: or how a 23-year-old filmmaker with $7,000 became a Hollywood player. Nova York: Penguin Books, 1995; WIZARD of Hollywood, Robert Rodri-

REFERÊNCIAS UTILIZADAS PELO AUTOR

guez, narrado por Tim Ferriss, *The Tim Ferriss Experiment*, 23 ago. 2015. <http://tim.blog/2015/08/23/the-wizard-of-hollywood-robert-rodriguez/>; HODGKINSON, Will. Robert Rodriguez, director of From Dusk Till Dawn and the smash hit Spy Kids. *Guardian*, 11 abr. 2001.

"Se você se mata para ganhar seu dinheiro": RODRIGUEZ, Robert, Ibidem, p. 11.

"Tem de agir antes que a inspiração bata": WIZARD of Hollywood, op. cit., 43:15.

"Todo o tempo e dinheiro do mundo": WIZARD of Hollywood, op. cit., 19:24.

"Trabalhando com o que tem": WIZARD of Hollywood, op. cit., 35:35.

"Uma pessoa criativa com imaginação ilimitada": RODRIGUEZ, Robert, op. cit., p. 203-204.

"Eu editei na garagem": HODGKINSON, Will. i'm probably the only guy who really enjoys being in the movies. *Guardian*, 11 abr. 2001. <http://www.theguardian.com/culture/2001/apr/11/artsfeatures1>

"Gosta de estar nesse negócio": Ibidem.

A Batalha de Antietam: BEARD, Rick. A terminal case of the "Slows". *New York Times*, 5 nov. 2012; FREEDOM: a history of US. Webisode 6: "A war to end slavery", "Biography George B. McClellan". *PBS.org*. <http://www.pbs.org/wnet/historyofus/web06/features/bio/B06.html>; GEORGE McClellan. *History.com*, 2009. <http://www.history.com/topics/american-civil-war/george-b-mcclellan>.

"Não quiser usar o Exército": *PBS.org*. Ibidem.

Lincoln escreveu, zombeteiro: GALLMAN, J. Matthew. Three roads to Antietam: George McClellan, Abraham Lincoln, and Alexander Gardner. In: GALLMAN, J. Matthew; GALLAGHER, Gary W. (Ed.) *Lens of war*: exploring iconic photographs of the Civil War. Athens: University of Georgia Press, 2015, p. 41-50.

Lincoln, irônico, questionou: HEAM, Christopher. *Lincoln and McClellan at war*. Baton Rouge: Louisiana State University Press, 2012, p. 199.

Meticulosidade atrasa ainda mais a ação: FREDRICKSON, James W.; MITCHELL, Terence R. Strategic decision processes: comprehensiveness and performance in an industry with an unstable environment. *Academy of Management Journal*, v. 27, p. 399-423, 1984; MINTZBERG,

Henry; RAISINGHANI, Duru; THÉORÊT, André. The structure of "unstructured" decision processes. *Administrative Science Quarterly*, v. 21, n. 2, p. 246-275, jun. 1976.

Correlação entre planejamento e desempenho profissional: BOYD, Brian K. Strategic planning and financial performance: a meta-analytic review. *Journal of Management Studies*, v. 28, n. 4, p. 353-374, 1991.

Como as empresas agiam em relação a esses trade-offs: EISENHARDT, Kathleen M. Making fast strategic decisions in high-velocity environments. *Academy of Management Journal*, v. 32, n. 3, p. 543-576, set. 1989..

Missão de reconhecimento que se perdeu nos Alpes: HOLUB, Miroslav. Brief thoughts on maps. *Times Literary Supplement*, 4 fev. 1977.

"Qualquer mapa ajuda": WEICK, Karl E. *Sensemaking in organizations*. Thousand Oaks: Sage, 1995, p. 54.

Lutar contra a tendência à inércia: BERGER, Warren. Dan Wieden, Wieden + Kennedy. *Inc.com*. <http://www.inc.com/magazine/20040401/25wieden.html>

Dan Wieden: Ibidem.

Chamou o governador de "covarde moral": <http://content.time.com/time/subscriber/article/0,33009,918554-1,00.html>

"Vamos em frente": ROTHMAN, Lily. The strange story of the man who chose execution by firing squad. *Time*, 12 mar. 2015; GARY Gilmore biography. *Biography.com*. <http:// www.biography.com/people/gary-gilmore-11730320>; THE LAW: much ado about Gary. *Time*, p. 87, 13 dez. 1976.

Wieden apresentou um slogan potencial: NIKE'S "Just do it" slogan is based on a murderer's last words, says Dan Wieden. *Dezeen.com*. <http://www.dezeen.com/2015/03/14/nike-just-do-it-slogan-last--words-murderer-gary-gilmore-dan-wieden-kennedy/>.

Mecanismos regulatórios: KRUGLANSKI, A. W. et al. To 'do the right thing' or to 'just do it': locomotion and assessment as distinct self-regulatory imperatives. *Journal of Personality and Social Psychology*, v. 79, n. 5, p. 793-815, 2000; KRUGLANSKI, A. W. et al. Modes of self-regulation: assessment and locomotion as independent determinants in goal-pursuit. In: HOYLE, R (Ed.). *Handbook of personality and self-regulation*. Boston: Blackwell, 2010, p. 374-402.

REFERÊNCIAS UTILIZADAS PELO AUTOR

Em um estudo com 70 funcionários: PIERRO, Antonio; KRUGLANS-KI, Arie; HIGGINS, Tory. Regulatory mode and the joys of doing: effects of "locomotion" and "assessment" on intrinsic and extrinsic task motivation. *European Journal of Personality*, v. 20, n. 5, p. 355-375, 2006.

Chuukeses: GOODENOUGH, Ward H. (Ed.). *Explorations in cultural anthropology*: essays in honor of George Peter Murdock. Nova York: McGraw-Hill, 1964.

Alterar os mecanismos regulatórios das pessoas: AVNET, Tamar; HIGGINS, E. Tory. Locomotion, assessment, and regulatory fit: value transfer from "how" to "what". *Journal of Experimental Social Psychology*, v. 39, n. 5, p. 525-530, 2003.

Determinando uma ordem de fala: BRENNER, Malcolm. The next-in--line effect. *Journal of Verbal Learning and Verbal Behavior*, v. 12, n. 3, p. 320-323, 1973.

Viola Spolin: SPOLIN, Viola. *Improvisation for the theater*: a handbook of teaching and directing techniques. Evanston: Northwestern University Press, 1972.

Del Close: DEIXLER, Lyle. Theater; Honoring a mentor with laughter. *New York Times*, 19 ago. 2001.

"Sim, e": LEONARD, Kelly; YORTON, Tom. *Yes, and*: how improvisation reverses "no, but" thinking and improves creativity and collaboration – lessons from the Second City. Nova York: Harper Business, 2015.

Paula Dickson: WALLACE, W. Angus et al. Managing in flight emergencies: a personal account. *British Medical Journal*, v. 311, n. 7001, p. 374-375, 5 ago. 1995..

Sinfonia e jazz: BARRETT, Frank J. Creativity and improvisation in jazz and organizations: implications for organizational learning. *Organization Science*, v. 9, n. 5, p. 605-622, 1998.

CAPÍTULO 6: SOMOS O QUE PENSAMOS SER

Um cavalo chamado Hans: HEYN, Edward T. Berlin's wonderful horse: he can do almost everything but talk – how he was taught. *New*

York Times, 4 set. 1904; ROSENTHAL, Robert; RUBIE-DAVIS, Christine M. How I spent my last 50-year vacation: Bob Rosenthal's lifetime of research into interpersonal expectancy effects. In: RUBIE-DAVIES, Christine; STEPHENS, Jason M.; WATSON, Penelope (Ed.). *The routledge international handbook of social psychology of the classroom*. Nova York: Routledge, 2015, p. 285-295; RADFORD, Benjamin. The curious case of Clever Hans. *Discovery.com*, 7 jan. 2012. <http://news.discovery.com/history/smartest-horse-hans-120107.htm>

Uma comissão: HEYN, Edward T. Ibidem.

Mercado de ações em queda livre: FALSE rumor leads to trouble at bank. *New York Times*, p. 5, 11 dez. 1930; GRAY, Christopher. Streetscapes: the bank of the United States in the Bronx: the first domino in the Depression. *New York Times*, 18 ago. 1991. <http://www.nytimes.com/1991/08/18/ realestate/streetscapes-bank-united-states-bronx--first-domino-depression.html>

Bank of the United States: MERTON, Robert K. The self-fulfilling prophecy. *Antioch Review*, v. 8, n. 2, p. 193-210, 1948.

Apresentou seus resultados a leitores leigos: ROSENTHAL, Robert. On the social psychology of the psychological experiment: 1, 2 the experimenter's hypothesis as unintended determinant of experimental results. *American Scientist*, v. 51, n. 2, p. 268-283, JUN. 1963.

Alunos "inteligentes" foram escolhidos de maneira aleatória: ROSENTHAL, Robert; JACOBSON, Lenore. *Pygmalion in the classroom*: teacher expectation and pupils' intellectual development. Nova York: Holt, Rinehart, and Winston, 1968.

As expectativas de um gestor: MANZONI, Jean-François; BARSOUX, Jean-Louis. Inside the golem effect: how bosses can kill their subordinates' motivation. *INSEAD Working Paper*, 1998.

Efeito Pigmalião: EDEN, Dov. Self-fulfilling prophecy and the Pygmalion effect in management. *Oxford Bibliographies*, 2014; EDEN, Dov. Self-fulfilling prophecies in organizations. In: GREENBERG, Jerald (Ed.). *Organizational behavior*: the state of the science. 2ª ed. Mahwah: Lawrence Erlbaum Associates, 2003, p. 91-122.

Os soldados designados como de "ótimo desempenho" tiveram melhor desempenho: EDEN, Dov; SHANI, Abraham B. Pygmalion goes

REFERÊNCIAS UTILIZADAS PELO AUTOR

to boot camp: expectancy, leadership, and trainee performance. *Journal of Applied Psychology*, v. 67, n. 2, p. 194, abr. 1982.

Gestores estabelecem altas expectativas, funcionários elevam as próprias [expectativas]: KIEREIN, Nicole M.; GOLD, Michael A. Pygmalion in work organizations: a meta-analysis. *Journal of Organizational Behavior*, v. 21, n. 8, p. 913-928, dez. 2000.

Casamentos mais sólidos: MCNULTY, James K.; KARNEY, Benjamin R. Positive expectations in the early years of marriage: should couples expect the best or brace for the worst?. *Journal of Personality and Social Psychology*, v. 86, n. 5, p. 729-743, mai. 2004.

Notas mais altas: U.S. DEPARTMENT OF EDUCATION. *Tested achievement of the national education longitudinal study of 1998 eighth grade class (NCES 91-460)*. Washington: Office of Educational Research and Improvement, 1991.

Como as expectativas moldam relacionamentos recém-estabelecidos: SNYDER, M.; TANKE, E. D.; BERSCHEID, E. Social perception and interpersonal behavior: on the self-fulfilling nature of social stereotypes. *Journal of Personality and Social Psychology*, v. 35, n. 9, p. 656, set. 1977.

As impressões formadas... influência substancial sobre as chances do candidato: DOUGHERTY, Thomas W.; TURBAN, Daniel B.; CALLENDER, John C. Confirming first impressions in 'the employment interview: a field study of interviewer behavior. *Journal of Applied Psychology*, v. 79, n. 5, p. 659-665, 1994.

Expectativas que estabelecemos para nós mesmos: MCNATT, D. Brian; JUDGE, Timothy A. Boundary conditions of the Galatea effect: a field experiment and constructive replication. *Academy of Management Journal*, v. 47, n. 4, p. 550-565, ago. 2004.

Sarah Breedlove Walker: BUNDLES, A'Lelia. *On her own ground*: the life and times of Madame C. J. Walker. Nova York: Scribner, 2001; BUNDLES, A'Lelia. *Madam C. J. Walker*: entrepreneur, philanthropist, social activist. <http://www.madamcjwalker.com>; Obituário: WEALTHIEST Negress Dead. *New York Times*, p. 15, 26 mai. 1919; NATIONAL PARK SERVICE. *Two american entrepreneurs*: Madam C. J. Walker and J. C. Penney. <http://www.nps.gov/subjects/teachingwithhistoricplaces/index.htm>

"Não conseguia ver como **eu, uma lavadeira pobre, poderia melho-rar...**": BUNDLES, A'Lelia. *On her own ground*, p. 48.

"Revelou o vasto potencial da economia afro-americana": GATES JR., Henry Louis. Madam C. J. Walker: her crusade. *Time*, p. 165, 7 dez. 1998.

Muitas pessoas passam a vida...: ALVAREZ, Sharon A.;BARNEY, Jay B. Discovery and creation: alternative theories of entrepreneurial action. *Strategic Entrepreneurship Journal*, vol. 1, n. 1-2, p. 11-26, nov. 2007.

"Levantar-se e criá-las!": NATIONAL PARK SERVICE. Ibidem; BUN-DLES, A'Lelia. *Madam C. J. Walker*: entrepreneur. Nova York: Chelsea House Publishers, 1991, p. 105.

"Fruto das restrições que enfrentou": LAGACE, Martha. HBS cases: beauty entrepreneur Madam Walker. *HBS Working Knowledge*, 25 jun. 2007.

Rigidez da ameaça: STAW, Barry M.;SANDELANDS, Lance E.; DUT-TON, Jane E. Threat rigidity effects in organizational behavior: a multilevel analysis.*Administrative Science Quarterly*, v. 26, n. 4, p. 501-524, dez. 1981.

Alex Turnbull pegou o telefone: Alex Turnbull (fundador e CEO da Groove), em um e-mail para o autor, 9 out. 2015; Alex Turnbull, Groove. <https://www.groovehq.com/blog>

Simon Sinek chama de "por que": SINEK, Simon. *Start with why*: how great leaders inspire everyone to take action. Nova York: Portfolio, 2009.

"Ninguém olhando por trás do meu ombro": Alex Turnbull, em e-mail ao autor, 10 mai. 2016.

Os magos usavam chapéus de formato semelhante: ADAMS, Cecil. What's the origin of the dunce cap?. *Straight Dope*. <http://www. straightdope.com/columns/read/1793/whats-the-origin-of-the-dunce-cap>; GRUNDHAUSER, Eric. The dunce cap wasn't always so stupid. *Atlas Obscura*. <http://www.atlasobscura.com/articles/the-dunce-cap-wasnt-always-so-stupid>

Forest Fields: SCHOOL shames my son by making him wear fluorescent jacket like the old dunce's cap. *Telegraph*, 20 nov. 2012.

Atribuir as falhas a elementos que controlam: ROSS, Lee. The intuitive psychologist and his shortcomings: distortions in the attribution process. *Advances in Experimental Social Psychology*, v. 10, p. 173-220, 1977.

REFERÊNCIAS UTILIZADAS PELO AUTOR

Taxa de fracasso da mudança organizacional em quase 70%: AIKEN, Carolyn; KELLER, Scott. The irrational side of change management. *McKinsey Quarterly*, abr. 2009. <http://www.mckinsey.com/insights/organization/the_irrational_side_of_change_management>

A maioria dos textos assumia que os colaboradores resistiriam à mudança: DENT, Eric B.; GOLDBERG, Susan Galloway. Challenging "resistance to change". *Journal of Applied Behavioral Science*, v. 35, n. 1, p. 25-41, mar. 1999..

Gestores esperam resistência... planejam resistência: FORD, Jeffrey D.; FORD, Laurie W. Decoding resistance to change. *Harvard Business Review*, v. 87, n. 4, p. 99-103, abr. 2009. <https://goo.gl/lqqviG>

Duvidava que estivessem realizando o suficiente: SONENSHEIN, Scott; DECELLES, Katy; DUTTON, Jane. It's not easy being green: the role of self-evaluations in explaining support of environmental issues. *Academy of Management Journal*, v. 57, n. 1, p. 7-37, fev. 2014.

CAPÍTULO 7: TUDO JUNTO E MISTURADO

Sonho real de Roy Choi: MCLAUGHLIN, Katy. The king of the streets moves indoors. *Wall Street Journal*, 15 jan. 2010; Biografia: Community award winner chef Roy Choi. *StarChefs.com*. <http://www.starchefs.com/chefs/rising_stars/2010/los-angeles-san-diego/chef-roy-choi.shtml>; GOLD, Jonathan. How America became a food truck nation. *SmithsonianMag.com*, mar. 2012. <http://www.smithsonianmag.com/travel/how-america-became-a-food-truck-nation-99979799/>; LAPORTE, Nicole. How Roy Choi built an empire from one beat-up taco truck. *Fast Company*. <https://www.fastcompany.com/3038398/how-roy-choi-built-a-food-empire-from-one-beat-up-taco-truck>.

Criador de gado texano: invenção do Chuck Wagon, American Chuck Wagon Association. <http://www.americanchuckwagon.org/chuck-wagon-invention.html>

Oscar Mayer Wienermobile: Smile, It's the Wienermobile, Oscar Mayer. <http://www.oscarmayer.com/wienermobile>

Combinavam concorrência e amizade: SONENSHEIN, Scott;NAULT, Kristen; OBDARU, Otilia. *Competition of a different flavor: how a strategic group identity shapes competition and cooperation. Working paper.* Jones Graduate School of Business, Rice University. [S.l.], 2016.

"Comprem ou enterrem seu concorrente": HOGAN, Mike. Jack Welch gives 'em Hell at VF/Bloomberg Panel. *Vanity Fair*, 29 mai. 2009. <www.vanityfair.com/news/2009/05/jack-welch-gives-em-hell-at-v-fbloomberg-panel>

Quando um recurso parece escasso: CIALDINI, Robert B. *Influence*: the psychology of persuasion Ed. rev. Nova York: Harper Business, 2006.

A competição pode prejudicar a capacidade das pessoas de fazer render os recursos: CARNEVALE, P. J.; PROBST, T. M. Social values and social conflict in creative problem solving and categorization. *Journal of Personality and Social Psychology*, v. 74, n. 5, p. 1300-1309, mai. 1998.

William Ortiz: pseudônimo para proteger a identidade de um indivíduo participante de minha pesquisa, ao qual prometi anonimato em troca da participação no projeto.

Contato social: ALLPORT, G. W. *The nature of prejudice*. Cambridge: Perseus Books, 1954.

515 estudos sobre hipóteses de contato: PETTIGREW, Thomas F.; TROPP, Linda R. A meta-analytic test of intergroup contact theory. *Journal of Personality and Social Psychology*, v. 90, n. 5, p. 751-783, mai. 2006.

Mera exposição: ZAJONC, Robert B. Attitudinal effects of mere exposure. *Journal of Personality and Social Psychology*, v. 9, n. 2, parte 2, p. 1-27, jun. 1968.

Amizade inesperada entre gerentes de hotéis: INGRAM, Paul; ROBERTS, Peter W. Friendships among competitors in the Sydney hotel industry. *American Journal of Sociology*, v. 106, n. 2, p. 387-423, set. 2000.

Hábito: NELSON, Richard R.; WINTER, Sidney G. *An evolutionary theory of economic change*. Cambridge: Harvard University Press, 1982; STENE, E. An approach to the science of administration. *American Political Science Review*, v. 34, n. 6, p. 1124-1137, dez. 1940.

Programa de computador: MARCH, James G.; SIMON, Herbert A. *Organizations*. Nova York: Wiley, 1958.

Missão de mudar o entendimento acerca de rotinas: FELDMAN, Martha S.; PENTLAND, Brian T. reconceptualizing organizational routines as a source of flexibility and change. *Administrative Science Quarterly*, v. 48, n. 1, p. 94-118, mar. 2003.

Rotinas são criadas: SONENSHEIN, S. Routines and creativity: from dualism to duality. *Organization Science*, v. 27, n. 3, p. 739-758, mai.-jun. 2016.

O que a coleta do lixo envolvia: TURNER, Scott F.; RINDOVA, Violina. A balancing act: how organizations pursue consistency in routine functioning in the face of ongoing change. *Organization Science*, v. 23, n. 1, p. 24-46, jan. 2012.

As equipes eram tão boas: Ibidem, p. 38.

Bette Nesmith Graham: About us. <http://www.liquidpaper.com/about_us.html>; GROSS, Jessica. Liquid paper. *New York Times Magazine*, Innovations Issue, 7 jun. 2013. <http://www.nytimes.com/packages/html/magazine/2013/innovations-issue/#/?part=liquidpaper>

Permanecem em silos: TETT, Gillian. *The silo effect*: the peril of expertise and the promise of breaking down barriers. Nova York: Simon & Schuster, 2015.

Combinar identidades: CREARY, Stephanie. Making the most of multiple worlds: multiple identity resourcing in the creation of a coordinated system of care. *Working paper*, 2016); CREARY, Stephanie J. Resourcefulness in action: the case for global diversity management. In: ROBERTS, L. M.; WOOTEN, L.; DAVIDSON, M. (Ed.). Davidson *Positive organizing in a global society*: understanding and engaging differences for capacity-building and inclusion. Routledge: Nova York, 2015, p. 24-30; SANCHEZ-BURKS, Jeffrey; KASLESLY, Matthew J.; LEE, Fiona. Psychological bricolage: integrating social identities to produce creative solutions. In: SHALLEY, Christina; HITT, Michael; ZHOU, Jing (Ed.). *The Oxford handbook of creativity, innovation, and entrepreneurship*. Oxford: Oxford University Press, 2015, p. 93-102.

"A paternidade e a maternidade não são um tópico comum": DOWLING, Andrew. Why parents make better entrepreneurs. *VentureBeat. com*, 29 jun. 2013. <http://venturebeat.com/2013/06/19/why-being--a-parent-can-make-you-a-better-entrepreneur/>

Segmentar identidades: DUMAS, Tracy; SANCHEZ-BURKS, Jeffrey. The professional, the personal and the ideal worker: pressures and objectives shaping the boundary between life domains. *Academy of*

Management Annals, v. 9, n. 1, p. 803-843, mar. 2015; RAMATAJAN, Lakshmi. Past, present, and future research on multiple identities: toward an interpersonal approach. *Academy of Management Annals*, v. 8, n. 1, p. 589-659, 2014.

Âmbitos **diferentes da vida:** GREENHAUS, Jeffrey H.; BEUTELL, Nicholas J. Sources of conflict between work and family roles. *Academy of Management Review*, v. 10, n. 1, p. 76-88, 1985.

Quanto melhor pai ou mãe: Também não ajuda o fato de que as organizações tendem a fazer uma classificação dicotômica das mulheres entre gentis, mas incompetentes profissionalmente, que cuidam da família ou competentes profissionalmente, mas frias do ponto de vista pessoal. Ver CUDDY, Amy J. C.; FISKE, Susan T.; GLICK, Peter. When professionals become mothers, warmth doesn't cut the ice. *Journal of Social Issues*, v. 60, n. 4, p. 701-718, 2004.

Recursos psicológicos... foram estimulados: RUDERMAN, Marian N. et al. Benefits of multiple roles for managerial women. *Academy of Management Journal*, v. 45, n. 2, p. 369-386, 2002.

Habilidades que aprendemos no trabalho: CORDOVA, James V. et al. The marriage checkup: a randomized controlled trial of annual relationship health checkups. *Journal of Consulting and Clinical Psychology*, v. 82, n. 4, p. 592, jun. 2014.

Examinando *trade-offs* aparentes: SMITH, Wendy K.; LEWIS, Marianne W. Toward a theory of paradox: a dynamic equilibrium model of organizing. *Academy of Management Review*, v. 36, n. 2, p. 381-403, mar. 2011.

Áreas **diferentes da vida funcionando em harmonia:** TUSHMAN, Michael L.; O'REILLY, Charles A. The ambidextrous organizations: managing evolutionary and revolutionary change. *California Management Review*, v. 38, n. 4, p. 8-30, 1996.

Novo material – a borracha: OUR COMPANY, history: the Charles Goodyear story. *Goodyear.com*. <https://corporate.goodyear.com/en-US/about/history/charles-goodyear-story.html>; SLACK, Charles. *Noble obsession*: Charles Goodyear, Thomas Hancock, and the race to unlock the greatest industrial secret of the nineteenth century. Nova York: Hyperion, 2002; GUISE-RICHARDSON, Cai. Redefining vulca-

REFERÊNCIAS UTILIZADAS PELO AUTOR

nization: Charles Goodyear, patents, and industrial control, 1834-1865. *Technology and Culture*, v. 51, n. 2, p. 357-387, mar. 2010; PIERCE, Bradford K. *Trials of an inventor*: life and discoveries of Charles Goodyear. Nova York: Phillips & Hunt, 1866.

As melhores ideias vêm daqueles: GRANT, Adam. *Originals*: how non--conformists move the world. Nova York: Viking Press, 2016. [GRANT, Adam. Originais: como os inconformistas mudam o mundo. Rio de Janeiro: Sextante, 2017.]

Óleo e água: ZIELINSKI, Sarah. Oil and water do mix. *SmithsonianMag. com*, 17 nov. 2010. <http://www.smithsonianmag.com/science-nature/oil-and-water-do-mix-38726068/>

CAPÍTULO 8: EVITE PREJUÍZOS

O excesso pode ser ruim: GRANT, Adam M.; SXHWARTZ, Barry. Too much of a good thing: the challenge and opportunity of the inverted U. *Perspectives on Psychological Science*, v. 6, n. 1, p. 61-76, jan. 2011.

Bairro rico: HAMILTON, Walter. Edward Wedbush's roof leaks, but his wallet doesn't. *Los Angeles Times*, nov. 16, 2010.

Sua obsessão com o controle de gastos: HAMILTON, Walter. Wedbush Inc. ordered to pay former trader $3.5 million. *Los Angeles Times*, 29 jun. 2011.

Autoridades fiscais também multaram: BARLYN, Suzanne. Wall Street watchdog suspends Wedbush Securities president. *Reuters*, 7 ago. 2012.

Há diferenças notáveis entre ser frugal e ser pão-duro: RICK, Scott I.; CRYDER, Cynthia E.; LOEWENSTEIN, George. Tight-wads and spendthrifts. *Journal of Consumer Research*, v. 34, n. 6, p. 767-782, 2008.

Quem tem mentalidade elástica não se aflige ao gastar dinheiro: LASTOVICKA, John L. et al. Lifestyle of the tight and frugal: theory and measurement. *Journal of Consumer Research*, v. 26, p. 85-98, jun. 1999.

Agir de forma frugal era algo inerentemente satisfatório: DE YOUNG, Raymond. Some psychological aspects of reduced consumption behavior: the role of intrinsic satisfaction and competence motivation. *Environment and Behavior*, v. 28, n. 3, p. 358-409, mai. 1996.

Ronald Wayne: WAYNE, Ronald G. *Adventures of an Apple founder:* Atari, Apple, Aerospace & Beyond. Valencia: 512K Entertainment, LLC, 2010; LUO, Benny. Ronald Wayne: on co-founding Apple and working with Steve Jobs. *NextShark.com*, 12 set. 2013. <http://nextshark.com/ronald-wayne-interview>; SIMON, Dan. The gambling man who cofounded Apple and left for $800. *CNN.com*, 23 jun. 2010. <http://www.cnn.com/2010/TECH/web/06/24/apple.forgotten.founder>; HEATER, Brian. Two days in the desert with Apple's lost founder, Ron Wayne. *Engadget.com*, 19 dez. 2011. <http://www.engadget.com/2011/12/19/two-days-in-the-desert-with-apples-lost-founder-ron-wayne>.

Principal legado: WAYNE, Ronald G. *Insolence of office:* sociopolitics, socio-economics and the American Republic. Valencia: 512k Entertainment, LLC, 2010.

Tentativas em atuar além de filmes de ação e aventura: THOMPSON, Mike. Sylvester Stallone: all films considered. *Metacritic.com*, 9 ago. 2010. 2016. <http://www.metacritic.com/feature/sylvester-stallone-best-and-worst-movies>

Diversidade de experiências sem "viajar" muito: LEUNG, Ming D. Dilettante or Renaissance person? How the order of job experiences affects hiring in an external labor market. *American Sociological Review,* v. 79, n. 1, p. 136-158, 2014.

Ser mais criativo propopicia promoções com mais rapidez: FLEEMING, Lee; MINGO, Santiago; CHEN, David. collaborative brokerage, generative creativity, and creative success. *Administrative Science Quarterly*, v. 52, n. 3, p. 443-75, set. 2007; BRASS, Daniel J. Being in the right place: a structural analysis of individual influence in an organization. *Administrative Science Quarterly*, v. 29, n. 4, p. 518-539, dez. 1984.

As pessoas perdem as raízes de suas vidas e relações sociais quando se mudam com muita frequência: OISHI, Shigehiro; SCHIMMACK, Ulrich. Residential mobility, well-being, and mortality. *Journal of Personality and Social Psychology*, v. 98, n. 6, p. 980-994, 2010.

Correlações positivas entre mudanças frequentes no trabalho e efeitos de saúde adversos: METCALFE, C. et al. Frequent job change and associated health. *Social Science and Medicine*, v. 56, n. 1, p. 1-15, jan. 2003.

REFERÊNCIAS UTILIZADAS PELO AUTOR

"Segui meu caminho": BRIAN, Matt. Apple's co-founder Ron Wayne on its genesis, his exit and the company's future. *TheNextWeb.com*, 11 set. 2011. <https://thenextweb.com/apple/2011/09/11/apples-co-founder-ron-wayne-on-its-genesis-his-exit-and-the-companys-future/#.tnw_yGU6FvTt>

"Um dia a mais e um dólar a menos": NEWMAN, Bruce. Apple's third founder refuses to submit to regrets. *Los Angeles Times*, 9 jun. 2010.

Documentos vendidos por US$ 25 mil: Leilão Christie's. APPLE Computer Company (founded April 1, 1976), the personal archive of Apple Co-Founder Ronald Wayne. *Christies.com*, 11 dez. 2014, venda 3459, lote 35. 2016. <http://www.christies.com/lotfinder/lot/apple-computer-company-the-personal-archive-5855176-details.aspx>

Vendas de US$ 64,6 mil por metro quadrado: FIEGERMAN, Seth. Apple has twice the sales per square foot of any other U.S. retailer. *Mashable.com*, 13 nov. 2012. <http://mashable.com/2012/11/13/apple-stores-top-sales-per-square-foot//#4JXmmQMTmuq1>

Precificação "direto ao ponto": TUTTLE, Brad. The 5 big mistakes that led to Ron Johnson's Ouster at JC Penney. *Time.com*, 9 abr. 2013. <http://business.time.com/2013/04/09/the-5-big-mistakes-that-led-to-ron-johnsons-ouster-at-jc-penney>

Eliminou as reuniões para avaliar dados: MATTIOLI, Dana. For Penney's heralded boss, the shine is off the Apple. *Wall Street Journal*, 24 fev. 2013.

"O que você não pode fazer é amarelar...": REINGOLD, Jennifer. Ron Johnson: retail's new radical. *Fortune.com*, 7 mar. 2012. <http://fortune.com/2012/03/07/ron-johnson-retails-new-radical>

"Não testávamos na Apple": MATTIOLI, Dana, op. cit.

"Você meio que tem um instinto para essas coisas": SACKS, Danielle. Ron Johnson's 5 key mistakes at JC Penney, in his own words. *FastCompany.com*, 10 abr. 2013. <http://www.fastcompany.com/3008059/ron-johnsons-5-key-mistakes-jc-penney-his-own-words>

"Os clientes amam a nova JCP": TUTTLE, Brad. Why JCPenney's "no more coupons" experiment is failing. *Time*, 17 mai. 2012.

"Um dos grandes erros": DENNING, Steve. JCPenney: was Ron Johnson's strategy wrong?. *Forbes*, 9 abr. 2013.

O PODER DO MENOS

A exigência mais importante para esse tipo de abordagem ser efetiva: KAHNEMAN, Daniel; KLEIN, Gary. Conditions for intuitive expertise: a failure to disagree. *American Psychologist*, v. 64, n. 6, p. 515-526, set. 2009.

Se começaria tudo de novo: LUBLIN, Joann S.; e MATTIOLI, Dana. Penney CEO out, old boss back in. *Wall Street Journal*, 8 abr. 2013.

Feedback rápido e aprendizagem lenta: MILLER, C. Chet; IRELAND, R. Duane. Intuition in strategic decision making: friend or foe in the fast-paced 21st century?. *Academy of Management Executive*, v. 19, n. 1, p. 19-30, fev. 2005.

Dois dos melhores *quarterbacks*: Clyde Haberman, Manning or Leaf? A Lesson in Intangibles, *New York Times*, 4 mai. 2014.

"Eu não sei por que fazem tanto alarde": WONKO. NFL Draft history: why ryan leaf didn't work out. *SB Nation*, 23 abr. 2012. <http://www.boltsfromtheblue.com/2012/4/23/2965217/nfl-draft-history-chargers-why-ryan-leaf-didnt-work-out>

Errou o primeiro salto: WILSON, Bernie. Leaf survives big mistakes in NFL debut. *Associated Press*, 8 set. 1998.

"Nunca tinha perdido": BEAN, Michael. Ryan Leaf's quest for personal redemption is well underway. *SportsRadioInterviews.com*, 15 abr. 2010. <http://sportsradiointerviews.com/2010/04/15/the-first-chapter-of-the-ryan-leaf-redemption-story-is-complete-and-impressive>

Você não sente pressão se estuda o plano do jogo: <http://www.achievement.org/autodoc/steps/prp?target=mar0-004>

Mentalidade do crescimento: DWECK, Carol. *Mindset*: the new psychology of success. Nova York: Random House, 2006.

"O modo como decepcionei": SMITH, Michael David. Ryan Leaf looks back on the Draft: i should have stayed in school. *NBCSports.com*, 9 set. 2014. <http://profootballtalk.nbcsports.com/2011/04/28/ryan--leaf-looks-back-on-the-draft-i-should-have-stayed-in-school/>

"Eu me tornei antissocial": BEAN, Michael, op. cit.

Leaf se declarou culpado de oito acusações: BLANEY, Betsy. Ex-NFL QB Ryan Leaf sentenced to 5 years. *GreatFallsTribune.com*, 9 set. 2009. <http://www.greatfallstribune.com/story/news/local/2014/09/09/ex-nfl-qb-ryan-leaf-sentenced-years/15350625/>

REFERÊNCIAS UTILIZADAS PELO AUTOR

"Eu era bom em duas coisas": LEAF, Ryan. *596 switch*: the improbable journey from the Palouse to Pasadena. Pullman: Crimson Oak Publishing, 2011, p. 25.

Pressão por desempenho: BAUMEISTER, Roy F.; HAMILTON, James C.; TICE, Dianne M. Public versus private expectancy of success: confidence booster or performance pressure?. *Journal of Personality and Social Psychology*, v. 48, n. 6, p. 1447-1457, jun. 1985.

O time da casa se atrapalha: BAUMEISTER, Roy F.; STEINHILBER, Andrew. Paradoxical effects of supportive audiences on performance under pressure: the home field disadvantage in sports championships. *Journal of Personality and Social Psychology*, v. 47, n. 1, p. 85-93, 1984.

"Pequenas vitórias": WEICK, Karl E. Small wins: redefining the scale of social problems. *American Psychologist*, v. 39, n. 1, p. 40-49, jan. 1984.

Gerber Singles: WESSEL, Maxwell. Why big companies can't innovate. *Harvard Business* Review, 27 set. 2012. <https://hbr.org/2012/09/why-big-companies-cant-innovate>

"Vivo sozinho": CASEY, Susan. Everything I ever needed to know about business I learned in the frozen-food aisle. *eCompany Now*, out. 2000, p. 96.

Biblioteca de fracassados: MACMATH, Robert M. *What were they thinking*: marketing lessons you can learn from products that flopped. Nova York: Times Books, 2011.

Intrinsecamente motivados: AMABILE, Teresa M. Motivating creativity in organizations: on doing what you love and loving what you do. *California Management Review*, v. 40, n. 1, p. 39-58, 1997.

Aprender e experimentar: HIRST, G. Hirst; VAN KNIPPENBERG, D. V.; ZHOU, J. A cross-level perspective on employee creativity: goal orientation, team learning behavior, and individual creativity. *Academy of Management Journal*, v. 52, n. 2, p. 280-293, abr. 2009.

Ideias mais familiares: JANSSEN, O.; VAN YPEREN, N. W. Employees' goal orientation, the quality of leader-member exchange and the outcomes of job performance and job satisfaction. *Academy of Management Journal*, v. 47, n. 3, p. 368-384, jun. 2004.

Um produto de decoração inovador e útil: MIRON-SPEKTOR, Ella; BEENEN, Gerard. Motivating creativity: the effects of sequential and

O PODER DO MENOS

simultaneous learning and performance achievement goals on product novelty and usefulness. *Organizational Behavior and Human Decision Processes*, v. 127, p. 53-65, 2015.

É fundamental misturar ambos os **objetivos:**Ibidem.

CAPÍTULO 9: TREINO

Doença séria: DISEASES and conditions: tetanus. *MayoClinic.org*. <http://www.mayoclinic.org/diseases-conditions/tetanus/basics/definition/con-20021956>

Estudantes que receberam o mapa: LEVENTHAL, Howard; SINGER, Robert; JONES, Susan. Effects of fear and specificity of recommendation upon attitudes and behavior. *Journal of Personality and Social Psychology*, v. 2, n. 1, p. 20-29, jul. 1965.

"Apenas diga não": JUST Say No. Ronald Reagan Presidential Foundation & Library. https://www.reaganfoundation.org/ronald-reagan/nancy-reagan/her-causes/>

Escrever um livro usando apenas 50 palavras: CONRADT, Stacy. 10 stories behind Dr. Seuss stories. *CNN.com*, 23 jan. 2009. <http://edition.cnn.com/2009/LIVING/wayoflife/01/23/mf.seuss.stories.behind>; HISKEY, Daven. Dr. Seuss wrote 'Green Eggs and Ham' on a bet that he couldn't write a book with 50 or fewer words. *TodayIFoundOut.com*. <http://www.todayifoundout.com/index.php/2011/05/dr-seuss-wrote-green-eggs-and-ham-on-a-bet-that-he-couldnt-write--a-book-with-50-or-fewer-words>

Renovações organizacionais... vêm de ativos ocultos: ZOOK, Chris. *Unstoppable*: finding hidden assets to renew the core and fuel profitable growth. Cambridge: Harvard Business Review Press, 2007.

"Belas Adormecidas": KE, Qing et al. Defining and identifying Sleeping Beauties in science. *Proceedings of the National Academy of Sciences*, v. 112, n. 24, p. 7426-7431, 2015. <http://news.indiana.edu/releases/iu/2015/05/sleeping-beauties.shtml>

Rede de cosméticos Sephora: KEYES, Allison. Sephora teams up with iconic black hair brand. *Marketplace.org*. <http://www.marketplace.

REFERÊNCIAS UTILIZADAS PELO AUTOR

org/2016/03/15/world/sephora-teams-iconic-black-hair-brand>

Mala de experiências: JOBS, Steve. Academy of Achievement (Speech, 1982). *Genius.com* <http://genius.com/Steve-jobs-academy-of-achievement-speech-1982-annotated>

Metade do tempo pensamos em algo diferente do que estamos fazendo: KILLINGSWORTH, Matthew A.; GILBERT, Daniel T. A wandering mind is an unhappy mind. *Science*, v. 330, n. 6006, p. 932, 12 nov. 2010.

Pesquisadores acreditam que nos deixa infeliz: Ibidem.

Causar acidentes no trânsito: GALÉRA, Cédric et al. Mind wandering and driving: responsibility case-control study. *British Medical Journal*, v. 345, p. e8105, 13 dez. 2012.

Distrações ajudam a melhorar a criatividade: DIJKSTERHUIS, Ap; MEURS, Teun. Where creativity resides: the generative power of unconscious thought. *Consciousness and Cognition*, v. 15, n. 1, p. 135-146, mar. 2006.

TDAH tendem a obter mais pontos em tarefas criativas: SHAW, G. A.; GIAMBRA, L. M. Task unrelated thoughts of college students diagnosed as hyperactive in childhood. *Developmental Neuropsychology*, v. 9, n. 1, p. 17-30, 1993; WHITE, H. A.; SHAH, P. Creative style and achievement in adults with attention-deficit/hyperactivity disorder. *Personality and Individual Differences*, v. 50, n. 5, p. 673-677, abr. 2011.

Melhora de 40% na criação de novos usos: BAIRD, Benjamin et. al. Inspired by distraction, mind wandering facilitates creative incubation. *Psychological Science*, p. 1117-1122, 31 ago. 2012.

Dar às pessoas sobrecarregadas mais tarefas automáticas: ELSBACH, Kimberly D.; HARGADON, Andrew B. Enhancing creativity through 'mindless' work: a framework of workday design. *Organization Science*, v. 17, n. 4, p. 470-483, 1 ago. 2006.

Empregos desafiadores: HACKMAN, J. Richard; OLDHAM, Greg R. Motivation through the design of work: test of a theory. *Organizational Behavior and Human Performance*, v. 16, n. 2, p. 250-279, 1976.

Caminhar ... liberta a mente para divagar: OPPEZZO, Marily; SCHWARTZ, Daniel L. Give your ideas some legs: the positive effect of walking on creative thinking. *Journal of Experimental Psychology: Learning, Memory, and Cognition*, v. 40, n. 4, p. 1142, 2014.

O PODER DO MENOS

Uma tarefa urgente para a próxima: CIULLA, Joanne B. *The working life*: the promise and betrayal of modern work. Nova York: Crown, 2001.

Dormir com seu smartphone: PERLOW, Leslie A. *Sleeping with your smartphone*: how to break the 24/7 habit and change the way you work. Boston: Harvard Business Press, 2012.

Trabalhe 4 horas por semana: FERRISS, Timothy. *The 4-hour workweek*: escape 9-5, live anywhere, and join the new rich. Nova York: Crown, 2007. [FERRISS, Timothy. *Trabalhe 4 horas por semana*: fuja da rotina, viva onde quiser e fique rico. São Paulo: Planeta, 2008.]

Ter diferenças relativas altas aumenta a busca por bens posicionais: WALASEK, Lukasz; BROWN, Gordon D. A. Income inequality and status seeking: searching for positional goods in unequal US States. *Psychological Science*, v. 26, n. 4, p. 527-533, abr. 2015.

Sua filosofia sobre os vizinhos de Hollywood: ZAKARIN, Jordan. Brie Larson might be the geekiest it girl ever. *BuzzFeed.com*. <http://www.buzzfeed.com/jordanzakarin/brie-larson-the-geekiest-it-girl-ever?utm_term=.vgVxBWw6YV#.rwk8glGBja>

Turnbull me disse: Alex Turnbull (fundador e CEO da Groove), em um e-mail para o autor, 9 out. 2015.

Quando as pessoas são gratas: FREDRICKSON, Barbara L. Gratitude, like other positive emotions, broadens and builds. In: EMMONS, Robert A.; MCCULLOUGH, Michael E. (Ed.). *The psychology of gratitude*. Oxford: Oxford University Press, 2004.

O blog de Turnbull: TURNBULL, Alex. Groove. <https://www.groovehq.com/blog/startup-journey>

Projeto 333: CARVER, Courtney. Project 333: simple is the new black. *bemorewithless* (blog). <http://bemorewithless.com>

Lauri Ward: WARD, Lauri. Design & decor tips for smaller homes, chat with Lauri Ward. LogHome.com. <http:// www.loghome.com/chat-with-lauri-ward>

Arte japonesa de se livrar de itens desnecessários: KONDO, Marie. *The life-changing magic of tidying up*: the japanese art of decluttering and organizing. Berkeley: Ten Speed Press, 2014. [KONDO, Marie. *A mágica da arrumação*: a arte japonesa de colocar ordem na sua casa e na sua vida. Rio de Janeiro: Sextante, 2015.]

REFERÊNCIAS UTILIZADAS PELO AUTOR

Um mouse pad que poderia ser usado como descanso de travessa: 50 all-time favorite new uses for old things. *RealSimple.com*. <http://www.realsimple.com/home-organizing/home-organizing-new-uses--for-old-things/favorite-new-uses/mousepad-trivet>

Talheres de prata tortos: 20 clever uses for everyday items. *RealSimple. com*. <http://www.myhomeideas.com/how-to/household-basics/10-new-uses-old-things/mismatched-silverware>

Play-Doh começou como produto para limpar papel de parede: WONDER of the day #582: who invented Play Dough?. *Wonderopolis. org*. <http://wonderopolis.org/wonder/who-invented-play-dough>

Saca-rolhas: CROW, Daniel. The 5 most insane original uses of famous products. *Cracked.com*, 12 jan. 2012. <http://www.cracked.com/article_19644_the-5-most-insane-original-uses-famous-products_p2.html>

Pyrex: IT WAS all her idea. *ClassicKitchensAndMore.com*. <http://www.classickitchensandmore.com/page_4.html>

Cenoura baby: THE INVENTION of the baby carrot. *Priceonomics.com*, 2016. <http://priceonomics.com/the-invention-of-the-baby-carrot>

Miles Davis: F. Barratt, Creativity and Improvisation in Jazz and Organizations: Implications for Organizational Learning, *Organization Science*, v. 9, n. 5, 1998, p. 605-622.

Weick propõe um questionamento interessante: Karl E. Weick, *The Social Psychology of Organizing*, 2ª ed. Nova York: McGraw-Hill, 1979, p. 133.

Chess960: Eric van Reem, The Birth of Fischer Random Chess, ChessVariants.com. Disponível em: <http://www.chessvariants.com/diff-setup.dir/fischerh.html>.

Os babilônios: Sarah Pruitt, The History of New Year's Resolutions, History.com. Disponível em: <http://www.history.com/news/the--history-of-new-years-resolutions>.

Índice de sucesso no sentido de fazer mudanças positivas: NORCROSS, John C.; MRYKALO, Marci S.; BLAGYS, Matthew D. Auld lang syne: success predictors, change processes, and self-reported outcomes of New Year's resolvers and nonresolvers. *Journal of Clinical Psychology*, v. 58, n. 4, p. 397-405, abr. 2002.

Resoluções no Dia da Independência: ANDREWS, Linda Wasmer. Midyear resolutions you'll actually keep. *PsychologyToday.com*. <ht-

O PODER DO MENOS

tps://www.psychologytoday.com/blog/minding-the-body/201006/midyear-resolutions-youll-actually-keep>

Garrafa cheia de água: <http://www.psychologicalscience.org/index.php/news/releases/stumped-by-a-problem-this-technique-unsticks-you.html>

Decompor um recurso: MCCAFFREY, Tony. Innovation relies on the obscure: a key to overcoming the classic problem of functional fixedness. *Psychological Science,* v. 23, n. 3, p. 215-218, fev. 2012.

Técnica eficaz e prática: Ibidem.

Fezes de minhoca embaladas em garrafas de Coca-Cola usadas: BHASIN, Kim. The incredible story of how TerraCycle CEO Tom Szaky became a garbage mogul. *BusinessInsider.com,* 29 ago. 2011. <http://www.businessinsider.com/exclusive-tom-szaky-terracycle-interview-2011-8>

Programa de eliminação de aterros sanitários da General Motors: GM's MacGyver devises unconventional uses for everyday waste. *GeneralMotors.Green.com.* <http://www.generalmotors.green/product/public/us/en/GMGreen/home.detail.html/content/Pages/news/us/en/gm_green/2014/0122-bradburn.html>

O hotel devastado foi reformado a um ritmo bem mais rápido: Mauricio Martinez (gerente geral de um luxury resort em Los Cabos, México), em discussão com o autor, 30 dez. 2014.

CONCLUSÃO: SUA MENTALIDADE ELÁSTICA

Três grandes desafios financeiros: PEW CHARITABLE TRUSTS. *The precarious state of family balance sheets,* jan. 2015.

Tempo livre: AGUIAR, Mark; HURST, Erik. A summary of trends in american time allocation: 1965-2005. *Social Indicators Research,* v. 93, n. 1, p. 57-64, ago. 2009.

Pai e mãe que trabalham: BUREAU OF LABOR STATISTICS. *Employment characteristics of families summary,* 25 abr. 2014.

Não **receberam treinamento:** Mindflash. <https://www.mindflash.com/blog/press-release/americans-cite-lack-of-corporate-training-as-1-driver-of-the-skills-gap-today-according-to-national-survey-from-mindflash/>

ÍNDICE REMISSIVO

11 de setembro, ataques de, 4-5

abertura, 89
abordagem trabalhe-com-o-que-tem, 11
abordagem de bricolagem, 15-7
abordagem de engenharia, 15
abordagem devagar-e-sempre, 41
abordagem europeia de navegação, 106, 108
Academy of Achievement, 188
ação, 115; agrupamento, e rotina, 146-7; catálise para, 103; planejamento vs., 103-8
Ackman, Bill, 171
acumulação inconsequente, 35-8, 45
Adrian, Nathan, 27
África do Sul, 152
Akitu, festival, 200
Allport, Gordon, 143
Amazon.com, 34
ameaças, oportunidades vs., 129
American Scientist, The, 120
ancoragem, 71

Andrews, Linda, 200
Anheuser-Busch, 8
Aniston, Jennifer, 164
"Ano do Dono", 51
Ano Novo, resoluções de, 200
Antietam, Batalha de, 98-9
aparelhos eletrônicos, 43
apartheid, 152
"apenas diga não", exercício, 185-6
Apple, computadores, 35, 169-72; Genius Bar, 170, 172
aprendizado: foco em, 167; saltar sem, 169-72; sobre diferentes campos, 189; usar o que se tem, 207; ver também conhecimento
Aristóteles, 139, 161
artes, 88-9
Association of American Colleges and Universities, 89
Atari, 168
atenção, prestando menos, 190-1
auto-eficiência, 67
autopercepção, 51
avaliação de desempenho, 151

babilônios, 200
Bain (empresa), 187
Baldwin, Brianna, 66-7
Banderas, Antonio, 96
Bank of the United States, 119
Bantam Live, 130
Barnes and Noble, 34
bater ponto, 192
Baumeister, Roy, 176-8
beisebol, 19, 177
Bela Adormecida, 186-8
Bela Adormecida, A (filme), 186
Bell, Robert, 91
Belushi, John, 111
bens posicionais, 193
Beverly Hills Hilton, 138
Bezos, Jeff, 35
biólogos, 76
boom das ponto.com, 39-40, 42
Borders (livraria), 34-5
BoutiqueCo, 47, 49-51, 55
Bradburn, John, 202
Brenner, Malcolm, 109-10
Buffalo Bills, 174
Burnett, Leo, 54

Calandra, Alexander, 32
calculadoras, 20-1
Callender, John, 125
caminhar, 192
"caminho de menor resistência", 57
capital de risco, 3-4, 40
Cara da Kmbi, O ver Norris, Daniel

Carlin, George, 38
Carnevale, Peter, 141
Carver, Courtney, 196-7
casamento: expectativas e, 123
Casey, Dylan, 42
cenouras baby, invenção das, 197
Center for Creative Leadership, 150
Cerf, Bennett, 185
Challenger, ônibus espacial, 80
Chan, Jackie, 164
Chanel, Coco, 54
chapéu de burro, 131-5
Chess960 (Xadrez de Fischer), 199
Chevy Volt, 203
Choi, Roy, 137, 139-40, 158-9
Chuuk, ilha, 107
chuukeses, sistema de navegação dos, 107
Cialdini, Robert, 75
cientistas, 76; artes e, 88-9; Belas Adormecidas e, 187; mulheres como, 78
Cincinnati Bell, 37
cinema, 93-7, 106, 115
Cinematch, 69, 70, 72
cirurgia, improvisada, 113
Clooney, George, 97
Close, Del, 111
Clube de Compras Dallas (filme), 165
cognitivamente enraizado, 77
colocar em caixas, 153
Columbia Pictures, 96
combustíveis fósseis, 152

ÍNDICE REMISSIVO

comparações sociais, 27-31, 35, 37-8, 45, 62

compensação velocidade versus precisão, 100

competição, 140-5

complacência, 20-1, 44

compliance, 161

comprando seu guarda-roupa, 196-7

Congresso norte-americano, 85

conhecimento: menos do que os outros, 23; muito de uma coisa só, 76; pouco, sobre muito, 69-91; ver também aprendizado; especialistas; experiências diversas; outsiders

Constant Contact, 130

contornando trade-offs, 153-5

controles de gastos, 60, 160

convenções, frugalidade e, 62

Cook, Fred, 189

cooperação, 141-5

Coors Beer, 12

Corning Glass Works, 197

corridas bancárias, 119

"cresça rápido", modelo, 41

crianças, 33-4

criatividade: experiências diversas e, 82; fazendo pausas e, 190-3; limitações e, 53-7; "pequeno c", 55; perseguição e perda de, 42; rotinas e, 147-8; sonhando acordado e, 190-3

crise financeira: de 1837, 156; de 2008, 5, 47, 214n

crowdsourcing, 76

Culinary Institute of America, 137

Custódio, Cláudia, 84

Daily Mail, 27

Dane, Erik, 77

dar presentes, 89

Davis, John, 86-7

Davis, Miles, 115, 198

Dawson, Jenny, 63, 65, 68, 202, 205

De Niro, Robert, 164

Debussy, Claude, 54

DeCelles, Katy, 135

declaração "eu quase", 28

Defeyter, Greta, 33

Demas, Bill, 42

Dent, Eric, 134

departamentos de marketing, 155

desafio de navegação, 106-7; ver também mapas

desigualdade social, 37, 193; ver também comparações sociais

Desperado (filme), 96

desperdício de comida, 63-5

Detroit, 11

Detroit Tigers, 19

dez mil horas, regra das, 73

Dholakia, Utpal, 66-7

Di Caprio, Leonardo, 164

Dia da Independência, resoluções do, 200

diário dos benefícios, 203

Dickson, Paula, 112-3

Difference, The (Page), 79

O PODER DO MENOS

Digital Archive of the Birth of the Dot Com Era, 40
Discovery, ônibus espacial, 80
Disney, 186
diversificadores incrementais, 166
dívida, 11, 20, 38-9, 206
divisão do trabalho, 84, 88
Dougherty, Thomas, 125
Dowling, Andrew, 150-1
Dutton, Jane, 128
Dweck, Carol, 174

Eagle Brewery, 8
East Palo Alto, Califórnia, 25
economia comportamental, 71
Eden, Dov, 122
Edison, Thomas, 87
educação: chapéu de burro e, 132; eletricidade e, 153; expectativas e, 215n; prática e, 74; profeciais positivas e, 121
efeito Pigmaleão, 122
Einstein, Albert, 187
Eisenhardt, Kathy, 101-2, 109
El Mariachi (filme), 94-5, 97, 115, 172
Elance, empresa, 165
eletricidade: África do Sul e, 152; Filipinas e, 201
Eli Lilly, 76
Ellison, Larry, 25
Elsbach, Kim, 191-2
Embalos de Sábado Continuam, Os (filme), 165
embaralhando a última fileira, 199

Emmons, Robert, 196
empreendedores, pais e, 150-1
encontros às escuras, 123-6
energia solar, 153
engenheiros, 40, 42, 149, 155
equipes: dos sonhos vs. aleatórias, 79; menos membros nas, 186; outsiders em, 90
equipes multifuncionais, 150
escalada de compromisso: planejamento e, 102; responsabilidade pessoal e, 44
escalada do comprometimento, 44, 88, 102
escutar: comédia de improviso e, 110-2; falar vs., 109-12
espaço de escritório, 41
especialistas: adiamento de, 74; apoio a credenciais, 75; experiências de outsider, 88-91; insularidade de, 79; limitações de, 76-7; pontos-cegos de, 72-6; superados por outsiders, 76-9; tendência e, 78-9; tomar a posição dos outsiders, 85; tropêços de, 73-6
especialização, 72, 84-5, 164
estereótipo, 165
esticar os recursos, 160-82, 207; agindo vs. planejando e, 93-115; benefícios de, 47-68; exercícios para melhorar, 183-204; expectativas muito altas, 160, 173-9; expectativas positivas e negativas e, 117-35; fazendo misturas tóxicas, 160, 179-82; misturando

ÍNDICE REMISSIVO

combinações improváveis e, 137-58; optar por começar, 205-7; outsiders vs. especialistas e, 69-91; prejuízos do excesso de, 159-60; problemas em perseguir mais vs., 25-46; saltar sem aprender, 160, 169-72; trabalhar com o que se tem, 7-23; transformar-se em pão-duro, 160-3; vagando pela estrada sem rumo, 160, 163-9; ver também perseguir recursos

Etzioni, Amitai, 50

exercício de apreço, 195-6

exercício de fragmentação, 201-2

exercício do barômetro, 32

exercício do plástico-bolha, 56

exercícios: apenas diga não, 185-6; apreço, 194-6; comprar o guarda-roupa, 196-7; embaralhar a última fileira, 199-200; encontrar a Bela Adormecida, 186-8; escolher novos vizinhos, 193-4; exploração, 188-90; fazer uma pausa, 190-3; lixo em tesouro, 202-3; planejamento de trás para frente, 197-8; qualquer mapa serve, 204; resolução do meio do ano, 200-1; ruptura, 201-2; usos incomuns para objetos, 190-1

exército israelense, 122

expectativas, 117-35; altas, 23; altas demais, 173-9, 207; chapéu de burro e, 131-5; corresponder às certas, 129-31; em relação a si mesmo, 126-7, 129, 135; encontros

às escuras, 123-6; evitar se deixar atormentar pelos outros, 207; ficção virar realidade por, 119-20; gestores e, 122; Hans Inteligente e, 117-8; negativas, 120, 133, 135; profecias positivas, 120-3; recrutamento de funcionário e, 125; sugestões sutis e, 118; vida familiar e, 123; ver também pensamento negativo

expectativas para si mesmo, 135

experiências culturais, 89

experiências diversas, 79; abertura para, 89; buscar, 90; dias livres, como auxílio ao trabalho, 151; diversificadores de trabalho incremental e, 166; equilíbrio, 164; explorar, 188-90; importância de, 89-90; limitações de, 74; mala de, 188; regra multi-c e, 84-5; usando, para o sucesso, 72; vagando sem rumo, 165; ver também identidades múltiplas; interesses múltiplos; outsiders

explorar, 188-9

extrovertidos, 168

Exxon Valdez, derramamento do, 85-7

Fab.com, 42-3

Facebook, 30-1

Facit, 20-1

Falcão - O Campeão dos Campeões (filme), 165

falta d'água, 25

Fastenal, empresa, 58-60

Federal Deposit Insurance Corporation (FDIC), 214n

Feldman, Martha, 65, 146

Ferrell, Will, 164

Ferriss, Timothy, 193

festas de aniversário, 186

Festinger, Leon, 28

Fey, Tina, 111

Filipinas, 201

Financial Industry Regulatory Authority (FINRA), 161

Fischer, Bobby, 199

fixação funcional, 33-5, 45, 56

food trucks, 138-45

Fora de série (Gladwell), 73

Forbes, 9

Fortune 500, 9

França, 70

Franklin, Benjamin, 82

frugalidade, 48, 57-62, 68; libertar-se de convenções e, 62; padrões comuns de, 61-2; pão-duro e, 161-2; posse psicológica e, 59

FuckedCompany.com, 4

funcionários: expectativas negativas e, 134; lances por, 190; mudança organizacional e, 66-8, 133; pacotes de ações e, 42; pensar como proprietários, 51; recrutamento de, 125, 130-1; vantagens e, 40, 42, 60

furacão Odile, 203

futebol americano, 173-6

gastar demais, 62, 206

Gates, Henry Louis, 127

Geisel, Theodor, 185

General Electric (GE), 140

General Motors (GM), 202

Gerber Singles, 179, 182

German, Tim, 33

gestão, 155; resistência do funcionário e, 134

gestão de risco, 161

Giddens, Anthony, 64

Gilmore, Gary, 103

Gladwell, Malcolm, 73

Glick, Jeremy, 4

Goldberg, Jason, 42-3

Goldberg, Susan, 134

Golin (empresa), 189

Gómez, Javier, 27

Goodnight, Charles, 138

Goodyear Tire & Rubber, 216

Goodyear, Charles, 155-8

Google, 42, 89, 130

GPS, 106

Graham, Bette Nesmith, 148-50, 158

grama mais verde, busca por, 26, 30, 46

Grammy Awards, 53

Grande Depressão, 120, 160

Grant, Adam, 157

gratidão, 194-5

Green Eggs and Ham (Seuss), 186

Groove (empresa), 130, 194-5

Guerra Civil Americana, 98-9

guia Zagat, 139

ÍNDICE REMISSIVO

Gulati, Ranjay, 43-4

Hambrick, David, 73
Hans, cavalo inteligente, 117-20, 132, 159
Hansen, Phil, 52-5, 57, 68
Hargadon, Andrew, 86-7, 191-2
Hastings, Reed, 70
Heder, Jon, 69
hipótese de contato, 143
Hollywood, 94, 96, 106, 115, 194
Holub, Miroslav, 102
hotéis, 144
Hoyland, Sue, 132
Hsee, Christopher, 36
Hubble, telescópio, 80-2
Hunt, sir Tim, 78

ideias: abandonando as falhas, 88; testando, 88
identidade fundamental, 165
identidades: equipes multifuncionais, 150; múltiplas, 148-51; ver também experiências diversas; outsiders
IDEO (empresa), 86-8
impressionismo, 54
improviso: comédia e, 110-12; planejamento vs., 113-15; sinfonia vs. jazz e, 114-5, 198
imunização, 184
Inc., revista, 58
Indianapolis Colts, 173
individualidades, rotinas e, 147
individualistas, 42

indivíduos fechados, 89
informação em tempo real, 101, 109
Ingram, Paul, 144
InnoCentive, 76, 78, 86
inspirando outros, 207
interesses múltiplos, 88-9
introvertidos, 168
intuições falsas, evitando, 207
inveja do bem, 213n
invenções: a partir de produtos existentes, 197, 201; estabilização da borracha e, 155-7
iPad, 35
Ireland, Duane, 172

Jacobson, Lenore, 120-1, 133
jazz, 114, 198
JC Penney, 170-2
Jeppesen, Lars Bo, 76, 78, 86
Jobs, Steve, 25, 168, 188
jogo do "Sim, e...", 111
Jogos Teatrais, 110
Johnson, Ron, 169-72, 182
joias moldáveis, 48
Jolie, Angelina, 164
Jones, Cullen, 27
Jones, George, 35
Josefowicz, Greg, 34
"Just Do It", slogan, 104

Kahneman, Daniel, 71, 171
Kan, Justin, 42
Kerry, John, 26
Kierlin, Bob, 57-62, 68, 159, 162
Kindle, 35

Kirsch, David, 40-1
Klein, Gary, 171
Knight, Phil, 104
Koehn, Nancy, 128
Kogi, food trucks, 138-9
Kondo, Marie, 197
Korean BBQ, 137-9, 142
Koren, Yehuda, 91
Kremen, Gary, 29

Lakhani, Karim, 76, 78, 86
Larson, Brie, 194
Lastovicka, John, 61
Leaf, Ryan, 173-8, 182
Lee, Robert E., 98-9
Lehman Brothers, 214n
Leidner, Robin, 83
Leonard, Kelly, 111
Leonardo da Vinci, 82
Leung, Ming, 165-6
Lévi-Strauss, Claude, 15
Lewis, Michael, 3
limitações, 15, 49, 52-6
Lincoln, Abraham, 98-9
linguagem corporal, 118
LinkedIn, 30
Liquid Paper, 148-9
livrarias, 34
lixo em tesouro, 65-8, 202-3
Lochte, Ryan, 27
Luís Napoleão III, imperador da França, 70
Lykov, família, 14

Maalox Whip, antiácido, 179

MacGyver (programa de TV), 31
Macnamara, Brooke, 73-4, 84
Madame C. J. Walker Beauty Culture, 188
Mahoney's, loja (Johnson, Tennessee), 19
Manguera, Mark, 138
Manning, Peyton, 173-4
mapas, 103, 204; ver também desafio de navegação
margarina, 70
Marlboro, cigarros, 54
Maroney, McKayla, 27
Martinez, Mauricio, 203
Match.com, 29
Mayer, Daven, 213n
Mayer, Marissa, 42
McCaffrey, Anthony, 201-2
McClellan, George, 98-9
McConaughey, Matthew, 165
McCullough, Michael, 196
McKinsey (empresa), 133
McMath, Robert, 179
medalhistas olímpicos, 27-31
Medvec, Victoria, 27
Mehta, Ravi, 55-6
meio do ano, resoluções de, 200-1
mentalidade de crescimento, 42-3, 174
mentalidade, mudança de, 22, 46, 185, 206
mente viajante, 190-1
mentores, 189
mercado cervejeiro, 7-12, 19
mergulho no lixo, 63

ÍNDICE REMISSIVO

Merton, Robert, 120
metáfora da esteira, 29
metáfora do museu, 87, 198
metas de lucratividade, 60
Microsoft, 58
mídia social, 30, 41
militares, 215n
Millburn, Joshua, 37-8, 43
Miller Beer, 8
Miller, Chet, 172
misturando: concorrentes e, 140-5; evitando misturas tóxicas, 179-80, 182; food trucks e, 137-40; identidades múltiplas e, 148-51; invenção da borracha e, 155-8; óleo e água, 157-8; reduzindo trade-offs e, 152-5; rotina e, 145-8
misturas tóxicas, 179-80, 182, 207
modo de fala vs. escuta, 109-10, 112
modos regulatórios, 105
Moeller, Jeffrey, 41
Monet, Claude, 54-5
Monkees, The (série de TV), 216n
motivação: extrínseca, 105; intrínseca, 105
mudança, 66-7, 133
mudança organizacional: expectativas negativas e, 133; funcionários e, 66-8
mudanças financeiras, 206
mulheres: como outsiders, 78; identidades múltiplas e, 151
multi-c, regra, 73, 79-85, 188-9
multinacionais, 43
mundo emergente, 152

Murray, Bill, 111
Musgrave, Story, 80-2, 88, 90
Myers, Mike, 111

Napoleon Dynamite (filme), 69
NASA (National Aeronautic and Space Administration), 79-82
National Collegiate Athletic Association (NCAA), 173
National Transportation Safety Board, 109
NBA (National Basketball Association), 216n
Nesmith, Michael, 216n
Netflix, 69
Netflix Prize, 70-2, 91, 159
New Covent Garden Market, 62-3
New New Thing, The (Lewis), 3
New Products Showcase and Learning Center, 179
Newman, Robert, 95
NFL (National Football League), 173-4
Nicarágua, 19
Nike, 104
Nohria, Nitin, 43-4
Norcross, John, 200
Norris, Daniel "O Cara da Kombi", 17-20, 205
North Face, 215n

Oak School, 121
Obama, Barack, 138
Oberton, William, 60

objetivos: agir vs. planejar e, 106-7; de longo prazo, 61; definição de, 38-9

Oil Spill Recovery Institute (OSRI), 85

Oishi, Shigehiro, 167-8

Olimpíadas de verão: 1992 (Barcelona), 28; 2012 (Londres), 27-8

opções de ações, 40, 214n

oportunidades, ameaças vs., 129

orçamento, 57, 186

ordem de fala, 108-10

Originais (Grant), 157

Ortiz, William, 141-2, 144

Oscar Mayer Wienermobile, 138

Osten, William von, 117-8

Oswald, Fred, 73

outsiders: amplitude ou diversidade de experiência de, 73; definição, 77; especialistas ganhando experiências de, 88-91; especialistas ofuscados por, 76-9; especialistas superados por, 73; incorporar, 90-1; mulheres como, 78; vasta rede lançada por, 87

Page, Scott, 79

palavras cruzadas (jogo), 74

pão-duro, evitar tornar-se, 160-3, 207

parceiro de estudo, 189

Patagonia (roupas esportivas), 135

paternidade, 150-1, 153-4

pausas, fazer, 190-3

Pegau, Scott, 85-6

pensamento negativo, 135

Pentland, Brian, 146

Pequenos Espiões, trilogia (filme), 97

pequenos mundos, conectando-se por, 86-90

Perky, Mary Cheves, 77

perseguir recursos: abordagem da engenharia e, 15-6; acumulação inconsequente e, 35-7, 45; bases psicológicas, 27; bloqueio psicológico e, 32; causa e consequências de, 25-46; como vício, 185; comparações sociais e, 29-31, 35, 45; definição, 13; desperdício de recursos e, 43-5; desvantagens de, 22, 39; empresas ponto.com, 40, 42; esticar recursos vs., 205; fazer cinema sem, 93-7; fixação funcional, 35, 45; frugalidade vs., 49; gastos excessivos e, 162; gratidão e, 194; libertar-se de, 20, 22, 193-4, 205; manutenção de gramados, 26; novos vizinhos e, 193-4; o que se tem vs. o que não se tem, 37; objetivos de longo vs. curto prazo, 46; oportunidades perdidas e, 46; recursos ilimitados vs., 42-3; restrições e, 48; satisfação e, 37-9

Pets.com, 40-1

Pfungst, Oskar, 118

Phelps, Michael, 27

Pigmaleão (Shaw), 121

ÍNDICE REMISSIVO

Pink, Daniel, 84

Pirineus, mapa dos, 103, 204

planejamento: ação sem, 103, 105-6; ação vs., 105-6; como modo regulatório, 105; de trás para frente, 197-8; escalada de comprometimento e, 102; falar vs. escutar e, 110; improviso vs., 112-5; mover-se entre agir e, 107; perigos de, 98-102; trabalhar sem, 207; variáveis desconhecidas e, 100

Planeta dos Macacos (filme), 96

plano retrospectivo, 198

Play-Doh (massa de modelar), 197

Poder e a Lei, O (filme), 165

Positive Organizations, 5

posse psicológicas, 48-52, 68; desempenho financeiro e, 52; fomentando, 51; frugalidade e, 59; importância da, 48, 50-2; limitações e, 55; mudança organizacional e, 67; satisfação no trabalho e, 51

Potter, Emily, 71

Potter, Gavin, 70-2, 76, 91, 159

prazos, 186

pressão por desempenho, 176

previsões, 71, 74; ver também expectativas; profecias positivas

PricewaterhouseCoopers, 70

Probst, Tahira, 141

processamento de borracha, 155-7

produtividade, 85

profecias positivas: chapéu de burro vs., 133; ignição, 207; poder

das, 120-3; sementes positivas e, 135; sobre si mesmo, 135

Projeto 333, 196

Pyrex, 197

queda no mercado de ações em 1929, 119

químicos, 76

raciocínio analógico, 87

Radner, Gilda, 111

Reagan, Nancy, 185

recursos: ver perseguir recursos; esticar recursos

recursos negligenciados: motivos para não notar, 108, 110; ver potencial em, 48, 62-8

regras, em mutação vs. estáveis, 73

regulamentos, 65

relação prática-desempenho, 73-4

resoluções de Ano Novo, 200

resoluções de meio do ano, 200-1

responsabilidade pessoal, 44

reutilizando o que se tem, 62

Revolução Industrial, 83

Richardson, Akinbola, 189

Rick, Scott, 162

Rindova, Violina, 147

riqueza das nações, A (Smith), 83

Rite-Solutions, 190

Roberts, Peter, 144

Robeson, Paul, 82

Rodriguez, Robert, 93-7, 106, 115, 159, 172, 206

Rogers, Rebecca, 66-7

Rose Bowl, 173
Rosenthal, Robert, 120-1, 133
roteiro, 94, 112
rotinas, 145-8: criatividade e, 148; identidades múltiplas e, 149-51; individualidade e, 147
Rubies in the Rubble (conservas), 64

sabedoria convencional, 72
saindo de seu mundo, 85-8
Sammy Baugh, troféu, 173
San Diego Chargers, 173-4
Sandelands, Lance, 128
Sanders, Jon, 69
satisfação profissional, 39
Saturday Night Live (programa de TV), 111
Schmidt, Eric, 89
Schwarzenegger, Arnold, 164
Scooby Doo (filme), 17
Scotus, John Duns, 131-2
Second City, 110
Segunda Guerra Mundial, 14
senso comum, 72
Sephora, 188
Seuss, Dr. (Theodor Geisel), 186
Shaw, George Bernard, 121
Shin, Alice, 138
Sibéria, 14
Sills, Paul, 110
Simmons, Harold, 26
Sinek, Simon, 130
sinergias, 154
sinfonia, 114, 198

Smith, Adam, 83, 85
Smith, Wendy, 154
"só um cara em uma garagem", equipe, 71
Solar Electric Light Fund, 152, 154
Sonenshein, Randi, 34-5, 146, 151, 166, 193, 200-1
sonhando acordado, 190
sonho americano, 38
Sony Reader, 35
South of Market (SOMA), 41
Special Order 191, 98-9
Spolin, Viola, 110-1
Stallone, Sylvester, 165
Stanford Financial Group, 62
startups, 40
Staw, Barry, 44-5, 128
Steinberg, Ted, 46
Stokes, Patricia, 54
Stroh Beer, 8, 11-2; fábrica em Tampa, 12
Stroh, Bernhard, 11
Stroh, Frances, 11
Stroh, Greg, 11
Stroh, Peter, 11
sucesso, cego pelo, 21
Super Bowl, 173, 178
sustentabilidade ambiental: desenvolvimento econômico e, 153-4; expectativas próprias e, 135
Sutton, Robert, 86-7
Sydney, Austrália, 144
Szaky, Tom, 202

talento, crescente, 23

ÍNDICE REMISSIVO

Tapestry.net, 150

Target, 170

técnica de duas partes, 202

tempo, livre ou de lazer, 194, 206

teoria da organização, 65

teoria de estruturação, 65

Terra Cycle, 202

Tetlock, Phil, 75

Texas Bank & Trust, 148

Tiffany & Co., 170

Toronto Blue Jays, 18

Trabalhe 4 horas por semana (Ferriss), 192

trabalho em equipe, 154

trabalho em excesso, 38-40; trabalho desatento e, 191

trabalho irracional, 190-3

traços de personalidade, 89

transtorno do déficit de atenção com hiperatividade (TDAH), 190

treinamento de habilidades, 206

troca de comida, 144

Troféu Heisman, 173

Turban, Daniel, 125

Turn (empresa), 42

Turnbull, Alex, 129-31, 194-5, 206

Turner, Scott, 147

Tversky, Amos, 71

unidade de identidade, 214n

United Healthcare, 213n

"unternship", programa, 189

Urán Urán, Rigoberto, 27

vacina contra tétano, 183

vagar pela estrada sem rumo, 163-9, 207

Vale do Silício, 3, 25, 29, 39-42, 193

Valley of a Thousand Hills, África do Sul, 152

varejo, 49-50

visualizações, 77

Vividence, 3-5, 42

vizinhos: acompanhando os, 26; "novos", exercício, 193-4

Volinsky, Chris, 91

vulgaridade, 161

Walker, Madame C. J. (Sarah Breedlove), 126-9, 134, 188, 205

Wallace, Angus, 113

Walmart, 17-8

Wang Yihan, 27

Ward, Lauri, 196

Wayne, Ronald, 163-4, 168-9, 182

Wedbush, Edward, 160-1, 182

Weick, Karl, 103, 198

Welch, Jack, 140-1

Whole New Mind, A (Pink), 84

Wieden, Dan, 103-4, 107

Williams, Montel, 61

Williams, Neville, 152, 154, 158

Winfrey, Oprah, 61

Wong, Tom, 113

Woodside, Califórnia, 25-6, 30

Works Progress Administration's Recreation Project, 110

World Series, beisebol, 177

Wozniak, Steve, 168

Wright, Frank Lloyd, 54

xadrez, 73, 199
Xadrez Embaralhado (shuffle chess), 199
X-Men (filme), 96

Yahoo, 42
Yorton, Tom, 111
Young, Neil, 25
Yuengling, Dick, 7, 9, 11-2, 19, 159, 162, 186

Zajonc, Robert, 143
Zhu, Meng, 55-6
Zuckerman, Ezra, 164-5

hsm

Conheça também outros títulos da HSM

Oportunidades Exponenciais
de Peter Diamandis e Steven Kotler

Este livro é um manifesto e um manual para o empreendedor exponencial – qualquer um interessado em crescer, criar riqueza e impactar o mundo. Ensina a acelerar tecnologias, pensar em larga escala e usar ferramentas acionadas pela multidão.

Se você é empreendedor, aumentará seriamente suas habilidades e ambições, não se limitando ao mercado dos joguinhos e aplicativos móveis e sim causar impacto global. Se você atua em uma grande e pesadona empresa, vai lhe dar uma visão sobre a nova concorrência (os empreendedores exponenciais e não as grandes e pesadas multinacionais) e mostrar como ela pensa e age. Além disso, as mesmas oportunidades exponenciais – tanto as tecnologias em si como as estratégias psicológicas e organizacionais para maximizá-las – existem igualmente para empreendedores solo e para grandes companhias. Entenda: o modo mais fácil de se tornar bilionário é resolver um problema que aflige um bilhão de pessoas.

Organizações Exponenciais
de Salim Ismail, Michael S. Malone, Yuri Van Geest
e Peter H. Diamandis

Você sabe o que é uma organização exponencial? É uma nova visão de empresa tão tecnologicamente inteligente, adaptável e abrangente quanto o novo mundo em que deve operar e que costuma ter um resultado pelo menos dez vezes maior do que o de suas pares. Exemplos são Waze, Tesla, Airbnb, Uber, Xiaomi, Netflix, Valve, Google (Ventures), GitHub e Quirky.

Este livro apresenta os dez atributos de toda organização exponencial – cinco elementos externos e cinco estratégias organizacionais internas – e sugere um "faça você mesmo", ensinando os interessados a utilizarem tecnologias exponenciais para construir uma startup ou para adaptar essas ideias em empresas maiores. O fato é um só: estamos assistindo a uma transformação nos negócios como nenhuma outra nos últimos cem anos e precisamos estar preparados. Afinal, enquanto você leu este texto, muita coisa já mudou.

Abundância: o futuro é melhor do que você imagina
de Peter Diamandis e Steven Kotler

A abundância universal está ao nosso alcance e os autores deste livro o provam com dúzias de inovações e empreendedores que dão passos largos em várias áreas: Dean Kamen e sua tecnologia Slingshot, que transforma água poluída ou salgada, e até mesmo esgoto, em água potável de alta qualidade por menos de um centavo por litro; o Qualcomm Tricorder X PRIZE, que promete um equipamento médico portátil, de baixo custo, para que as pessoas possam se autodiagnosticar melhor que uma junta de doutores diplomados; Dickson Despommier, com suas fazendas verticais, que substituem a agricultura tradicional por um sistema que usa 80% menos de área cultivada, 90% menos de água, 100% menos pesticidas, além de custo zero de transporte. A explicação para a abundância está em quatro forças emergentes – tecnologias exponenciais, inovadores que seguem a filosofia "faça você mesmo", tecnofilantropos e o bilhão ascendente. Este livro, antídoto contra o pessimismo atual, é do que você precisa para fazer seu negócio decolar.

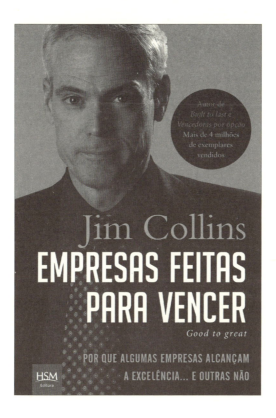

Empresas Feitas para Vencer
de Jim Collins

Considerado um dos livros de negócios mais importantes de todos os tempos pela revista *Time*, esta obra seminal de Jim Collins responde à pergunta de um milhão de dólares: como uma empresa (boa, mediana ou até ruim) pode atingir uma qualidade duradoura? Segundo o denso estudo em que o autor se apoia, o desempenho sustentável no longo prazo pode ser inserido no DNA de uma organização desde sua concepção, com o cultivo de algumas características que levam à excelência.
Os resultados do estudo, surpreendentes até para os mais céticos entre os gestores, lançam novas abordagens para quase todas as áreas da gestão. Numerosos exemplos reais comprovam que é possível transformar a mediocridade em uma superioridade permanente.

Economia Compartilhada
de Robin Chase

Você sabe o que é "Peers Inc."? É um nome genérico para um sistema em que uma empresa e diversas pessoas (os peers, ou pares) se associam para utilizar recursos já existentes com muito mais eficiência, sejam eles ativos físicos, habilidades, redes, dispositivos, sejam eles dados, experiências, processos. A parte "Inc." entra com seu poder corporativo e a parte "Peers", com seus próprios pontos fortes – como a capacidade de adaptação local ou a especialização. A colaboração resultante entre as partes chega a ser milagrosa, levando muitas vezes a um crescimento exponencial.

Neste livro fundamental, Robin Chase, pioneira da economia compartilhada e fundadora do sistema Zipcar de compartilhamento de carros, explica passo a passo como as organizações do tipo "Peers Inc." funcionam, e como revolucionam as regras da criação de valor.

Value Proposition Design
de Alex Osterwalder, Yves Pigneur, Greg Bernarda
e Alan Smith

Quer encarar os desafios do seu negócio criando os produtos e serviços que os clientes realmente desejarão comprar? Este livro prático pode ser seu melhor aliado. Ele apresenta os processos e ferramentas fundamentais para ter sucesso nessa empreitada. Com a mesma linguagem visual que seus autores usaram no best-seller mundial *Business Model Generation*, a obra explica como aproveitar o "Canvas da Proposta de Valor" para desenvolver, testar, lançar e gerenciar os produtos e serviços que se adaptam perfeitamente às necessidades e/ou vontades dos clientes. O complexo processo de desenvolver e testar propostas de valor é detalhado aqui com exercícios práticos, ilustrações e as mais diversas ferramentas, inclusive online. Os diferentes modelos de propostas de valor são explorados e o livro ainda ajuda a evitar despender tempo com ideias que não funcionarão.